소통왕!

학부모를

부탁해

소통왕! 교실을 부탁해

1판 2쇄 발행 2022년 2월 15일

발행인 김성경

편집인 김현섭

저 자 김성경, 정혜경, 곽상경

교 정 김기연

디자인 조주영

일러스트 이고은

발행처 수업디자인연구소 www.sooupjump.org

도서문의 031-502-1359 eduhope88@naver.com

주 소 경기도 군포시 대야2로 147, 2층 201호

ISBN 979-11-958100-6-2

값 17,000원

추천사

요즘 교직 경력이 꽤 되는 선생님들께서도 학부모와 대화를 나눌 때 어려움이 많다고 호소한다. 신임 교사들이 가장 부담스러워하는 것은 사실 교과수업이라기보다 학생, 학부모와의 '관계' 문제이다. 이 책은 세 분 선생님의 생생한 현장 경험을 바탕으로 동료교사들에게 들려주는 이야기다. 책 전반에 걸쳐 관계, 이해, 소통이라는 기본적인 방향에 따라 대화하기, 참여하기 등 구체적인 사례와 제안이 돋보인다. 신임교사, 경력교사를 막론하고 학부모와 좋은 대화를 나누고 싶은 선생님들에게 권한다.

함영기 서울시교육연수원 원장

교사와 학부모 사이에 신뢰 관계를 형성하려면 학부모에 대한 선입관을 벗고 그 마음을 읽을 수 있어야 하고, 말의 표현이 아닌 중심 감정을 읽을 수 있어야 한다. 이런 의미에서 이 책은 학부모의 마음과 감정을 읽고 온전한 이해와 소통에 이르고자 하는 교사들에게 소중한 지침서가 될 것이다.

정병오 오디세이학교 교사

저경력, 중견 교사를 막론하고 요즘 학교 현장에서 교사들에게 가장 부담되는 일은 학부모와 소통하는 것이다. 학부모들도 시대 변화에 따라 달라지고 있으므로 그에 맞는 소통 방법이 필요하다. 하지만 변하지 않는 것은 교사와 학부모가 소통해야 우리 아이들이 건강하게 자란다는 것이다. 이 책에서는 교사가 학부모와의 소통 전문가가 될 수 있는 방법을 강력하게 제시하고 있다. 적극 추천!

김정태 좋은교사운동 공동대표

때로는 가깝지만, 때로는 멀게 느껴지는 사이! 때로는 친하지만 때로는 어색한 사이! 아이를 위한 '교육의 길'을 동행하는 학부모님과 선생님이 서로를 이해할 수 있는 안내서를 만났다. 이 책을 통해 학부모 소통에 대한 구체적인 사례와 안내를 통해 교사와 학부모가 서로를 바라보는 따뜻한 시선을 품을 수 있다.

강용철 경희여중 교사

학부모와의 긍정적인 소통은 교육공동체 모두의 성장을 이끌어가고, 이는 학교교육 발전의 동력이자 궁극적인 목표지점일 것이다. 이 책은 학부모와 진정한 소통을 이루어가기 위한 출발점에서 목표지점까지 가는 길을 쉽게 공감하며 갈 수 있도록 해준다.

김정은 동두천초 교장

들어가며

'교사가 학부모를 만나는 것이 왜 부담스러울까?'

이 질문이 이 책의 출발점이다. 그동안 학부모와의 관계 문제는 '학부모교육'이나 '학부모상담'이라는 이름으로 다루어져왔다. 이러한 단어들 속의 교사와 학부모의 관계는 교사가 학부모를 교육하거나 학부모 문제를 교사가 해결해야 한다는 것을 전제한다. 즉, 교사는 옳고 학부모는 틀리다는 것을 포함하며, 교사와 학부모가 수직적인 관계인 것처럼 오해하게 만드는 부분이 있었다. 교육의 주체가 교사, 학부모, 아이라고 말은 하지만 실제로 학부모는 교육의 주체라고 보기 힘들었던 것이다. 이러한 관점에서 교사가 학부모를 만난다면 교사와 학부모 모두 불편해지는 것이 어쩌면 당연한 일이 아니었을까?

그래서 이 책에서는 '학부모교육'이나 '학부모상담'이라는 말 대신 학부모와의 '소통'이라고 했다. 교사가 협력자, 동반자로서 학부모를 어떻게 소통하고 아이를 위해 함께 노력할 것인가에 초점을 둔 것이다.

소통의 기본자세는 역지사지(易地思之)이다. 소통하려면 상대방을 이해하는 것이 우선이다. 교사가 학부모 입장에서 문제를 바라볼 수 있어야 소통이 될 수 있다. 이 책은 역지사지 관점에서 학부모 입장을 이해하고 현실적인 여러 가지 문제들을 다루려고 하였다. 학부모와의 첫 만남, 가정 방문, 학부모총회, 공개수업, SNS 소통 방법 등 구체적인 대안들을 제시하였다. 다양한 학부모와의 불통 사례들을 통해 어떻게 소통해야 하는지에 대하여 지식과 경험을 풀었다.

이 책은 학교와 가정, 교사와 부모가 아이들의 행복한 학교생활, 건강한 성장을 위해 함께 걸어가는 길에 관한 이야기이다. 함께 걸어가다 보면 오해할 때도 있고 싸울 때도 있고 섭섭함으로 마음이 상할 때도 있겠지만 서로 참고 이해하고 보듬으며 걸어야 한다. 쉽지는 않겠지만, 그래도 아이들을 위해 끝까지 함께 그 길을 걸어야 한다. 이 책은 세 명의 저자들이 학교 현장에서 경험한 다양한 사례와 방법들을 토대로 정리하였다. 또한 소통의 달인이라 불릴만한 전문가 선생님들의 노하우를 인터뷰하여 포함하였다. 이 책을 집필하면서 저자들도 많은 것을 나누고 배울 수 있는 시간을 가졌다. 이번 책이 학부모 소통 문제로 고민하는 현장 선생님들에게 실질적인 도움이 되길 진심으로 바란다. 이 책의 내용들은 티스쿨원격연수원 주관 동명 원격 연수로도 담았기에 실제 강의 동영상으로도 만날 수 있다.

이 책이 나오기까지 많은 분들의 도움이 있었다. 특히 인터뷰에 응해주신 박선아, 권윤영, 권주영, 한성준, 김은희, 정창규, 송명희, 김연진 선생님께 진심으로 감사를 드린다. 이 책이 나오기까지 많은 도움을 주신 수업디자인연구소와 욕구코칭연구소 선생님들에게 감사하다. 티스쿨원격연수원의 박병근 대표님과 김향 CP님의 수고와 응원이 있었다. 무엇보다 하나님께 감사드리며...

2020년 5월 1일
저자 일동

차례

교사,

제1부

학부모를 이해하다

1장.
학부모를 만나는 것이 부담스러워요

교사에게 학부모란?

"학부모란 파놉티콘이죠. 늘 교사를 감시하는 느낌을 줘요."

(세종, 교직 경력 2년 차 A교사)

"학부모란 산이에요. 멀~리서 봐야 좋습니다."

(인천, 교직 경력 3년 차 B교사)

"학부모란 핸드폰이에요. 문자랑 카톡으로 저를 너무 따라다녀요. 사생활이 없어요."

(서울, 교직 경력 4년 차 C교사)

교사들을 만나 '선생님에게 학부모란?'이라는 질문을 드리면 위와 같이 다소 부정적인 감성의 답변이 많다. 교사가 지닌 이러한 감성은 학부모에게 들키지 않기가 어렵다. 상대가 나에게 어떤 감성을 지니고 있는지는 겉으로는 웃고 있어도 말 몇 마디 나눠보면 금세 파악할 수 있기 때문이다.

학부모를 파놉티콘으로 여기는 교사에게 학부모의 진정어린 제안은 감사한 의견이 아니라 참견과 감시로 느껴질 수 있다. '멀~리서' 학부모를 보고 싶은 교사에게 '가까이' 다가서서 소통하자고 하는 학부모는 참 불편한 대상으로 느껴질 수 있다.

그렇다면 소위 교육의 달인이라 불리는 분들은 어떠할까? 같은 질문을 드렸을 때 돌아온 답은 다음과 같았다.

"학부모란 우리 아이들에 관한 최고의 전문가시죠."

(초등 교사들의 대통령이 별명인 D교사)

"학부모란 어떻게 하면 일상의 수업을 더 많이 공개할 수 있을까를 고민하게 하는 대상이죠."

(이음연구소장 E교사)

"학급경영의 천군만마죠."

(인천 F초 교사)

이런 감성을 지닌 교사들을 만나는 학부모는 선생님으로부터 어떤 인상을 받을 수 있을까? 학부모를 전문가로, 교육의 동반자로, 학급의 동역자로 여겨주시는 선생님 앞에서 학부모들은 무척 존중받는 느낌을 받을 것이다. 나를 존중해주는 선생님을 그 학부모는 또 어떤 마음으로 대하게 될까? 이처럼 교사가 지닌 학부모 감성은 교사와 학부모 사이에 영향을 미치고, 교사와 학부모의 관계는 아이들의 학교생활에 영향을 미친다.

학부모가 불편한 존재로 여겨지는 이유

2019년에 한 신문사에서 초등 교사 1,972명, 초등학생 학부모 1,533명 등 3,500여 명을 대상으로 설문조사를 했다. 그 결과에 따르면[1] 교사 중 93.1%가 '학부모 때문에 힘들었던 경험이 있었다.'고 하였고, 학부모는 20%만이 '교사

---

1) 동아일보(2019.5.13.), 설문조사

때문에 힘들었던 적이 있었다.'고 하였다. 또 어떤 교사 커뮤니티에서 실시한 전국의 초등 교사 대상 설문조사[2] 결과를 살펴보면 '선생님의 교직 생활에 있어 가장 스트레스를 주는 사람이 누구인가요?'라는 질문에 48%의 선생님들이 '학부모'라고 응답하였는데 이 결과는 '관리자'라고 응답한 21%에 비해 2배도 넘는 수치였다. 한국교총에서도 전국 교직원 5,493명을 대상으로 설문조사[3]를 했는데 응답자의 87%가 '최근 1~2년간 사기가 떨어졌다'라고 응답하면서 가장 큰 어려움은 '학부모 민원 및 관계유지(55.5%)'라고 하였다.

교사는 학부모가 왜 불편한 것일까? 그렇다면 학부모는 어떨까?

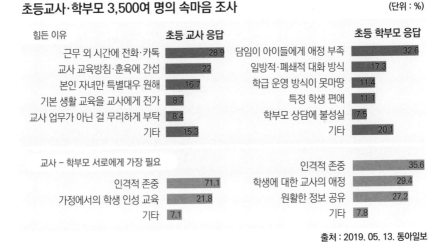

초등교사·학부모 3,500여 명의 속마음 조사

(단위 : %)

힘든 이유	초등 교사 응답		초등 학부모 응답	
근무 외 시간에 전화·카톡	28.9	담임이 아이들에게 애정 부족	32.6
교사 교육방침·훈육에 간섭	22	일방적·폐쇄적 대화 방식	17.3
본인 자녀만 특별대우 원해	16.7	학급 운영 방식이 못마땅	11.4
기본 생활 교육을 교사에게 전가	8.7	특정 학생 편애	11.1
교사 업무가 아닌 걸 무리하게 부탁	8.4	학부모 상담에 불성실	7.5
기타	15.3	기타	20.1

교사 - 학부모 서로에게 가장 필요				
인격적 존중	71.1	인격적 존중	35.6
가정에서의 학생 인성 교육	21.8	학생에 대한 교사의 애정	29.4
기타	7.1	원활한 정보 공유	27.2
		기타	7.8

출처 : 2019. 05. 13. 동아일보

위의 조사 결과와 같이 교사는 학부모가 불편하다. 학부모는 근무시간 외에 전화나 카톡으로 근무시간을 늘려준 대상이고, 본인의 자녀만 특별 대우해달

---

2) 이재남 광주시 교육청 정책기획관(2019.5.25.), 초등교사 커뮤니티 인디스쿨, 설문결과 발표
3) 한국교총(2019.5.13.), 전국 교직원 5,493명 대상 설문조사

라고 하거나 교육방침에 참견하는 느낌을 주는 대상이기 때문이다. 반대로 학부모도 교사가 불편하다. 아이들을 애정으로 대해주지 않고, 교사들의 폐쇄적 대화방식이 학부모를 힘들게 하기 때문이다.

교사들이 학부모를 힘들어하는 이유는 학부모의 전화, 민원 때문인 경우가 많다. 이런 민원을 넣는 학부모의 마음을 살펴보면, 교사와 소통하고 정보를 공유하면서 아이에 대한 선생님의 애정을 느끼고 학부모로서 존중받는다는 느낌을 원한다는 것을 알 수 있다. 이러한 심리가 다양한 설문조사 결과로 드러난 것 같다.

학부모의 이러한 필요(Needs)를 학부모의 입장에서 한번만 생각해 보자. 자신의 목숨 같은 아이가 하루 중 가장 많은 시간을 보내고 있는 교실 상황에 대해 궁금히 여기고 묻고 싶고 알고 싶은 마음은 부당한 것인가? 아이를 학교에 보내는 심정에 대해 '깜깜한 동굴에 아이 혼자 들여보내는 심정'이라고 표현한 어느 유명인의 인터뷰를 본 적이 있다. 무슨 일이 일어나고 있는지 도대체 아무것도 보이지 않는 깜깜한 동굴에 우리 아이를 매일 아침 혼자 보내는 심정. 학교생활을 파악하기가 그만큼 힘들다는 것이다. 깜깜한 그곳이 궁금해서 언론에 귀를 기울여 보면 학교폭력, 왕따, 교통사고, 질병 전염 우려, 일부 교사의 추행 등이 있다는 이야기들이 그득하다. 보이지는 않는데 비명 소리는 들려오는 느낌이다. 저것이 내 아이의 비명이면 어쩌나 하며 불안할 것이다.

한국의 학부모는 자녀와 나를 분리하지 못한다. 자녀는 곧 나이고 나는 곧 자녀이다. 그런 내 분신과도 같은 아이가 아침마다 어두운 동굴에 들어간다. 무슨 일이 일어나는지 나는 알 수가 없다. 보이지 않는다. 그런데 주변에서는 그곳이 위험한 곳이라는 정보가 자주 들려온다. 내 아이도 그곳을 나오면 종종 아프다고 말하며 눈물을 흘릴 때도 있다.

이런 상황이라면 학부모의 심정이 어떨까? 한국의 학부모들은 학교를 보내

놓고 어떤 마음이 가장 클까? 불안감이 아닐까 생각한다. 불안하다. 내 아이
도 학교폭력에 노출되지는 않을까? 내 아이의 선생님도 이상한 사람은 아닐
까? 내 아이의 환경은 안전할까? 그런데 소통이 안 된다. 학부모로서는 미칠
일이다.

아이 교육에 영향을 끼치는 교사 학부모 관계

교사와 학부모의 관계는 둘의 관계로만 그치지 않고 아이들의 교육에까지
영향력이 있다.

교사와 관계가 좋지 않은 '학부모'가 있다. 아이가 집에 돌아와서 재잘거리
며 학교생활을 이야기한다. 그 이야기를 들은 학부모는 교사에 대해 입을 삐죽
거리며 '칫'하거나 들을 필요 없다는 반응을 아이에게 전한다. 그 선생님 별로
더라. 선생님 말씀 다 믿지 말고 그 앞에서는 티 나지 않게 아무 말도 하지 말고
가만히 있으라고 가르치는 일도 있다. 교사가 아이의 잘못을 가르쳐 주었을 때
엄마가 아이 앞에서 흥분하면서 그 선생님 욕을 대차게 해주는 경우도 있다. "
너희 선생님은 뭐가 그리 잘 나셨다니? 내가 교장 찾아가서 다 이야기해 버릴
거야. 가만히 안 두겠어" 하면서….

또 학부모와 관계가 좋지 않은 '교사'가 있다. 아이가 학교에서 재잘거리며
의견을 이야기할 때 교사가 속으로 '지 엄마 똑 닮아서 말이 많구나.'라며 부정
적인 생각을 하고 있다면 과연 아이가 모를까? 성장기에 가장 믿고 의지해야
하는 두 대상인 교사와 나의 부모님이 이런 갈등 관계라면 아이는 그사이에 끼
어서 어떻게 행복하게 자랄 수 있을까?

교사와 학부모, 둘의 관계가 좋을수록 아이의 정서가 안정적으로 성장함은

말할 것도 없고 학업 성취도도 향상되며 학교생활이 안정된다. 교사가 아이들과 함께 만들어가는 학교 교육의 목표와 방침을 학부모가 잘 알고 있고 존중해주고 신뢰를 보내줄 때, 교사와 학급의 아이들은 물 만난 물고기가 될 수 있다. 학교에서 무슨 일이 있거나 말거나 아무것도 모른 채 학교 방향과는 달리 다소 엉뚱한 곳으로 아이와 노를 젓고 있다면, 학교도 학부모도 한 방향으로 노를 저을 때보다 훨씬 더 힘이 든다.

이즈음에서 한번 생각해 보자. 교사와 학부모의 관계는 정말 학부모가 원인을 제공하고 있는 걸까? 교사의 성격 유형이나 기질이 관계의 어려움에 미치는 영향은 없을까? 교사와 학부모의 교육관이나 삶의 관점이 다름에서 오는 갈등을 우리는 문제로 여기고 피하고 있는 것은 아닐까?

학부모 상담을 하다 보면 작년 담임교사에게 전해 들은 이야기와는 사뭇 다른 모습으로 느껴지는 학부모님이 종종 있다. 작년에는 분명 주말이든 오밤중이든 가릴 것 없이 전화하셔서 아이 상담부터 본인의 신세 한탄까지 하셨다는 학부모님인데 만나보니 무척 협조적이고 편안하게 학급 일의 지원군 역할을 소리소문없이 해주는 어머니도 있다. 또 아이를 훈육한 날이면 어김없이 부르르 떨면서 항의 전화를 하는 어머니도 있는데 1년이 다 지나도록 전화 한 통 없는 어머니도 있다. 반면 아이와 아이 친구들에게 매우 따뜻한 어머니라고 들었는데 친구끼리의 다툼을 학급 전체 어머니가 다 알 정도로 큰 사고로 만들고 결국은 다툰 친구를 전학까지 시켜버린 어머니도 있다.

작년 담임교사와는 불편했는데 나와는 잘 지내는 학부모님도 계시고, 작년 담임교사와는 잘 지냈다는데 나와는 다소 소원한 학부모님도 있다. 왜 그럴까? 이는 학부모와 교사의 관계는 학부모 요인만 작동하는 것이 아니라 분명 교사 요인도 작동하기 때문일 것이다.

학부모 유형과 교사 유형이 다르면 오해가 생겨날 여지가 크다. 그리고 학부모 입장과 교사 입장 사이에 이해관계나 관점의 차이가 존재한다. 그런데 때로는 교사와 학부모의 입장 차이가 '다름'이 아닌 '틀림'으로 해석되고 전달되어 갈등의 원인이 되는 경우가 있다. 교사는 항상 옳고 학부모는 항상 틀린 것일까? 그렇다면 교사와 학부모 교육관의 다름은 교사와 학급에서 모두 수용되어야 할까? 그 경계 어디쯤 교사와 학부모의 갈등 해결의 실마리가 까꿍, 하고 고개를 내밀고 있을 것이다. 일방적으로 "아~ 저 학부모 왜 저래?"라고 할 일이 아니라 교사와 학부모의 지향점이 '다름'을 알아야 한다. 서로 '다름'에서 출발하지만 다름이 '틀림'이 아님을 인정하고, 대화를 통해 교육의 출발점 및 지향점을 함께 탐색해 나가야 할 때가 있다.

교사가 제공하는 문제의 원인

교사와 학부모 관계의 어려움 중 교사가 제공하는 원인이 있는데 다음과 같은 경우이다.[4]

교육철학의 결여와 자신감의 부족

교사가 준비되지 못해 학부모가 다가오는 것이 불편하고 부담되는 것은 아닌가?

나의 부족함을 학부모가 알아차릴까 봐 두렵고 학부모의 말 한마디, 반응 하나에 나의 교육철학이 뿌리까지 흔들리고야 마는 스스로의 연약함과 마주하고

---

4) 김은교(2015), "초등학교 초임 교사가 인식하는 학부모 관계의 어려움에 대한 개념도 연구", 석사학위 논문, 광주교대 교육대학원

싶지 않은 것은 아닐까? 그것을 학부모가 불편하게 하는 거라고 스스로에게 말하고 있는 것은 아닐까?

완벽주의적 생각

꼼꼼하고 완벽한 교사의 모습만을 보여주어야 한다는 완벽주의적인 생각이 학부모와의 관계를 더욱 경직되게 하고 관계의 거리를 더욱 멀어지게 하는 것은 아닐까?

저경력에 대한 위축

나이가 어리다고 위축되는 경우가 저경력 교사들이 겪는 어려움 중의 하나이다. 아직 결혼도 안 했고 아이도 없기 때문에 학부모가 교사를 어리게 보고 경험이 없어 아무것도 모른다고 생각하지는 않을까 하는 생각에 스스로 위축되기도 한다.

학부모와의 상담을 업무의 연장으로 여김

약속되지 않은 전화, 시도 때도 없는 카카오톡(문자형 대화창), 갑작스러운 방문에 한두 시간씩 이어지곤 하는 학부모와의 대화, 그로 인해 밀리는 업무처리와 퇴근 시간…. 이 모든 과정을 학부모가 얹어주는 업무의 연장이라 여기기 때문에 학부모의 절박한 심정이나 학부모의 진실함, 때로는 현명한 아이디어도 오직 "짜증 나"가 되고 있지는 않은가?

교사로서 나는 학부모에게 어떤 교사인가?

만일 학부모 모임에 가서 "우리 선생님을 다섯 글자로 말한다면?"이라는 질문을 던졌을 때 우리 반 학부모는 무엇이라고 답할 것 같은지 스스로 생각해 보자. 내가 학부모라면 나 같은 담임선생님을 만나면 어떨까도 한번 생각해 보자.

2장.
사실은 학부모도 어려워

교사 아프냐, 학부모도 아프다

우리나라에서 학부모로 살아가고 있는 어른들이라면 학부모의 아픔에 대하여 하고 싶은 말이 무척 많을 것이다. 사회로부터 또는 교사들로부터 받는 시선들이 종종 학부모를 아프게 하기 때문이다. 어느 순간 대한민국 학부모에게는 '극성맞다, 이기적이다, 자기 자식밖에 모른다'와 같은 키워드들이 따라다니고 있다. 학부모의 교육 참여와 학부모 교육의 필요성에 대해 말하면서도 교사들조차 학부모의 이런 이미지들 때문에 소통하길 꺼린다. 이런 키워드와 서로 부담스러워하는 관계 때문에, 건강한 생각을 하고 있고 헌신적으로 교육에 참여하고자 하는 부모님들조차 교육이라는 프레임 안에 들어오지 못하고 주저하게 만드는 것은 아닐까?

대한민국에서 살아가는 학부모들은 다음과 같은 인식을 견디며 살고 있다고 한다.[5]

학교는 학부모를 계몽의 대상으로 인식하고, 규범적 관점에서 학부모의 행동을 재단하려는 태도를 지니고 있다.

계몽의 대상으로 여기는 학부모가 건네는 말을 학교는 어떤 관점으로 들을까? '잘 몰라서 이런 말씀을 하시는구나. 내가 때 되면 가르쳐 드려야지.'라는 관점으로 바라본다. 학부모의 건의는 민원으로 치부되고, 잦은 민원은 골칫거리로 전락한다는 것을 학부모들은 안다. 학교와 학부모와의 사이에 거리가 생긴다.

학부모에 대해 한국 사회에서 그간 형성되어 온 고정관념이 있다.

· 학부모는 치맛바람을 일으키고 학력 세탁을 하는 집단이다.

· 학부모는 사교육에 과잉투자하는 이기주의 집단이다.

· 학부모는 한국교육의 부작용이나 실패의 주 귀책 대상이다.

· 학부모는 세속적 교육론에 매몰된 집단이다.

· 학부모는 공교육을 훼방하는 적대자 집단이다.

· 학부모는 교육정책이 실패하게 하는 원인 제공자이다. 등

활짝 열린 마음으로 찾아간 학교가 나를 저러한 시선으로 바라보고 대한다는 것을 느끼는 순간 학부모는 어떤 결정을 할까?

학교 일에 적극적으로 협력했는데 치맛바람 일으키는 사람 취급을 하고, 아이의 잘못을 학부모의 잘못으로 몰아 한숨과 탄식과 걱정의 소리만을 전달받

---

5) 임성택(2015), "학부모 심리학의 제안; 그 가능성과 의의", 학부모연구

으며, 아이의 학습에 관심 좀 가지려 하면 공부에만 목매어 인성에는 관심없는 부모로 여긴다면 말이다. 다소 과장되고 부풀려진 가정일 수 있겠으나 전혀 없는 가정도 아닌 듯하다.

문제 학생의 뒤에는 문제 학부모가 있다?

위 문장은 교육의 실패를 학부모의 탓으로 돌리는 사회구조가 작동하고 있는 지점의 생각이다. 이처럼 한국에서 살아가는 학부모에 대한 인식은 다소 부정적인 평가가 일반적이다.

그런데 한국교총에서 시행했던 설문조사를 살펴보면 학부모의 59.3%가 '학부모로 사는 것이 교육 때문에 고통스럽다.'라고 답했다. [6]

그렇다. 사실 학부모도 아프다.

교사가 학부모를 대할 때 흔히 하는 착각이 있다. 그리고 이러한 착각들이 학부모를 아프게 한다.

· 학부모는 학부모 노릇만 할 것이다.
· 학부모는 자녀교육만 할 것이다.
· 학부모는 교사가 말하면 언제나 즉시 반응해 줄 준비가 되어 있어야 한다.
· 학부모는 자녀에게 항상 집중하고 있을 것이다.

아니다. 학교에서 야근까지 하고 집에 돌아가면 학부모로 역할이 바뀌는 옆반 선생님을 보라. 학부모는 학부모 노릇만 하며 살지 않는다.

---

6) 한국교총(2013.5.), "공교육살리기 학부모 연합 설문", 행복누리교육

학부모도 하나의 인격체로 성장하기 위한 지독한 내적 성장통에 시달리고 있을 수도 있고, 연로하신 부모님 병간호로 아이들에게 미안해하면서 부모님 곁만 지키고 있어야 하는 수많은 밤을 보내고 있을 수도 있다. 어린 동생을 출산한 지 얼마 안 되어 큰아이 양육에 상대적으로 소홀할 수밖에 없는 독박육아 상태의 학부모도 있을 수 있다. 사업이든 업무든 잘 해결되지 않아 깊은 수렁에 빠져 있을 수도 있고, 생존의 문제가 해결되지 않아 자녀들은 밥만 먹여줄 수 있는 정도의 여력뿐인 학부모도 많다. 이혼을 고민하느라 아이들에게까지 신경이 미치지 못하는 경우도 많고, 학교의 연락과 관심이 오히려 일상의 방해로 느껴지는 학부모도 많다. 학부모를 향한 교사와 학교의 작고 사소한 배려는 학부모를 더욱 건강한 학부모로 일으킬 수 있다.

다음에 소개하는 우리 곁의 평범한 학부모들의 이야기를 읽다 보면 이들의 상황이 좀 더 이해될 것이다.

"아침마다 출근 전쟁을 치러요. 아이 밥 먹이고, 준비물 챙기고, 옷차림에 등교 차량까지 챙겨주다 보면 저는 대충 머리 손질도 제대로 못 하고 밥도 뜨는 둥 마는 둥 하고 헐레벌떡 직장으로 뛰어가기 일쑤죠. 아이가 아프기라도 한 날이면 직장에서도 마음이 편치 않아요. 직장에서는 학부모가 아니라 그냥 직장인이에요. 상사에게 혼나기도 하고 업무 스트레스에 시달리기도 하고 종종걸음으로 외근을 하기도 하고…. 그런데 종종 학교 선생님으로부터 전화가 와요. 아이 준비물 좀 잘 챙겨 보내 달라는. 아, 그럴 때 나는 내가 무엇을 위해 살고 있나 싶어요."

"직장 생활에 시달리다가 어두운 밤이 되어서야 퇴근을 할 때가 있어요. 퇴근해서 보면 아이가 내일까지 가지고 가야 하는 준비물이 있다고 조르는 거예요. 아, 문구점도 모두 문을 닫은 시간이고 제 몸도 천근만근 너무 피곤하고…. 학부모 총회, 공개수업, 학부모 상담 등이 몰려 있는 달이면 직장에 눈치가 보이기도 해요. 직장맘이라 학부모 모임에도 자주 못 나가서 우리 아이만 친구를 못 사귀는 것 같기도 하고 저만 정보가 부족한 것 같기도 하고…. 아이에게 너무 미안해요. 저는 너무 못난 엄마 같아요."

"우리 아이가 조금 부족한 걸 잘 알아서 저는 아이를 맡긴 죄인의 심정이 있어요. 그래서 정말 선생님께 죄송하고 감사한 마음을 표현하고 싶어서 학교 봉사활동을 이것저것 하고 있어요. 그런데 정작 선생님께 그런 제 마음이 전달되는 것 같지는 않아요. 그냥 학부모가 자주 학교에 오는 거 자체를 극성맞다고 생각하는 느낌을 주세요. 만나도 반가워하시지도 않고 어떤 때는 조금 민망하게 대하실 때도 있어요. 난 진심이었는데…."

학부모들의 이야기를 읽다 보면 그들의 삶의 무게와 아픔이 느껴진다.

사실 학부모도 학교에 와서 선생님을 만나는 것이 그리 유쾌하지만은 않다고 한다. 학부모가 학교와 선생님에 대해 지닌 다음의 생각을 읽어보면 교사 입장에서 뜨끔한 부분이 있다.

학부모가 학교에 가서 선생님을 만나기 싫은 이유[7]

· 문제 학부모라 여길까 봐
· 아이의 부진을 내 탓이라고 하고 또 나도 그렇게 볼까 봐
· 내 아이의 문제를 교사에게 확인받고 싶지 않아서
· 나와 내 자녀의 필요를 학교가 잘 모르니까
· 학교는 내 죄책감을 자극하므로
· 교사의 권위적인 모습이 싫어서
· 교사는 내 이야기를 들어주지 않으니까
· 뻔한 얘기할 테니까

---

7) Bosch&Kersey(2015), The First-Year Teacher : Be Prepared for Your Classroom.

교사로서 가슴에 손을 얹고 생각해 보자.

'나는 학부모에게 교사라는 권위를 전혀 부리고 있지 않다. 나는 학부모의 이야기를 잘 들어주는 편이다. 새롭고 참신한 이야기로 아이의 성장과 문제해결을 돕고 있다.'라고 자신 있게 말할 수 있는가? 그렇지 않다면 위의 학부모 생각은 적중한 것이다.

다음의 표현들은 흔히 들어본 표현들일 것이다.

· 아이가 성공하려면 할아버지의 경제력과, 아버지의 무관심과, 어머니의 정보력이 중요하다.

· 그 엄마 성공했네. 아들을 좋은 학교에 보냈대.

· 엄마가 통 모르는구나. 아이를 아직도 학원에 안 보내요?

· 어머니, 아이 좀 잘 챙겨서 보내주세요.

· 걔는 부모가 금수저래.

· 엄마가 학교 선생님이라며, 애는 왜 그래?

우리나라에서 흔히 들을 수 있는 이와 같은 말들은 일부의 승자와 대부분의 패자(루저) 학부모를 만드는 말들이 아닐 수 없다. 대한민국에서 학부모로 산다는 것은 어떤 무게일까? 우리 교실의 학부모는 어떤 삶을 살아가고 있는 걸까?

3장.
학부모는 어떤 삶을 살았을까?

　초등 저학년 선생님들 사이에는 "요즘 아이들 너무 힘들어요~"라는 소리가 곡처럼 흘러나온다. 아이는 수업 중 누워서 굴러다닌다. 심지어 맘대로 안 되면 드러누워 떼를 부리기도 한다. 나이가 좀 있으신 분들도 "예전에는 이 정도는 아니었다"고 이야기할 정도이다.

　문제는 아이들만 힘든 게 아니라는 것이다. 학부모들을 대하는 것도 더 힘들어졌다. 예전에는 초등학생이 되면 엄마에게서 떨어져서 스스로 무언가를 할 수 있는 것을 기본으로 보았지만, 요즘은 아이도 부모도 그런 생각을 많이 못 하는 것으로 보인다. 부모마저 유치원의 연장선에서 벗어나지 못한 경우가 많다. 교사에게 "물 좀 먹으라고 해주세요~", "마치고 꼭 좀 전화하라고 해주세요.", "아이 가방 좀 열어서 챙겨주세요." 등 자잘한 요구가 많다. 그런데 이런 것이 이제는 익숙한 일상이라고 이야기할 정도가 되었다.

중학교 1학년 학부모들도 "선생님 왜 알림장 안 써 주세요?", "좀 자세하게 알 수 있게 알려주세요." 등등으로 아이들이 알아서 할 만한 일들을 부모가 다 알려고 하고 알려주지 않는다고 교사에게 항의하기도 한다.

학부모 해석이 필요하다

학부모가 이렇게 행동하면 교사는 난감하다. 자녀의 학년답지 않은 학부모를 볼 때 '왜 그럴까? 이런 학부모도 변하긴 할까? 도대체 어떤 마음으로 이 학부모를 대해야 할까?' 등의 질문이 생기는 것은 당연하다. 학부모에 대한 해석이 필요하다.

교사들이 만나는 학부모를 살펴보면 세 가지 성향으로 나눌 수 있다. 잘 맞는 사람, 문제는 없지만 적절한 거리를 두고 있는 사람, 이해가 안 되는 사람이다. 잘 맞는 사람은 교사에게 협조적이라서 편안하게 만난다. 또 적절한 거리를 두고 있으며 문제도 없지만, 소통도 안 하게 되는 학부모도 많다. 이해가 안 되는 학부모인 경우는 한 번 이해가 안 되면 사실 다시 이해할 기회가 거의 없다. 회복하기보다 그저 감내하고 묵인하는 것이 최고의 방법인 경우가 더 많다.

그러나 이렇게 어려운 학부모도 해석만 되면 교사의 스트레스가 많이 줄어들 수 있다. 2000년 전 철학자 에픽테토스는 말했다. '인생의 고통은 해석의 문제'[8] 라고 말이다.

---

8) 엘버트엘리스 카타린맥런저(2016), "합리적 정서행동치료", 학지사.

부모도 새로운 곳에 적응이 필요하다

처음 아이가 사립 어린이집에서 공립 학교로 가면 그 차이에 적응해야 하듯 학부모도 적응이 필요하다. 어린이집은 공립보다는 사립이 많다. 사립 어린이집의 입장에서 부모는 자신과 맞지 않으면 아이를 빼서 다른 곳으로 가버릴 수 있는 중요한 고객이다. 그래서 운영을 위해 원장뿐 아니라 교사도 학부모의 요구에 맞추어주려 한다. 이러한 것에 익숙해져서 학교생활에서도 처음에는 유치원에 했던 것처럼 요구하거나, 학교에서도 유치원처럼 해주기를 기대한다. 교사에게 '왜 전화를 안 받냐', '피드백을 자세히 달라', '아이 가방 좀 봐줘라' 등등의 요구를 한다. 그러나 이내 공립 학교 교사는 부모에게 맞추어 주지 않음을 깨닫게 된다. 중등 1학년 학부모도 마찬가지다. 초등에서 알림장이 익숙하니 '왜 알림장을 보내지 않느냐' 등의 요구를 하지만 어느 순간 중등의 스타일에 맞추어 간다.

정보를 얻을 수 있는 곳의 한계

이렇게 학부모가 준비되지 않는 이유는 초등 부모의 역할을 전수해주는 사람이 적기 때문이기도 하다. 옛날에는 자녀가 많아서 큰아이를 키우고 나면 둘째에 대해서는 이미 파악한 듯 편안하게 학교를 바라보았다. 자녀가 많아 아이 스스로 하도록 내버려 둘 수밖에 없는 구조이기에 학부모가 교사에게 이것저것 질문을 하거나 요청하는 것도 적었다.

때로는 가까이 사는 친척이나 주변 이웃을 통해 알 수도 있었다. 그러나 지금은 가까이에서 성장 과정을 지켜볼 가족이 많지 않다. 정보를 얻는 곳은 대부분 인터넷 사이트이다. 맘카페 등에는 초등 준비를 어떻게 하는지 질문이 올라오고 답이 달리기도 한다. 도움이 안 되는 건 아니지만 경험하지 않은 상태에서 올리는 질문이다 보니 막연한 질문을 던지고 답도 구체적이기는 어렵다. 본인이 직접 부딪혀봐야 무엇을 준비하고 어떤 생각을 가져야 하는지 구체적으로 질문할 수 있으므로 미리 온전히 체득하기가 쉽지는 않다.

사회적 문제

자녀의 수가 적거나 외동이 많은 시대를 살다 보니 부모는 아이의 작은 것 하나에도 관심을 가지고 모든 것을 대신해주는 경우가 점점 더 많아진다. 그러면 아이가 스스로 할 수 있는 것이 적어지고, 부모는 더 많은 영역을 도와주는 악순환이 반복된다.

또 하나, 부모가 많은 간섭을 하고 교사에게까지 연락을 많이 하는 이유는 점점 더 불안한 사회가 되었기 때문이다. 사건 하나만 터져도 온 인터넷이 떠들썩하고 모르는 사람이 없다. 우리는 어쩌면 불안의 시대에 살고 있다고 해도 과언이 아니다. 그러다 보니 아이가 혼자 하도록 지켜보는 상황이 점점 더 두려워진다. 사회에서 살아남으려면 부모가 잘 도와야 한다는 강박으로 가기도 한다. 그래서 가끔 아이를 더 낳으라는 소리를 부모들도 서로에게 한다. 그러나 외동은 시대적 흐름이자 사회적 원인이 크기에 부모 탓으로만 여기거나 동생을 낳으라는 압력으로 쉽게 해결되는 것이 아니다.

학부모도 성장·발달하고 있다

학부모도 발달과정을 거치고 있다는 이야기를 들으면 어떤가? 다 큰 어른을 어쩌겠나 싶은 무력감을 넘어설 수 있는 희망이 느껴지는 말이 되기도 한다. 이렇게 학부모를 해석하기 위해서는 학부모 발달 단계를 보는 것이 필요하다.

자녀 발달에 따라 부모도 변한다

　교사들에게 학부모는 다 성장한 어른이다. 그리고 아이를 책임 있게 지도해야 하는 성숙한 사람으로 그려진다. 그러나 학부모는 과연 아이들을 발달 단계에 맞춰 키울 준비가 되어 있기에 키우는 것일까? 많은 이들이 준비되지 않은 채 부모가 되고 있다는 것은 익히 알고 있다. 그러기에 몰라서 헤매는 모습을 보여주면 교사들도 '아 학부모가 처음이지'라고 생각할 텐데, 학부모는 이미 어른이기에 모르는 티를 내기가 쉽지 않고 민망하다.

　아담 갈린스키는 '부모 역할 수행단계'를 통해 이런 부모가 왜 그런지 잘 이야기했다. 자녀의 성장 정도나 상황에 따라, 자녀로부터 받는 도전에 따라 부모는 변화한다. 부모는 아이를 키우는 존재이지만 실제로는 아이의 성장 과정에 따라 부모 또한 발달하고 변화한다고 보면 된다. 아이의 발달 단계나 환경에 따라 그에 맞는 부모가 되어 가는 것이다. 초등학생 부모 역할을 할 준비가 되어 아이를 학교에 보내는 것이 아니다. 초등 1학년 부모는 유치원 부모 수준을 못 벗어나다가 점차 아이를 따라 초등학생 부모가 되어 가는 것이다. 실제로 학부모가 학기초를 지나면서 그 학년에 맞는 학부모로 바뀌는 걸 자주 볼 수 있다. 자녀가 부모의 스승이라는 말이 이래서 맞는 말이기도 한 것 같다.

　구체적으로 살펴보자. 아담 갈린스키의 부모 역할 수행단계[9] 는 자녀로부터 도전받는 부모의 과업을 중심으로 구분한 발달 단계다. 자녀가 성장함에 따라 부모의 자아개념도 변화됨을 나타내고 있다.

· 1단계 : 이미지 형성기(태아기)
　임신이 되면 아이를 맞이할 준비를 한다. 부모가 되기 위한 준비 단계로 부

---

9) 김명희(2010), "현대사회와 부모교육", 교육아카데미

부 대화를 통해 어머니로 아버지로 자아 정체감을 변화시키는 과정을 자연스럽게 겪는다.

· 2단계 : 양육기(출생부터 만2세까지)

아이가 필요로 하는 양육에 최선을 다한다. 애착과 기본적인 신뢰감이 형성되는 시기이므로 사랑, 관심, 놀이, 접촉, 적절한 자극 등으로 아기의 욕구를 충족시켜줌으로 건강한 성격발달의 근간이 형성되도록 도와주는 시기이다.

· 3단계: 권위 형성기(만 4, 5세까지)

자녀가 어린이집을 가거나 다른 사람들을 만나는 사회화 과정에서 어디로 튈지 모르는 시기이기에 부모는 통제와 중재를 하려면 필수적으로 권위를 가지게 된다. 권위를 표현하면서 완벽한 부모가 되겠다던 이미지를 재평가하고 불완전한 인간으로서 자신을 받아들인다.

· 4단계 : 해석하는 시기(초등)

아이를 상상의 세계에서 현실로 자연스럽게 이끄는 시기이다. 많은 호기심과 폭넓은 관심을 가지는 아동에게 부모는 정보를 제공하고 세상과 사물의 이치를 설명해주는 해석자 역할을 한다. 또한, 아이가 학교생활을 통해 해야 하는 과업을 일깨워주고 설명해주면서 심리 사회적으로 독립시켜나간다. 초등 부모로 사회적 지위가 바뀌면서 자녀의 발달 양상을 평가한다. 자신이 상상했던 부모로서의 이미지가 잘 실현되었는지를 스스로 묻고, 부모 역할이 잘되고 있는지 점검도 한다.

· 5단계: 상호의존기(청소년기)

청소년기가 되면 사춘기의 급속한 성장과 변화로 아이들은 반항을 시작한

다. 반항과 함께 허용, 통제, 규칙 등에서 생기는 부딪힘을 통해 부모는 상호
작용을 고민하고, 그 전과 같은 부모 역할을 하면 안 된다는 것을 깨닫는다.
결국, 부모는 통제를 풀고 자녀를 독립적인 인격체로 보며 서로 맞추어 가면
서 조심스럽게 상호의존하는 시기로 들어간다. 이 시기에는 합리적이고 이
성과 감성이 조화된 새로운 권위가 필요하다.

· 6단계: 떠나보내는 시기

청년기가 되어 혼자 자율적으로 생활하기 위해 부모곁을 떠나가면서 부모
는 인생선배로서의 상담과 조언자의 역할로 변화를 겪는다.

이처럼 1학년 학부모의 수준은 1학년이다. 이 이론을 통해 보면 학부모가 아
이를 이끌어가는 것이 아니라 오히려 뒤에서 따라가는 것이라고 보는 것이 더
적절할 수도 있겠다. 사실 아이를 잘 키우고 싶은 열정은 가득한데 잘 몰라서
교사를 어렵게 하는 것이다. 그러나 학부모도 성장한다. 담임선생님과의 경험
이 그 성장의 밑거름이 될 수도 있다고 여기며 그 학년답지 않은 학부모를 바
라보면 좋겠다.

부모 역할의 그림을 가지고 돕기

지금까지 부모가 아이의 발달에 따라 성장하는 면을 보았다면, 여기서는 부
모가 어떤 역할로 변해야 하는지 시기별 자녀 양육의 목표를 알아보려고 한다.
교사가 학부모를 잘 돕기 위해서는 부모 역할의 큰 그림이 필요하기 때문이다.

부모 역할이 어떻게 변해야 하는지 부모에게도 알려서 아이 나이에 맞는 부
모 역할을 할 수 있도록 도울 필요가 있다. TV 프로그램으로 제작되었던 〈마더
쇼크〉에는 부모 역할이 어떻게 변해야 하는지를 제시한다.[10]

---

10) EBS 마더쇼크제작팀(2012), "마더쇼크", 중앙북스

· 1단계: 보호자(생후 1년)

아기가 태어나면 부모는 보호자, 보육자로서 아기를 보호하고 기른다. 스스로 할 수 있는 것이 없기에 부모는 외부의 위협 요소를 막을 뿐 아니라 영양, 수면, 위생 등에서도 안전하고 건강하게 아기를 보호해야 한다. 의사소통이 안 되므로 부모는 아기가 보내는 신호에 반응하고 적절하게 대응해야 한다.

· 2단계: 양육자(만 1~3세)

양육은 보호나 보육의 의미에서 나아가 아이의 연령에 맞춰 운동, 두뇌, 정서 등이 고루 발달할 수 있도록 부모가 아이에게 적절한 자극을 주거나 지도하는 일까지 포함된다. 이 시기 부모에 대한 신뢰는 세상을 탐험하기 위한 준비가 되므로 애착을 다지는 일이 중요하다.

· 3단계: 훈육자(만 4~7세)

부모 품에서 벗어나 또래와 대인관계를 맺으며 첫 사회생활을 시작하는 나이다. 단체생활에 적응하고 친구를 사귀려면 신변 처리 능력과 공공도덕, 질서, 규칙 등을 익혀야 한다. 여기에 훈육자로서 부모의 역할이 필요하다. 아이에게 옳고 그른 것을 알려주고, 해도 되는 일과 하면 안 되는 일을 가르쳐야 한다.

· 4단계: 격려자(만 7~12세)

학령기로 아이는 이제 부모 외에 다른 경로를 통해 배우기 시작한다. 선생님, 친구뿐 아니라 책, TV, 인터넷과 같은 다양한 미디어를 통해 스스로 지식을 습득한다. 이때 부모의 역할은 아이가 혼자 힘으로 잘 해낼 수 있도록 격려하는 일이다. 아이가 난관을 맞닥뜨리면 잘할 수 있다는 자신감을 심어주고, 실패하더라도 그것이 좋은 경험임을 알려주며 다시 도전하도록 용기를 불어넣어 주는 것이 필요하다. 부모가 격려자로서의 역할을 잘 해낼 때 자아존중감이 높은 아이로 자랄 수 있다.

· 5단계: 상담자(만 12~20세)

아이의 생각이나 속내는 부모라도 간섭할 수 있는 영역 밖의 것이다. 이때 부모의 역할은 좋은 상담자, 멘토가 되어 주는 일이다. 수많은 고민과 혼란 속에 있는 아이에게 '무조건 내 말을 따르라'는 방식을 벗어나야 한다. 아이의 고민을 진지하게 들어주고 공감하며 인생 선배로서 조언을 아끼지 말아야 한다. 이 시기가 지나면 아이는 부모와 같은 어른이 된다는 것을 기억해야 한다.

· 6단계: 동반자(20세 이후)

같은 어른으로서 함께 사회를 살아가는 일원이 되는 시기이다.

학부모 역할을 정리해보면 초등 전까지는 권위를 통한 훈육이 필요하고, 초등 시기에는 스스로 할 수 있도록 격려하며 이치를 설명해야 한다. 중고등 시기는 독립적 개체로서 존중하고 상담해주며 오히려 조심스럽게 상호 의존으로 나아가는 시기라는 것은 교사가 부모와 공유해야 할 중요한 부분이다. 즉, 어리면 많은 것을 대신해서 도와주지만 나이가 들수록 아이가 스스로 하도록 격려하는 역할로 바뀌어야 한다. 그러나 동일시가 강할수록 계속 보호자 역할에만 머물러 아이에게 성장이나 독립의 기회를 박탈할 수도 있다. 실제로 많은 학부모가 양육자나 훈육자의 단계에서 격려자나 상담자로 바뀌지 않고 부모 역할을 하는 경우가 많다. 그러다 보니 아이도 영향을 받아 초등학생 혹은 중학생답지 않게 행동하기도 한다.

그러나 학부모들이 일부러 그러는 것이 아니다. 최선을 다해 좋은 엄마가 되고 싶은데 몰라서 하는 행동이라는 것만은 기억하자. 일부러 그러는 것이 아니고 몰라서임을 알면 학부모의 행동을 이해하기가 쉽고, 부모교육을 하는 것도 더 흔쾌히 품는 마음으로 할 수 있지 않을까?

과거와 다른 요즘 학부모의 특징, 세대 차

아이들이 학교에서 하는 행동이 해가 바뀔수록 달라지는 것처럼 옛날과 달라진 학부모를 만난다. 너무 당당히 요구하고 세세하게 따지는 학부모, 왜 그럴까?

학부모를 이해하려면 세대 차이를 기본적으로 아는 것이 필요하다. 세대 차이는 부모 역할에도 많은 변화를 낳고 있기 때문이다. 세대별 정치, 사회, 경제적 환경의 차이로 인해 자녀 양육과 관련된 자세나 가치관도 달라진다.

지금의 초중고등학교 학부모 세대를 중심으로 본다면 소위 70년대 'X세대'와 80년대 '밀레니엄 세대'를 다뤄볼 수 있겠다.[11]

---

11) 최재붕(2019), "포노사피엔스", 샘엔파커스
　　임홍택(2019), "90년생이 온다", whalebooks
　　2019.11.1, 일도 결혼도 No, 희망도 No. 무기력에 빠진 新386, 매경이코노미 네이버 지식백과

70년대생 학부모

초등고학년과 중고등 학부모가 많다. 초등고학년은 40대 초중반이 많고, 중고등 학부모는 40대 중후반이 많다. 물론 요즘은 결혼이 늦어져서 40대에 유치원과 초등저학년 아이를 둔 학부모도 꽤 있다. 70년대생은 소위 'X세대'라고 불린다.

이 세대의 사회 경제적 여건을 보자. 이들은 1987년 민주화 항쟁과 6.29 선언 이후 청년기를 지내며 정치 이슈에서 벗어나 민주화된 사회를 경험한 세대다. 이들은 개인주의를 중시하며 기존 가치에서 자유롭다. 주위 눈치를 보지 않으며 개성을 중시한다. 오렌지족의 탄생과 함께 대중문화 부흥을 이끌었다.

70년대생은 그 전 세대에 비해 어린 시절 경제적 풍요 속에서 성장했다. 60년대생이 겪었던 보릿고개 등도 없었다. 그러나 이들이 직장인이 되었을 때 IMF(1997)가 터지면서 불경기가 왔다. 취직난을 겪으며 미래가 박탈되는 경험을 한다. 평생직장이라는 개념이 사라지기 시작하고 명예퇴직과 강제퇴직 붐이 일어났다. 그래서인지 이들에게 공정성과 합리성이 더 중요하다. 풍요를 누리다 박탈된 경험은 더 쓰디쓴 법이다. 목표를 이루기 위해 달려가지만 꿈은 이룰 수 없는 세대가 된 것이다. 그래서 이들이 택한 생존법은 일단 최소한의 것으로 자기 삶을 꾸리며 현실에 적응하는 것이었다. 왜냐하면 현실과 싸워도 소용없다는 것을 깨달았기 때문이다. 그 적응이라는 것은 필요 이상의 노력은 하지 않는 것이다. 평생직장이라는 개념이 사라졌고 직장에 충성해도 자신의 미래를 보장해주지 않으며 오히려 언제 잘릴지 모르기 때문에 이들은 적절하게 맞춰 산다. 사실 이들은 개인의 생각이 중요하고 자기주장이 강한 사람들이다. 그러나 맞춰 살다 보니 머리는 개인이 앞서는데 몸은 조직을 앞세우는 딜레마 상황에 놓인다. 사회에서 머리와 몸이 따로 놀아서 내적 갈등을 겪는 것이다. 그래서 이들을 '낀 세대'라고 부른다.

이기철은 서울신문에서 '부모된 X세대는 달랐다'라는 기사를 썼다.[12] 좀 오래된 기사이지만 그 X세대를 직접 보면서 썼고 잘 표현했다고 보여 그 내용을 기반으로 X세대 학부모의 특징을 살펴보려 한다.

X세대 학부모는 개인주의를 기반으로 하므로 자신의 삶을 중요하게 생각한다. 그래서 이전 세대의 아이만을 위해 올인하는 엄마상을 거부한다. 누구 엄마 이름보다 자신의 이름으로 살기를 원하기에 워킹맘이 많다. 이들은 부모가 즐거워야 아이도 즐겁다고 생각하기에 자신을 위해 시간을 쓴다. 학교 활동에서도 개인적 참여는 하지만 운영위원이나 역할을 맡는 것을 꺼리는 경향이 크다.

독특한 것은 이들이 사회생활 속에서 드러나는 낀 세대의 특징이 자녀 양육에서는 다르게 드러난다는 것이다. 이해관계에 민감하며, 때로는 철학보다 아이에게 유리한가를 중요하게 여기기도 한다. 사회 속에서는 공정성이 부족하더라도 그에 맞추어 살지만, 자녀와 관련해서 공정성과 합리성이 부족한 경우에는 더더욱 참지 못한다. 때로는 아이에게 갈등이 생기면 공정성의 기준이 자신의 아이 위주로 가기도 한다. 수행평가에 문제가 느껴지면 이의 제기를 한다. 아이들 시험 문제를 풀어보면서 시험의 공정성이나 오류를 지적하기도 한다.

또한, 이 세대 학부모들은 자신이 경험한 궁핍과 불안을 자녀에게 물려주지 않기 위해 해외여행을 자주 가고 아이들에게도 단기유학이나 어학연수 등으로 기회를 열어주려고 애쓴다.

이기철은 이전 세대의 전통적 부모상(Parents)과 X세대(Fair-ents)의 부모상을 비교했는데 세대 차를 조금 더 분명히 볼 수 있는 내용이다. 전통적 부모상을 가진 엄마들은 가정이 무대였다. 누군가의 엄마로서 자녀를 위해 모든 것을 희생하는 것이 미덕으로 여겨졌고 자녀의 꿈이 자신의 꿈이었다. 딸은 시집

---

12) 이기철(2006.1.16.), "부모된 X세대는 달랐다", 서울신문

을 잘 가서 현모양처가 되는 것이 최고의 목표인 경우가 많았다.

그러나 X세대의 엄마는 자신의 생활이 중요하다. 자녀를 키우지만 다양한 취미생활과 문화생활도 병행하고 때로는 싱글보다 더 젊어 보이게 외모를 가꾼다. 엄마로서 자신이 즐거워야 가족도 즐겁다고 생각한다. 워킹맘이 많다 보니 아이 스스로 알아서 하기를 바라고 엄마도 자신만의 삶을 살기를 원한다.

아빠의 역할도 매우 다르다. 전통적 아빠들은 사회생활이 전부였다. 아버지는 돈을 벌어오는 존재였고 경제력이 부족하더라도 권위로 대체가 되었다. 가문과 체면을 중시하고 남녀를 유별하게 키웠다. 그러나 X세대 아빠들은 경제력은 기본이고 자녀와 함께 놀아주는 것이 아빠로서 중요한 덕목이라고 생각한다. 사회와 가정생활은 별개로 각각 감당해야 할 몫이 있는 것으로 본다. 또한, 남녀 모두 평등하게 키우는 편이다.

80년대생 학부모[13]

80년대생은 90년대생과 함께 밀레니엄 세대라고 불린다. 유치원 학부모(30대 중후반)나 초등 저학년(30대 후반, 40대 초반) 학부모들이 80년대생에 속한다.

이들은 부모가 IMF로 실직하는 것을 경험한 세대로 어렸을 적부터 궁핍을 보고 자라났다. 그러나 이들은 청년이 되어도 여전히 어렵다. 88만 원 세대라는 별칭과 함께 청년실업이 증가했고, 비정규직으로 안정감이 떨어지는 직장생활을 한다. 연애, 결혼, 출산의 포기라는 신조어 '삼포 세대'가 나타났다. 대학등록금 상승과 주택가격 상승 등으로 결혼 출산이 늦어지고, 불안한 직장과

---

13) 류지민(2019.11.1), "일도 결혼도 No, 희망도 No. 무기력에 빠진 新386", 매경이코노미
   민상식(2019.7.17), "부모된 밀레니얼 세대가 가짜 고기를 찾는다", 리얼푸드
   유은정(2019.11.1), "밀레니얼세대 신소비층 급부상", 세계비즈
   김현진(2017.5.22), "너네는 왜 그러는 거니 밀레니얼 세대", Samparters

낮은 연봉, 치솟는 집값에 출산이라는 모험을 하지 않는 것이다. 이 세대가 부채율이 가장 높은 세대라고 한다.

이러한 경험들로 인해 80년대생들은 비정규직, 실업 등을 이겨나가기 위한 스펙 쌓기에 열중한다. 차나 집을 공유하여 비용부담을 줄이는 등 실용적 소비를 한다. 하지만 이들에게 독특한 것은 자신을 위한 소비의 경향이 크다는 것이다. 이 전에는 주택 주거비에 초점을 맞추었다면 이들은 레저, 건강, 웰빙을 중시한다. 부모처럼 애를 쓰고도 누리지 못하는 삶을 살고 싶지 않기에 취미생활을 중시하며, '욜로'[14] 라는 말의 태동과 함께 경제적으로 힘들어도 즐긴다. 가심비[15]라는 이름으로 비싸더라도 좋은 분위기가 중요한 시대가 된 것이다. 아이들 제품에서도 안전과 편의성을 중요하게 생각해서 까다롭게 고르며 비싸도 좋은 것을 사려고 한다.

뻔한 시스템이나 과거 관습을 무조건 따르기보다 자기 삶과 가치를 중시하고 도전을 즐긴다. 이들은 정치 참여보다 봉사를 미덕으로 여기며 디지털 문화 활용에 능하다. 이들의 또 하나의 특징은 기후변화 등 환경문제의 대두로 환경에 대한 태도가 다르다는 것이다. 이들은 환경문제의 심각성을 느끼며 아이들의 음식과 건강을 중요하게 여기다 보니 유기농 식자재를 선택하며, 학교에서도 유기농을 먹이기를 원하고 요청하기도 한다. 식물성 고기도 이때 등장한다.

이들에게 자녀는 늦은 나이에 결혼하여 나은 너무나 귀한 아이다. 그런데 사회적 안전망이 없다고 여기니 부모가 안전망이 되려고 자녀에게 올인한다. 스펙을 쌓아주려고도 노력한다.

---

14) '인생은 한 번뿐이다'를 뜻하는 You Only Live Once의 앞 글자를 딴 용어로 현재 자신의 행복을 가장 중시하고 소비하는 태도

15) 가격 대비 성능을 뜻하는 가성비(價性比)에 마음 심(心)을 더한 것으로 가성비는 물론이고 심리적인 만족감까지 중시하는 소비 형태를 일컫는다. 가성비의 경우 가격이 싼 것을 고르는 경우가 많지만 가심비의 경우 조금 비싸더라도 자신을 위한 것을 구매한다 [네이버 지식백과] 가심비 (시사상식사전, pmg 지식엔진 연구소)

그러나 자신의 부모처럼 모든 것을 걸고 싶지는 않기에 자신의 여가도 챙긴다. 이는 잦은 여행으로 나타나는데 출석 일수에 지장이 없는 범위에서 여행을 자주 가는 부모들이 늘어난다.

교사가 부모를 이해한다는 것은 그들의 삶과 환경을 이해하는 것에서부터 시작된다. 내가 만나는 학부모의 세대별 특성을 알고 만난다면 조금 더 이해의 폭이 넓어지지 않을까? 나아가 그들이 성장하고 변화하는 과정에 있음을 안다면 조금 더 편안한 마음으로 학부모를 바라볼 수 있을 것이다.

교사,

제2부

학부모와 관계를 맺다

4장.
학부모와 첫 만남, 어떻게 준비할까?

걱정만 앞서네요

"초등학교 6학년을 담임하고 있습니다. 학부모 상담주간을 앞두고 우리 반 아이들의 부모님들은 어떤 분일지 궁금하기도 하면서 상담을 오신다고 하니 살짝 긴장도 되었어요. 그런데 제일 먼저 상담을 신청한 학부모님이 상담 시간에 나타나지 않으셨어요. 아이한테 물었더니 이유를 모르더라고요. 학부모님께서는 아이가 6학년이 되니 꼭 학교에 가서 상담해야지 했었는데 막상 학교에 올 생각을 하니 너무 부담스럽고 겁이 났다고 하시더라고요. 아이가 공부를 잘하는 것도 아니고 학교에서 임원을 맡은 것도 아니어서 오히려 실망하고 돌아올까 봐 걱정도 되었다고 하시네요. 저는 아이에 관해 묻고 싶은 것도 많고 칭찬하고 싶은 것도 많았는데…. 학부모님들은 학교 방문을 앞두면 걱정만 점점 커지나 봐요."

학부모 상담주간, 수업 공개주간과 같은 때가 되면 교사들은 학부모를 맞이할 준비로 분주해진다. 학부모와의 상담을 위해 자료를 준비하고 정리하며 학생과 미리 이야기를 나누어 보기도 한다. 대화를 나눌 장소를 준비하면서 교실의 게시물과 청소상태까지 꼼꼼하게 챙긴다. 학부모가 학교를 방문했을 때 실망하거나 섭섭한 마음으로 돌아가지 않도록, 학생 지도에 필요한 이야기를 충분히 나눌 수 있도록 만반의 준비를 하는 것이다. 이러한 준비의 과정 이면에는 적지 않은 부담감이 감추어져 있다. 학부모는 교육의 동반자이지만 동시에 평가자이기 때문이다. 하지만 학부모 역시 기대와 긴장, 부담이 섞인 마음을

안고 교문을 들어선다는 것을 잊지 말아야 한다. 학부모가 생각하는 교사 역시 교육의 동반자이면서 자녀와 부모를 동시에 평가하는 사람이기 때문이다.

여러 가지 걱정과 두려움, 어려움이 있더라도 학부모는 반드시 교사와 소통하며 자녀를 양육해야 한다. 학부모가 교사와 편안한 마음으로 솔직하게 소통하도록 하기 위해서는 교사의 배려와 도움이 반드시 앞서야 한다. 학교를 방문하는 학부모의 마음을 먼저 헤아려 보는 것으로 상담 준비를 시작해보자.

학교 방문을 앞둔 학부모의 마음 – 기대와 걱정

학교 방문을 앞둔 학부모의 마음은 어떨까? 초등학교에 막 입학한 자녀를 둔 학부모와 중학교에 입학한 자녀를 둔 학부모의 마음은 어떻게 다를까? 학교에 자주 드나드는 학부모는 학교에서 교사와 만날 때 다른 학부모보다 편안함을 느낄까?

위 질문들에 대한 답을 생각하기 전에 교사들이 염두에 둬야 할 것이 있다. 바로 학부모들도 학생이었다는 사실이다. 학부모 역시 지금의 아이들처럼 교실에서 제각각 개성을 뽐내다가 각양각색의 기억과 감정을 가지고 졸업했다. 학창 시절 추억을 되돌아보며 살아가는 학부모가 있는가 하면 그렇지 않은 이도 있을 것이다. 학부모가 학교를 바라보는 시선은 그저 '부모'로서의 시선이 아니다. '학생이었던 부모'가 자신의 성장 과정 위에 자녀에 대한 사랑을 얹고 교문을 들어선다는 것을 기억한다면 학부모의 마음을 이해하는 데 큰 도움이 될 것이다.

기대하는 마음으로 찾아오는 학부모

　자녀를 학교에 보낸 모든 부모는 학교에서 자녀가 교사와 친구들에게 인정받고 사랑받기를 원한다. 학교가 자녀에게는 첫 번째 사회이고 세상이기 때문에 학교생활의 성공이 곧 삶의 성공으로 받아들여질 것이다.

· 학부모가 기대하는 자녀에 대한 긍정적인 평가(칭찬)

　- 수업시간에 잘 집중하고 공부를 잘하고 있다는 말을 들었으면…

　- 친구들에게 인기가 있고 리더십이 있다는 칭찬을 들었으면…

　- 선생님들에게 사랑받고 인정받는다는 칭찬을 들었으면…

　- 사회성이 좋고 앞으로가 기대된다는 말을 들었으면…

　- 부모가 걱정할 것이 하나도 없다는 칭찬을 들었으면…

걱정하는 마음으로 찾아오는 학부모

　학부모는 자녀에 대해 기대가 큰 만큼 불안감도 크다. 특히 입학하는 자녀를 둔 학부모일수록 기대만큼 큰 걱정을 하고 있다. '~했으면 좋겠다'라는 마음 이면에는 '~하지 못하면 안 되는데'라는 걱정이 숨어 있는 것이다.

· 학부모가 걱정하는 부정적인 평가(지적)

　- 우리 아이가 학교에서 잘못하고 있는 것이 있을까?

　- 우리 아이가 친구들과 잘 지내지 못하면 어떻게 하지?

　- 우리 아이가 선생님에게 예쁨을 받지 못하는 것이 아닐까?

　- 내가 알지 못하는 문제가 있는 것은 아닐까?

　- 내가 제대로 부모 역할을 못 하고 있다고 생각하지 않을까?

만남 전 학생과 사전 상담

학부모를 만나기 전 학생과 상담을 먼저 하자. 학부모가 선생님과 마주 앉아 나누고 싶은 이야기는 자녀에 관한 이야기인데 자녀에 관해 선생님이 아는 것이 없으면 서로 어색한 시간의 흐름을 마주해야 하기 때문이다. 사실 학기 초에 따로 시간을 내어서 학생과 1대1 상담을 한다는 것은 거의 불가능에 가까운 도전일 수 있다. 급식 시간, 쉬는 시간 등 교사의 틈새 시간을 활용해서 짤막하게라도 아이들과 이야기를 먼저 나누는 것이 좋다. 특히나 급식 시간의 경우 일주일에 5명씩은 만날 수 있으므로 한 달 안에 개별 데이트를 모두 할 수 있다. 맛난 것을 먹으며 이야기를 나누기 때문에 웬만하면 학생들의 마음이 열려있다.

아이들과 개별만남

개별 만남을 하면서 다음과 같은 이야기를 나누면 좋다.

· 학교 다니면서 언제가 가장 행복하니? (주된 관심사 파악 가능)

이 질문에 대한 첫 대답을 들으면 아이가 학습에 관심이 있는 아이인지, 성취에 관심이 있는 아이인지, 관계에 관심이 있는 아이인지 등을 파악할 수 있다. 물론 아이가 방어기제를 사용하지 않고 솔직한 마음을 열었다는 전제가 필요하므로 교사는 아이가 경직되지 않고 편안하고 솔직하게 마음을 열 수 있도록 분위기를 만들어 주는 것이 중요하다. 자칫 잘못하면 취조가 된다. 제일 좋은 방법은 교사가 먼저 자신의 이야기를 오픈하는 것이다.

· 학교 다니면서 가장 힘들 때는 언제니? (교육 방향 설정 가능)

이 질문도 역시 "사회 공부요", "친구랑 싸울 때요", "아침에 일찍 일어날 때요" 등의 답을 통해 아이의 학습 욕구, 관계 욕구, 생존 욕구 등 어느 욕구가 강한지 또는 결핍되어 있는지를 알 수 있다. 아이를 도울 수 있는 출발점도 진단할 수 있다.

· 집에서의 생활을 10점 만점이라고 할 때, 너는 몇 점을 줄 거니? 왜 그 점수를 줬어? (가정 분위기 파악 가능)

이 질문에 대해 아이들은 나름대로 점수를 매기면서 여러 가지를 생각한다. 이 질문은 학부모 상담 때도 똑같이 할 수 있다. 자녀와 학부모의 온도 차에 대해 이야기할 수 있다.

8점을 준 아이에게 "와우, 8점이면 높은 편이야? 적당한 거야?"라고 물어 아이의 기본 감성을 확인하고 "어떻길래 8점이야?"라고 물으면 이유를 말해준다. 대략 가족의 분위기를 알 수 있다. 그 후 "그럼 2점은 왜 깎였을까?"라고 물으면 가정생활의 결핍을 느끼고 있는 부분을 말해준다. 물론 객관적인 사실인지는 모를 수 있으나 주관적인 느낌은 알 수 있다.

가벼운 에피소드는 학부모 상담할 때 학부모와 웃으며 이야기 나누는 소재로 다룰 수 있고, 가정폭력이나 깊은 상처 등 아이가 공개하고 싶어 하지 않는 이야기라면 학부모에게 공개하는 것을 신중히 해야 한다. 그렇지 않으면 오히려 아이에게 더 깊은 상처를 줄 수 있고, 아이는 교사에게 마음을 닫아버릴 수 있기 때문이다. 학교생활에 관해서도 이와 같은 척도질문을 통해 학교에서 아이를 도와야 하는 영역을 파악할 수 있다.

· 작년에 후회되는 일 있었니? 올해는 어떻게 지낼 생각이야?

올해의 다짐과 계획은 식상한 질문인 듯하지만 교사와 마음을 합하기에 이보다 좋은 질문은 없는 듯하다. "그렇구나, 선생님이 잊지 않고 기억하면서 꾸준히 지켜볼 거야. 그리고 도와줄게. 걱정하지 마. 선생님에게 개인적으로 부탁하고 싶은 거 있니? 지금이 기회야. 말해봐." 아이의 이야기를 들어주고 끄덕여주며, 돕겠다 약속하고 파이팅! 하면서 손뼉 하이파이브하고 상담을 마친다.

이 정도 이야기를 나누면 학부모 상담을 할 때 나눌 수 있는 대화가 비교적 풍성해진다. 학기 초 학부모와의 짧은 만남을 가질 때 아이와 주고받은 이러한 대화가 우리 아이에 대해 관심이 있다는 신뢰감을 줄 수 있다.

상담 전 자료 준비

필자의 아이가 고등학교에 진학한 후 이번에는 학부모로서 고등학교 학부모 모임에 나간 적이 있다. 학기 초에 선생님과의 만남을 마치고 돌아온 학부모들의 모임에서는 이분들이 필자가 교사인 걸 알면 어쩌지, 하는 걱정이 들 정도의 이야기들이 이어졌다. 대화의 내용은 이러했다.

"아니 학기 초에 상담하시겠다길래 잔뜩 기대하는 마음을 가지고 갔다? 그런데 선생님이 나더러 뭐라는 줄 알아? 학기 초라 아직 우리 애 파악이 안 됐다면서 나한테 우리 아이에 대해 알려 달래. 아니, 직장 눈치 보면서 기대하는 마음으로 달려온 학부모에게 그게 교사가 할 말이니? 부르질 말든지…."

"우리 담임선생님은 아이에 관한 자료를 준비는 하셨어. 우리 아이 성적을 보여주시더라고. 그런데 학급 전체 성적표를 보여주시는 거야. 다른 애들 결과까지 다 보이는…. 아, 다른 엄마들도 우리 아이 성적을 이런 식으로 보겠구나, 하는 생각이 드니까 너무 화가 나더라. 상담 괜히 갔어. 담임선생님에 대한 신뢰만 깨졌어."

이 모임에서 한 학부모의 이야기는 필자에게도 충격이었다. 담임이 아직 아이에 대해 파악된 것이 없으니 이야기를 들려 달라는 방식의 상담은 사실 필자도 자주 해왔던 것이다. 미국에 사는 언니에게 전화를 걸어 미국의 교사들은 어떻게 상담을 하는지 물어봤다.

"선생님들이 자료를 많이 보여주셔. 독서 대출 이력표, 심리검사 결과, 그림와 글쓰기 학습 결과물 등을 보여주시면서 이야기 나누기도 하고 그래. 우리 아이 상담자료를 파일로 준비해 두셔."

그동안 놓쳐버린 수많은 상담이 부끄러워졌다. 통화 후 다음 해부터는 상담을 위해 3월 한 달 동안 아이들 개개인의 파일을 준비했다.

· 아이의 도서 대출 이력, 독서 동기 검사 결과
· 학교에서 시행한 인성발달 검사 결과
· 진단평가 결과
· 미술 작품 하나
· 글쓰기 작품 하나
· 한 달간의 과제 검사 결과표
· 간단한 설문지(학부모와 마음을 나눌 수 있는 내용)

예전에는 HTP나 어항 그리기 등 그림을 통한 심리 이야기도 나누곤 했었는데, 학부모 입장에서는 학기 초에 형성된 관계에 비해 너무 깊이 관여하는 듯한 느낌을 줄 수도 있을 듯하여 자제하고 있다. 자료를 보며 이야기할 때 섣부른 진단적인 용어는 자제하는 편이 좋다. 학기초는 표현에 신중할 필요가 있다. 예를 들어 "독서 편식이 심하네요", "수학에 문제가 좀 있어요" 등의 표현보다는 "결과표 보시니 어떤 마음이 드세요?" 등과 같은 대화가 부드럽고 좋다.

만남을 앞둔 마음가짐

학부모와의 처음 만날 때, 자녀를 학교에 보낸 부모가 교사와의 만남에 대해 가지는 마음을 이해하고 첫 만남이 교육적 협력을 끌어내는 중요한 시간임을 잊지 말아야 한다. 학부모 중에 마음 가볍게 교문을 들어서는 이보다 부담감을 가지고 방문하는 이가 더 많음을 알아야 한다. 교사가 알지 못하는 다양한 문제와 상황이 있을 수 있으므로 아이와 학부모를 쉽게 판단하거나 함부로 추측해서는 안 된다. 또한, 교사가 바라보는 문제에 대해 가정에서도 다양한 노력을 기울이고 있을 수 있음을 생각하고 나무라거나 비판적인 시선으로 보지 않도록 노력해야 한다.

만남의 목표 분명히 하기

첫 만남에서 교사와 학부모는 상담자와 내담자로 만난다. 그러므로 만남의 목적이 무엇인지 분명히 하도록 한다.

· 교사가 먼저 요청한 만남이 아니라면, 학부모가 어떤 이유로 학교를 방문하는 것인지 확인해야 한다.

· 교사가 먼저 만남을 요청했다면, 학부모가 당황하거나 걱정이 앞설 수 있으므로 질책이 아닌 '성장'이 목적임을 알리는 것이 좋다.

· 만남의 내용에 대해 학부모와 연락을 주고받을 때, 학생이 학부모와의 만남을 알았을 때, 문제가 있을 수 있다면(회피, 면책을 위한 거짓말, 과장된 행동, 부모에게 잘못된 정보 전달 등) 비밀로 하는 것이 좋다.

만남의 장소 준비하기

학부모와의 만남의 장소도 대화를 풀어나가는 데 중요한 요소로 작용할 수 있으므로 상황과 대화 주제에 따라 장소를 준비하도록 한다.

· 학부모를 맞이하는 교사의 표정이 따뜻하면서도 진지하고 침착하면 학부모의 불안함과 불편함이 사라질 수 있으므로 편안함을 느낄 수 있는 장소를 준비한다.

· 다른 학부모나 교사에게 대화가 노출되지 않도록 상담실이나 담임 교실, 교과 전용 교실 등에서 만나는 것도 좋다.
· 담임 교실에서 학부모를 만날 때 교실이 잘 정돈되어 있다면 교사가 생활지도를 잘하고 있다는 인상을 줄 수 있다.
· 학생의 학습 결과물, 상담하거나 관찰했던 내용을 준비해 두었다가 학생 성장을 위한 의논을 할 때 활용하도록 한다. 이때 학부모와 교사의 위치가 주는 간접적인 메시지가 있을 수 있다.

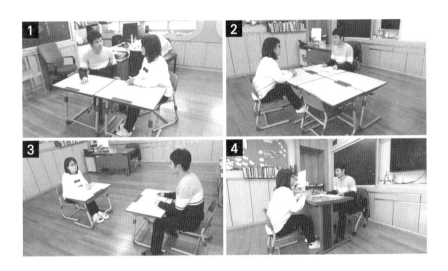

　　1번부터 4번까지의 교사와 학부모 위치를 보자. 어떤 형태를 자주 사용하고 있는가? 1번 위치는 학생 책상에 교사와 학부모가 옆으로 나란히 앉아 상담하는 형태이다. 친근한 느낌을 줄 수도 있겠으나 반면 지나치게 가까운 거리라서 부담스러울 수도 있다. 이런 형태는 어느 정도 시간이 지나서 관계 형성이 잘된 후에 사용하면 좋다.
　　2번은 교사가 학생 책상에 앉아 상담하는 형태이지만 1번과 달리 책상 배치를 옆으로 나란히 하지 않고 마주 보고 앉은 형태이다. 두 사람 사이에는 자연스럽게 책상 2개 정도의 거리가 생기게 된다. 학기 초 어색한 사이의 거리만큼을 유지해주는 정도라서 많은 선생님이 선호하신다.

3번은 교사의 심리가 역력히 드러나는 위치선정이 아닐까 싶다. '학부모님과 떨어져서 적당한 거리를 유지하고 싶어요', '좀 멀리 계셔 주세요'라는 메시지가 전달되지는 않을까 한번 생각해 볼 위치이다.

4번은 교사는 책상에, 학부모는 학생 책상에 앉아서 상담하는 위치이다. 교사가 컴퓨터 자료를 보며 상담하거나 학부모의 상담내용을 정리하면서 상담하기에 좋다. 학부모에게 교사로서의 역할론적 접근이 필요할 때 적합한 위치이다. 상담을 시작하기 전에 학부모와의 적절한 관계가 어느 선인지를 결정한 후에 상담 위치를 선정해주도록 한다.

상담하기[1]

답은 함께 찾아가는 것이라는 태도 지니기

학부모와 대화를 할 때 답을 주려고 노력하지 말고 함께 답을 찾는다는 생각으로 대화를 이어가야 한다.

· 학부모가 하고 싶은 이야기를 먼저 할 수 있도록 하면 교사가 준비한 내용과 다른 것, 일치하는 것, 참고할 것 등을 파악할 수 있다.

· 학부모의 이야기를 먼저 들으면 부모의 기분을 살필 수 있으므로 대화의 방

---

1) 김혜숙 외(2017), "교사를 위한 학부모상담 길잡이", 학지사
   박미향 외(2018), "별별 학부모 대응 레시피", 학지사
   오인수 역(2016), "아동 및 청소년을 위한 학교상담", 시그마프레스

향을 유지하고 변경하는 데 도움을 얻을 수 있다.

· 긍정적인 변화나 성취, 좋은 행동에 관한 이야기로 시작하면 교사가 학생에 대해 관심이 있다는 것으로 느껴져 학부모의 마음을 편안하게 열어줄 수 있다.

· 이후에 학부모의 자녀교육 경험과 학생의 가정에서의 모습 등을 파악할 수 있도록 열린 질문으로 학부모의 대화 참여를 유도하는 것이 좋다.

우선순위 정하기

학부모와의 만남 주제가 '학생의 변화'를 위한 것이라면 다룰 주제를 명확하게 하고 우선순위를 정하도록 한다.

· 추상적인 주제보다 '다룰 수 있는 주제'를 정하고 대화를 진행하는 것이 중요하다.

· "친구들과 잘 지내지 못해요"보다 "모둠 활동을 할 때 자기주장이 받아들여지지 않으면 화를 냅니다"처럼 구체적인 상황을 두고 의논하는 것이 좋다.

· 학생의 성장을 위해 가장 중요하고 급한 문제를 다루는 것이 좋다. 학생 행동의 변화뿐 아니라 지속·유지해야 하는 점도 확인하여 학생의 안정적이면서 종합적인 성장이 이루어지도록 한다.

보이는 것 너머 살펴보기

장애, 다문화, 새터민 가정 등 특별히 고려해야 하는 만남이 있을 수 있다.

· 어려운 상황에서 자녀를 위해 애쓰고 있는 학부모의 정성과 노력, 어려움을 이해해야 한다.

· 특히 주변의 시선에 신경이 쓰이는 상황이라면 더욱 학부모의 마음을 알아주는 표현을 해야 한다.

· 비밀보장이 필요한 내용에 대해 반드시 상의하여 추후 학생의 학교생활에 어

려움이 없도록 해야 한다.

· 학교를 통해 지원받을 수 있는 것에 대한 정보[2]를 정리해서 제공하도록 한다.

· 상황에 따라 외부기관[3]의 도움을 받아야 할 수도 있다.

교실환경과 옷차림 등 비언어적 메시지 주의하기

"상담하러 갔더니 교실에 아이들 작품이 붙어 있는데 우리 애 것만 없더라고요. 우리
아이만 소외된 걸 담임선생님이 모르시나, 오늘 내가 오는 것을 알고 계셨으면서 어
떻게 이런 걸 보여주시나, 나를 안 중요하게 생각하시나 보다, 생각이 들면서 섭섭
했어요. 담임선생님이 사려 깊은 분은 아니신 것 같아요."

"교실 칠판에 우리 애 이름이 딱 써 있는 거예요. 오늘 나 말고 다른 학부모도 상담하
러 온 것 같던데…. 너무 창피하다가 화가 나다가 마음이 널뛰더라고요."

"서랍 정리가 엉망이더라고요. 지도를 안 하시나 싶고…."

"선생님 옷차림이 딱 봐도 전문가 느낌이었어요. 자기관리를 잘하시는구나 싶었죠."

교사가 의도치 않았으나 환경이나 교사의 옷차림, 표정, 말투 등을 통해 의
도하지 않은 메시지가 학부모에게 전달되기도 한다. 신경 써야 하는 부분이 아
닐 수 없다.

객관적 화법 준비하기

만난 지 얼마 안 된 학기 초부터 주관적인 진단적 용어 사용은 괜한 오해를
불러일으킬 수 있다. 주관적인 용어보다는 객관적 자료 제시를 통해 학부모가
스스로 진단하도록 유도하는 편이 좋다. 진단적 용어를 사용하며 상담을 하였
을 때 학부모의 반응은 다음과 같을 수 있다.

---

2) 상급 학교 진학 시 받을 수 있는 가산점, 방과 후 학습 지원, 학습 물품 지원, 멘토링, 의료지원, 장학금, 학
   교 적응 프로그램 등
3) 다문화가족지원센터, 지역가족상담센터, 지역장애인복지관 등

교사 : 아이가 좀 산만한 것 같습니다.

학부모 마음: 우리 애를 싫어하시는구나. 우리 애를 얼마나 아신다고⋯.

교사 : 가정학습이 잘 안 되더라고요. 큰일입니다. 신경 좀 써 주세요.

학부모 마음: 찍혔나 봐.

학급에서 교사의 눈으로 봤을 때 심리상담을 지나서 약물치료가 필요해 보이는 학생이 있었다. 학기 초 학부모님이 상담 시간에 오셨을 때 교사의 소견을 말씀드리기가 조심스러웠다. 어머니가 오셨을 때 마음을 여는 이야기를 마치고 본격적으로 아이에 관한 이야기를 시작하면서

"아이가 학교에서 어떻게 생활할 것 같으세요?"

라고 먼저 질문을 드렸다. 어머니가 쭉 본인의 짐작을 먼저 말씀하시고 나서 당연히 필자에게 질문이 돌아왔다.

"어떤가요? 선생님?"

그때 내 생각이나 느낌을 전달하지 않았고 아이가 했던 말, 행동, 아이에 대해 친구들이 했던 말과 행동을 객관적으로 전달해드렸다. 그러면 어머니가 다시 질문하신다.

"아, 어떻게 하죠?"

그때도 치료를 받으시라 하기에 조심스러워 몇 가지 옵션을 제시해드리고 선택하시도록 도왔다. 어머니는 가족치료를 선택하셨고 다음 해에 약물치료까지 병행해서 아이는 지금 만족스러운 학교생활을 하고 있다.

학교 방문을 마친 학부모의 마음·기쁨과 실망

기대와 걱정, 설렘과 불안을 안고 학교를 방문했던 학부모들은 교사와의 만남을 통해 제각기 듣고 싶은 말과 듣고 싶지 않던 말을 듣고 교문을 나설 것

이다. 한껏 자랑스러운 표정으로 교문을 나서는 학부모도 있고 금방이라도 눈물을 쏟을 것 같은 얼굴로 돌아가는 학부모도 있다.

· 기대했던 내용을 들은 학부모의 마음

교사에게서 기대했던 내용을 들은 학부모는 자신이 자녀에 대해 잘 이해하고 있다는 자부심과 함께 교사에게 인정받고 있는 자녀에 대한 자랑스러움이 마음에 가득할 것이다. 학부모는 아이에 대해 덧붙여 자랑하고 싶고 아이에 대한 부가적인 정보를 자발적으로 제공할 것이다. 또한, 자녀를 칭찬해준 교사에 대해 우호적인 감정과 신뢰를 느낄 것이다.

"선생님 말씀대로 저희 아이는 집에서 따로 시키지 않아도 열심히 잘해요."
"선생님 말씀 듣더니 그렇게 열심히 잘하더라고요. 선생님 덕분이에요."
"친구들이 저희 아이를 많이 따르고 좋아하는 것 같아요. 정말 다행이에요."

· 걱정했던 내용을 들은 학부모의 마음

교사에게서 자신이 걱정했던 내용을 듣게 된 학부모는 자신이 자녀에 대해 잘 알고 있었다는 것에 대해 전혀 기뻐하지 않는다. 오히려 '역시 그랬구나….' 라면서 부모 역할을 제대로 하지 못했다는 죄책감을 느끼기도 할 것이다. 아이의 문제가 곧 자신의 문제인 것 같은 수치심을 느낄 수도 있고, 교사가 아이를 사랑하지 않을까 걱정하여 방어적으로 변명할 수도 있다.

"아니에요. 선생님 집에서는 절대 그렇지 않습니다."
"죄송합니다. 선생님, 모두 제 잘못입니다. 제가 부모 노릇을 제대로 하지 못했습니다."
"안 그랬는데 최근에 친구들을 따라서 그런 행동을 하는 것 같아요."

학부모의 기분을 맞춰주기 위해 교사가 거짓말을 할 수는 없다. 하지만 교사들이 기억해둘 점이 있다. 교사에게서 듣는 자녀에 관한 이야기가 긍정적일 때 학부모는 더 협력적으로 교사와 소통하려 하고, 부정적인 이야기를 들었을 때는 방어와 회피로 인해 학생의 문제와 성장에 초점을 맞춘 소통을 하기가 어려워진다는 것이다.

· 교사가 기억해야 하는 학부모의 또 다른 걱정들

학교에 처음 방문하거나 교사와 전화 통화를 처음으로 해야 하는 학부모들은 자녀에 관한 교사의 평가에 기대나 걱정을 하는 것이 일반적이다. 하지만 어떤 학부모들은 자녀가 아닌 다른 문제로 인해 학교 방문이나 전화 통화를 피하거나 어려워할 수도 있다.

가정의 특수한 상황

한부모 가정, 다문화 가정, 장애우 가정, 재혼 가정, 새터민 가정, 별거 가정 등 가정의 형태를 교사에게 어떻게 설명해야 할지 난감해하는 경우가 있다. 경제적 상황이 좋지 않아 학교의 지원이 필요한 경우도 학부모가 쉽게 입을 열기 어려울 것이다. 가족관계가 좋지 않은 경우(불화, 폭력, 갈등)도 아이에게 미치는 영향이 있으므로 설명이 필요한데 이 또한 학부모가 교사에게 털어놓기 어려운 부분이다. 자녀를 위해 교사에게 알리고 상의해야 할 내용이지만 자녀가 차별을 받거나 좋지 않은 이미지로 인식될까 봐 걱정이 앞서게 되는 것이다.

자녀의 지난 시간에 대한 질문

아이가 과거에 학교폭력이나 큰 사고를 경험했거나 신체적 장애를 극복하기 위한 수술(구순구개열 수술, 다지증 수술 등)을 받은 경우, 혹은 학교생활을 힘들어했던 경험이 있는 경우, 그 사실을 교사에게 말해야 할지 걱정할 수 있다. 수술 이력이나 심리치료 이력을 꼭 현재 담임교사에게 말해야 한다는 규칙은 없지만, 아이의 현재 상태(정서적, 신체적)에 영향을 미치는 문제는 교사와 상의해야 한다는 것을 부모들도 잘 알고 있다. 가정의 상황 때문에 곤란해하는 것과 마찬가지로 소문이 나서 놀림을 받거나 차별을 받을까 걱정되어 교사와 소통하는 것을 두려워하는 학부모가 있을 수 있다.

교사와 만나기를 희망하는 학부모와의 첫 만남은 주로 학부모 총회, 학부모 공개 수업, 학부모 상담 중에 이루어진다. 이때 새긴 첫인상이 1년이 갈 때도 있다.

교사와의 만남 후 처음에 가졌던 마음이 변화하는 경험을 하는 학부모들이 많다.[4]

교사를 만나고 난 후 학부모의 마음은 보통 신뢰감, 안도감, 기분 좋음, 불신, 불편감 등으로 바뀐다고 한다. 이는 만남 후에 긍정적 감정으로 변화하는 경험을 하는 예도 있지만 반대로 불신, 불편감과 같은 부정적인 감정을 남길 수도 있다는 것이다.

학부모 상담은 괴로운 업무가 아니라 사람과 사람의 소중한 만남이다. 학교생활에 대한 교사, 학부모, 학생의 서로 다른 시각. 성공적인 학부모와의 첫 만남은 교사와 학부모가 같은 곳을 바라볼 수 있도록 도와줄 것이다.

온라인 가정방문

"온라인으로 아이와 상담을 진행해봤어요. 아이 뒤로 벽면이 보이는데 뭔가 느낌이 오더라구요. 엄마 계시냐고 아이에게 물어 곧바로 어머니와 온라인 상담을 시작했

---

4) 김은영(2018), "학부모 상담 과정에서 학부모의 체험 분석", 청주교대 석사학위 논문

어요. 진솔하게 이야기를 이어가다가 가정 형편이 무척 어려운 가정임을 알게 되었고 어머님 동의하에 아이가 여러 가지 지원을 받을 수 있도록 도와줄 수 있었어요. 직접 찾아가지 못하더라도 온라인으로도 충분히 가정방문이 가능하다는 것을 절감한 순간이었어요."

- 인천시 I교사 -

지금까지는 학부모님이 학교에 방문하여 교사와 마주 앉아 아이의 삶에 대하여 이야기를 나누는 대면상담이 전화상담과 더불어 가장 일반적인 학부모 상담형태였다. 그러나 2020년 현재 학교는 바이러스 전염 등의 우려로 온라인 개학을 하였고 그로 인해 학부모님과 대면상담은 불가하나 협력관계는 시작해야하는 특별한 상황을 겪게 되었다. 전염병 등의 상황이 아니더라도 부모님의 바쁜 일상이나 성격적 특성 등의 이유로 학교 방문을 어려워하시는 분들과의 상담을 위해서도 필요하고, 아이의 가정환경을 파악하여 좀 더 세밀한 도움을 주고 싶어 가정방문을 하고 싶지만 실제 방문이 어려운 경우 온라인 가정방문을 적극 추천하고 싶다.

온라인 가정방문은 말 그대로 스마트기기를 활용한 온라인상의 가정방문을 의미한다. SNS(카톡)이나 밴드 등 문자를 통한 상담이나 일방향 공지 후 답글을 받는 형태의 상담도 가능할 터이나 실시간 쌍방향 원격소통(ZOOM)이나 화상통화 등을 통해 쌍방향 온라인 면대면 소통을 추천하고 싶다.

위의 글에서도 나타나 있듯이 글로는 전달받을 수 없는 아이에 관한 많은 이야기들이 학부모님과의 온라인 면대면 만남을 통해 전달받을 수 있기 때문이다.

온라인 가정방문은 다음과 같은 순서로 진행하면 좋다.

1. 온라인 가정방문 신청을 받는다.

학급에서 학부모님과 소통하는 다양한 창구를 통하여 온라인 가정방문 일시를 공지해 드리고 조정이 필요하거나 원치 않는 가정은 미리 연락을 주십시사 요청을 드려 각 가정의 상황에 맞게 조정을 한다.

2. 상담자료를 미리 준비해 둔다.

아이의 전년도 생활기록부의 행동특성 및 종합의견 등을 미리 파악하여 학부모님과의 이야깃거리를 미리 준비해 둔다. 상담 중 중요한 내용을 메모할 수 있는 상담일지 등의 필기도구도 물론 필수 준비물이다.

3. 아이와 함께 카메라 앞에 앉아 상담을 하도록 권해도 좋다.

아이만 봤을 때나 학부모님만 봤을 때는 전혀 안 보이던 모습이 아이와 학부모님을 함께 앉혀두고 대화를 나누다 보면 보이는 경우가 있다. 대화 중 아이와 부모가 어떻게 상호작용하는지, 아이의 이야기에 대해 학부모님이 어떻게 반응해주시는지 등을 관찰하다 보면 아이가 어떠한 양육환경에서 자라고 있는지가 파악되므로 아이의 정서반응이나 행동특성에 대해 좀 더 깊이 이해할 수 있게 된다. 아이를 먼저 방으로 돌려보낸 후 학부모만 남았을 때 좀 전에 교사가 관찰했거나 느낀 점에 대해 좀 더 진지하고 깊이 있는 대화로 들어갈 수도 있다.

4. 온라인 가정방문 시 활용할 수 있는 대화의 예시는 다음과 같다.

① 00 어머님(아버님)이세요? 반갑습니다.

② 저는 올 해 00이의 담임교사로 일 년을 함께할 00입니다.
우리가 팀을 이루어 00이의 1년을 잘 도와주어야 할 텐데 이렇게 만나 함께 이야기 나눌 수 있어 참 좋습니다.

③ 00이는 요즘 어떻게 지내고 있나요?

④ 그렇군요. 잘 돌봐주셔서 정말 감사드립니다.

그러시군요. 얼마나 힘드세요. 그럼에도 잘 돌봐주셔서 고맙습니다.

⑤ 00이가 학교에 다니면서 지니고 있는 특별한 기억이 있나요?

특별히 행복해했다든지 유난히 어려워했다든지 하는...

⑥ 아~ 그렇군요. 그럼 올해 학교생활을 하면서 아이가 여러 경험들을 맞이

하게 될 텐데 담임교사인 저에게 미리 귀뜸해 주고 싶은 말씀 있으세요?

아이를 더 잘 돕도록 도와주세요. (웃음)

⑦ 네~ 좀 전에 아이가 엄마를 유난히 자주 쳐다보던데 왜 그렇다고 생각하

셔요?

좀 전에 아이에게 질문했는데 어머니가 모두 대답하신 것 알고 계셔요?

(⑦번은 상담의 길이나 깊이에 따라 생략해도 좋다)

⑧ 네. 잘 메모했습니다. 아이와 함께 의미 있는 1년이 되도록 지금의 이야

기 잘 정리하고 기억하여 아이와 함께 하도록 하겠습니다. 바쁘신데 이

렇게 시간을 내주셔서 감사드립니다. 자녀의 학교생활에 관하여 말씀 나

누고 싶으시면 언제든지 연락 주세요. 함께 하고 싶습니다.

5. 온라인 가정방문은 대화에만 집중해도 좋지만 앵글 안에 들어오는 범위 안

에서 아이가 살고 있는 가정의 환경이라든지 아이와 부모와의 상호작용 분

위기 등을 파악하여 부모님이 주시는 수동적인 정보 외에 교사 스스로가 좀

더 능동적인 자료를 수집할 수 있다.

학부모만 만났을 때 그 아버님은 무척 신사적이었고 아이에게 가정생활에

대해 물어봤을 때도 불만이 없다고 하여 무난한 가정의 아이인줄 알고 있던

제자가 있었는데 아이와 아버지를 함께 만나는 자리에서 아이가 유난히 말

수가 줄어들고 표정이 어두워지는 것을 본 경험이 있다. 알고 보니 아버지

의 체벌이 심한 가정의 아이였고 아버지가 학교에서 함부로 이야기하지 말라고 엄포를 놓곤 하여 아이의 말로는 파악이 어려운 상황이었던 것이다. 만일 온라인 가정방문을 하지 않았더라면, 또 아이와 아버지를 같은 자리에서 만나지 않았더라면 파악하지 못한 채 아이의 몸과 마음에 피멍이 드는지도 모르고 함께 학급살이를 할 뻔했던 사례이다.

6. 상담이 끝나면 온라인 가정방문을 통하여 알게 된 내용을 잊지 않기 위해 자료를 정리한다. 상담 과정에서 부모님과 약속을 한 것이 있다면 잊지 않도록 반드시 메모를 해 두고 구체적으로 어떻게 지켜나갈 것인지도 그 자리에서 구상하여 적어두는 것이 좋다. 시간은 망각을 불러오기 때문에 자칫 학부모와의 약속을 놓쳐 오히려 온라인 가정방문을 하지 않은 것이 더 좋을 수 있기 때문이다.

체온과 호흡을 함께 나눌 수 있는 따뜻한 교실이 아니라 온라인 기기가 주는 차가움이 만남과 소통의 교량이 되더라도 그 안에 담기는 대화와 나눔이 아이를 향한 관심과 사랑과 학부모님을 향한 진심이라면 얼마든지 따뜻한 온기로 채울 수 있을 것이다. 디지털 기기로 아날로그 감성을 나눌 수 있는 온라인 가정방문을 기획해보자.

5장.
학부모 총회를 통한 만남 어떻게 할까?

교사, 학부모 모두 부담스러운 학부모 총회

"처음으로 학부모 입장에서 총회에 참석했다. 학교 홍보 동영상으로 시작해서 국민의례, 애국가, 순국선열묵념, 교장님 말씀, 교직원 소개와 학교 교육과정 설명~ 10년 전이나 똑~같다. 말만 총회가 설명회로 바뀌었을 뿐! 거기다 막판 임원선출~ 다들 부담스러워 피하고만 싶은 시간! 그 바쁜 시간 짬 내서 처음 학교를 찾는 귀한 만남을 왜 이리 맞이해야 하는가! 영혼 없는 설명회! 좀 바뀌면 좋겠다."

(경기 P초교 교사이자 학부모)

"학부모 총회의 꽃은 역시 학급별 간담회죠. 그 시간은 오롯이 많은 이야기가 오가면서 소통하고 공감하는 알찬 시간인 것 같아요. 부모님들이 가장 기다리는 시간이기도 하고요. 이때 교사가 학급경영계획을 안내하는 것이 매우 중요하지만, 학부모들의 생각에 귀기울이고 그것을 반영하겠다는 진심 어린 자세는 더 중요한 것 같습니다. 결국, 학부모는 자녀를 잘 키워보고자 하는 목적으로 학교를 방문하는 것이기에, 담임에 대한 신뢰가 형성되면 학교에 대한 신뢰는 저절로 이루어지는 것 같아요. 앞으로의 학부모 총회도 학급별 간담회에 더 많은 시간 안배가 되면 좋을 것 같아요."

(인천 M초교 담임교사)

"우여곡절 끝에 학부모 총회를 마쳤다. 참 쉽지 않은 행사다. 고학년은 몇 분 오시지도 않는데 그중에서 녹색어머니회, 도서 도우미, 급식 검수 위원, 어머니 폴리스 등등 학급에 할당된 조직원들을 의무적으로 뽑아야 한다. 부푼 시작의 달 3월! 담임과의 첫 대면이 좀 더 기대되고 즐거울 수는 없을까? 어머니들과 아무 부담 없이 따뜻한 차 한잔 함께 하며 아이들 이야기와 사는 이야기 오붓하게 나눌 수 있으면 좋겠다. 부디 각종 조직에 가입하라고 할까 봐 학교 가기가 꺼려지고 구성원 조직하느라 귀한 시간 실랑이하는 일은 이제 정말 그만했으면 좋겠다."

(인천 B초교 담임교사)

"교실에 들어서자 담임교사는 교실 앞쪽에서, 학부모를 맞이하였다. 교실 뒤쪽에는 학급 현황과 학급교육목표, 각종 안내장 및 회신서, 기타 당부의 말씀 등을 개조식으로 정리해 놓은 학부모 간담회 자료를 비치해 놓았다. 담임교사가 학부모들에게 꺼낸 첫마디는 놀랍게도 "각오는 하고 오셨죠?"였다. 학부모들은 웃기만 할 뿐 아무런 대답이 없다. 담임교사의 말뜻은 금방 알 수 있었다. 담임교사는 TV 화면에 학교에서 의무적으로 배당받은 학부모회 조직 인원수를 다음과 같이 보여주었다. … 학부모회 조직이 마무리되자, 학급 운영계획에 대한 담임교사의 설명이 있었다. 자료를 바탕으로 진행된 학급 운영계획은 상당히 형식적으로 진행되었고 할애된 시간도 채 10분도 되지 않아 마무리되었다. 담임교사는 학부모들에게 학급담임으로서 자신이 어떻게 했으면 좋을지에 대한 질문 시간 자체도 주지 않았다."[5]

---

5) 오재길 외(2016), "학부모 교육 주체화 연구", 경기도교육연구원

학부모가 교사를 만날 수 있는 날을 따져보면 1년에 몇 번이나 될까? 총회, 공개 수업, 상담, 열심 있는 학교의 경우 간담회나 설명회 정도? 사실 학부모 입장에서는 교사가 목숨과도 같은 자식을 믿고 맡길 만한 대상인지 파악하기에는 그리 충분한 횟수는 아니다. 그런데도 교사라는 이유만으로 믿고 자녀를 맡겨 주니 감사할 따름이다. 충분하지 않은 횟수이니만큼 하나하나 정성껏 최선을 다해 준비하는 것이 중요하다.

학부모 총회는 이렇게

총회 전

· **학생 탐색하고 파악하기**

총회 날 딱 한 번만 학교에 올 수 있는 학부모님도 있다. 총회 전후 교사를 정말 짤막하게 한 번 만나고서 자녀를 일 년간 맡기셔야 하는 분들이므로 교사의 배려가 필요하다. 아이에 대해 어떠냐고 질문하고 답을 듣고 싶어 하는 경우가 있는데 이럴 경우를 대비해 아이에 관한 핵심 정보를 하나씩은 갖고 있어야 한다. 이름도 가물거릴 때이므로 사전에 아이와의 만남의 시간을 꼭 갖고 학부모와 소통할 수 있는 정보 하나씩은 준비하자.

· **가정에 편지 보내기**

총회 날까지는 학기 초 1~2주 정도 시간이 소요된다. 그 사이 담임교사에 관해 궁금해하는 학부모들을 위해 간략한 편지를 보내는 것은 교사가 학부모에게 먼저 악수를 권하는 것과 같은 효과를 낸다.

· 안내문, 조사서를 보내기

안내문과 조사서에도 담임교사의 첫인상을 담을 수 있다. 교사의 학급경영 철학, 지도 중점 등이 드러날 수 있다.

예를 들어 "학습과제는 일주일에 몇 회, 몇 시간 분량이 적당하다고 생각하시나요?" 등의 설문을 포함한다면 학습관리를 꼼꼼히 하겠다는 의지가 전달되고, "특정 약에 대한 알레르기 반응이 있나요?" 등의 설문을 담는다면 교사의 섬세한 느낌이 가정으로 전달될 수 있다.

"급식을 남기지 않고 먹이는 것에 동의하시나요?", "사진을 SNS에 올리는 것에 동의하시나요?" 등의 설문은 동의서의 기능을 한다. 가정에 어떤 첫인상을 남기고 싶은지, 또 어떤 동의서가 필요할지 등을 생각해서 안내장에 담아보자. 이때 학급밴드나 클래스팅, 학부모 독서 모임 등 학부모와의 소통을 위한 초대에 응하겠냐는 설문을 넣은 후 동의하는 분들을 위해 총회 전 소통의 공간을 만들면 총회 날 소속감을 느끼고 첫 만남을 할 수 있다.

· 총회 날 분위기 결정하여 준비하기

총회 날 학부모와 적정한 경계를 세우기 원하는지, 한 팀을 이루어 함께 협력하자고 초청하고 싶은지, 그냥 단순히 학급 운영 방식을 전달하기를 원하는지 등 학부모 총회 때 전달하고 싶은 선생님의 메시지를 결정할 필요가 있다. 그에 따라 옷차림, 표정, 어투, 준비할 자료 등을 결정하면 좋다. 초임 교사의 경우 학부모를 지나치게 부담스러워 해서 오히려 학부모의 불신을 얻는다든지, 고경력 교사의 경우 다소 권위적이어서 반감을 산다든지 하는 경력에 따른 차이도 발생할 수 있음을 염두에 두고 만남을 준비하면 좋다.

· 입가에 미소가 번지는 에피소드 준비하기

초등학교 저학년의 경우 '우리 가족 얼굴 그리고 가족 칭찬 10가지 쓰기'를 해서 창문 아래 세워 전시한 적이 있다. 총회 날은 특성상 학부모가 교실에 도착하는 시간대가 달라서 어색하기 마련인데, 내 자녀 작품 속 칭찬의 글을 읽고 흐뭇하게 웃으며 시간을 보낼 수 있게 해주는 효과가 있었다. 어떤 어머니는 자녀가 '우리 엄마는 힘든데도 밥을 잘 해줘요.'라는 칭찬의 글을 읽다가 "어머, 동생 가져서 힘들다고 반찬도 잘 못 해주었는데⋯."라면서 눈물을 닦기도 했다. 마음과 마음이 통하면 교사와 학부모가 아이를 위한 한 팀이 된다.

초등학교 고학년은 이런 것을 시키면 화를 낸다. 자기 가족 칭찬을 뭘 10개나 쓰라고 하냐면서. 고학년은 설문지를 준비했다. 설문지 내용 중에 '부모님께 들은 말 중 가장 기분 좋았던 말은? 부모님께 가장 죄송했던 때는?' 등을 넣어서 총회에 오신 부모님이 교사를 기다리는 동안 읽어볼 수 있도록 자녀의 책상 위에 올려놓았고 학부모용 설문지도 준비해서 교사를 기다리는 동안 작성해서 자녀에게 전달해주었다. '자녀의 말에 상처받았던 적은? 자녀에게 고마운 점은? 미안한 점은?' 등의 설문으로 아이들과 학부모가 마음과 마음을 전할 수 있는 메신저의 역할을 하는 설문지를 준비했다.

총회 날 첫 오프닝 멘트는 참 중요하다. 그야말로 첫인상 중의 첫인상이기 때문이다. 엄청 무섭게 생긴 선생님이 있었는데 잔뜩 긴장한 학부모들 앞에서 한동안 침묵을 지키고 서 있다가 "제가 이렇게 생겼다고 아이들을 물거나 해치지는 않습니다."라고 했단다. 단번에 분위기가 풀렸고 그 후 훈훈하게 총회를 이어갔다고 한다. 자기 학급만의 훈훈한 에피소드를 들려주는 것도 좋은 방법이다. 우리 학급의 분위기도 전달할 수 있고 다른 학교 다른 학급이 아닌 우리의 이야기이므로 묘하게 정서적으로 모아지는 효과가 있다.

총회 당일

· **교실을 꼼꼼히 점검하기**

- 아이의 이름이 부정적인 이유로 칠판에 적혀 있지는 않나?

- 아이의 사물함과 서랍이 지저분한 모습은 아닌가?

- 학습과제 점검표, 성적일람표 등 개인정보를 담고 있는 문서가 교실 어딘가에 있지는 않나?

- 교실 벽면의 게시판에서 소외된 아이가 눈에 띄지는 않나?

29명을 잘 챙기고 딱 한 명 못 챙겼는데 하필 그 아이의 학부모가 상처받고 돌아가는 총회 날이 될 수도 있으므로 섬세함이 참으로 필요하다.

· **비언어적 메시지**

S시 초등학교 담임 남교사	참여한 학부모의 느낌
(교실문을 수줍게 열고 다소 고개를 숙이며 들어온다. 교실문에서 교실중앙에 오기까지 허리까지 4~5번 숙여가며 학부모에게 인사를 한다. 학부모 눈을 못 마주치고 바닥을 보며) 안녕하세요? 담임입니다.	왜 이렇게 자신감이 없으시지? 소심하신가? 우리 아이 믿고 맡길 수 있을까?

I시 중학교 여교사	참여한 학부모의 느낌
(5분 늦게 교실에 들어오며 문을 열자마자 손목시계를 들여다본다. 한 손에 수북이 잡고 들어온 서류를 책상에 내려놓고 그제서야 학부모를 한 번 빙 둘러보며) 안녕하세요? 담임입니다.	바쁘구나. 우리 아이에게 신경 쓰시긴 힘들겠네. 학부모를 존중하진 않으시는구나. 늦은 것에 사과 한마디가 없으시네.

위의 사례처럼 자신은 잘 모르는 자신의 습관이 있을 수 있으므로 가족이든, 동료든 또는 거울을 통한 자기 자신이든 자신의 스피치 모습이 어떤지 점검할 필요가 있다. 나도 모르는 사이에 나의 표정, 몸짓, 말투가 메시지를 만들기 때문이다.

총회 후

총회 자료를 이미 형성된 학부모와의 소통의 공간을 통해 공유하는 것이 좋다. 못 오신 분들을 위해 전화를 드리는 방법도 좋은 방법이다. 못 오신 분들도 소중한 학급의 학부모님이시고 같은 마음으로 1년을 출발하고 싶다는 의지가 전달될 수 있기 때문이다.

학부모 참여형 총회

"보통 학부모 총회에 가면 선생님만 말씀하시고 우리는 듣기만 하고 오죠. 총회 끝나고 우리끼리 모여서 선생님이 이렇고 저렇고 이야기하다가 헤어지는 것이 일반적인 순서였어요. 그런데 이번 총회는 좀 달랐어요. 우리에게 이야기를 많이 하도록 하시더라고요. 어떤 학급을 원하시는지, 어떤 아이들로 키우기를 원하시는지, 아이 키우면서 언제가 힘들고 학교가 어떤 도움을 주기 원하는지 등을 계속 물어보셨고 엄마들이 돌아가며 이야기를 했어요. 처음에는 어색했지만 얘기하고 나니 속이 후련하기도 하고 내 의견이 학급에 반영될 거라 하셔서 뭔가… 교실의 일원이 된 느낌이었어요."

(I초등학교 학부모)

총회가 교사는 일방적으로 이야기하고 학부모는 일방적으로 듣기만 하는 날이 아니라 서로 소통하는 날이 되도록 구성한다. 학부모도 의견을 자유롭게 펼

치고 학급살이 및 학생 교육에 있어서 수동적 위치가 아닌 능동적이고 적극적인 참여자로 설 수 있도록 교사가 초청하는 형태의 총회 시간을 운영해 보는 것이다. 이런 총회가 되기 위해서는 총회에 되도록 모든 학부모님이 오시도록 초대하고 강조하며 안내하여 많은 참여를 유도할 필요가 있다. 모인 학부모님들과 어떤 교실을 꿈꾸는지 어떤 교육이 이루어지기를 바라는지 함께 이야기를 나눈 후 학부모님의 의견이 반영되어 교육과정이 운영될 것임을 약속하고 헤어지는 것이 좋다. 물론 적절한 수용 범위 내에서 말이지만 말이다.

[3학년 학급에서 가장 중요한 가치는?
가치 카드 뽑기]

[내가 3학년 학부모로 산다는 것은?
돌아가며 말하기]

이러한 형태의 학급 시간 중에는 학부모 간담회, 학부모 독서 모임 등을 통해 정기적으로 만나서 함께 아이들과 학급의 이야기를 나누자고 초청하기, 1년 중 학부모님들과 꼭 만나고 싶은 날을 미리 공지하기, 교육과정 운영 중 학부모 도움이 필요할 수도 있는 행사 및 수업 활동을 미리 공지하여 마음과 시간을 준비하도록 도움 주기, 부드러운 분위기를 위하여 따뜻한 차 등 다과 준비하기 등이 가능하다.

교실의 이야기를 항상 들려주시는 선생님, 학급의 행사에 주인공이 된 듯한 느낌을 전달해주시는 선생님, 내가 빠진 자리를 기억해주시고 궁금해할 만한 소식을 미리미리 챙겨주시는 선생님, 그 선생님의 학부모는 더이상 학교 때문에 불안하지 않다.

6장.
공개 수업을 통해 어떻게 만날까?

학부모 공개 전용 수업?

"학부모 공개 수업이 끝나고 어떤 어머니가 아이 귀에 대고 소곤소곤 말씀하셨는데 그게 딱 제 귀에 들렸어요. 너희 선생님, 평소에도 이렇게 수업하시니? 그러자 그 아이가 재빨리 대답하더라고요. 아니, 오늘은 손님 오셔서 우리 선생님이 진짜 수업 잘하신 거야. 평소에는 아무것도 없어. 그 이야기를 듣고 뒤돌아 가시던 그 어머니의 무언가 알겠다는 듯한 표정을 잊을 수가 없어요. 교사로서 너무 마음이 힘든 공개 수업 날이었어요."

(C교사)

초등학교 다닐 때의 일이다. 선생님께서 어느 날 우리에게 이런 연습을 시키셨다.

"자, 진짜 모르겠으면 손바닥을 펴고 손을 들어라. 알 듯 말 듯 헷갈리면 주먹을 쥐고 손을 들어라. 정말 정답이라고 확신이 들면 손을 흔들어라. 선생님은 손을 흔드는 아이들만 발표를 시킬 테니 잘 모르겠거나 헷갈려도 걱정하지 말고 손은 무조건 들어라."

선생님은 전에 없던 수업을 하셨다. 자습이 흔하던 우리 교실이었는데 그날 따라 수업을 하셨고 우리는 선생님의 모든 질문에 손을 번쩍번쩍 들었다. 손바닥을 펴거나, 주먹을 쥐거나, 손바닥을 흔들거나 세 종류였으나 손은 어쨌든 모두 들었다. 우리 엄마가 우리 반 친구들이 발표를 적극적으로 하더라고 흡족해하셨다. 그전에도 그 후에도 발표 수업 같은 건 우리 교실에 없었다. 자습을

많이 했던 기억이 있다. 선생님의 발표 연습은 학부모 공개 수업 전용이었다.

교사에게 무언가 학부모로부터 평가받는 느낌을 주어 불편하기만 한 학부모 공개 수업, 다음과 같이 준비하는 건 어떨까?

공개 수업 전

학년 초부터 수업모형 미리 구상해 두기

공개 수업이 공개 수업 쇼가 되지 않으려면 평소 수업을 공개하는 것이 좋다. 공개 수업 전까지 익숙한 수업 형태를 준비해서 연습해 두었다가 학습주제만 바꾸어서 공개하면 좋다. 예를 들어 '협동학습 구조 익히기, 디베이트 형식 익히기, 각종 카드 사용 수업' 등을 평소 진행하다가 공개 수업을 앞두고 아이들과 함께 그중 하나를 고르는 것이다. 어떤 수업을 보여드리고 싶으냐고 물어서 수업모형도 함께 정하고 어떤 논제로 할까 협의해서 아이들이 정한 논제로 수업을 공개한다. 아이들은 스스로 수업을 준비했다고 느껴 공개 수업을 기다리기까지 한다.

익숙한 수업모형으로 동료 공개 수업 먼저 하기

아이들과 함께 결정한 수업모형으로 동료 교사 공개 수업을 먼저 하면 좋다. 동료들에게 수업 때 관찰해서 피드백해주기를 바라는 점을 미리 부탁해도 좋다. 교사의 언어 습관을 봐달라고 하든지, 아니면 우리 반의 어떤 친구가 수업의 어느 지점에서 산만해지는지 알려달라고 부탁드리든지, 교수학습 과정안 중 도약이 너무 심하다고 느껴지는 지점은 없는지 등 점검받고 싶은 부분을 부탁해둔다. 동료 교사에게 피드백도 받지만, 수업 후 학생들도 스스로 피드백을 하는 시간을 갖도록 한다. 동료장학 수업 후 교사피드백, 학생 피드백, 교사 자신의 성찰 등을 반영하여 같은 구조, 다른 주제의 수업을 학부모 공개 수업으로 준비하면 좋다.

수업지도안, 수업 관찰 포인트 미리 보내기

교수학습 과정안을 당일 배부하면 수업 보랴 우리 아이 보랴 하느라고 막상 들여다보지 않으므로 수업의 흐름을 파악하고 올 수 있도록 지도안을 미리 가정으로 보내면 좋다. 지도안을 보낼 때 수업 관찰초점도 함께 보내드리면 좋다. 수업에 와서 무엇을 봐야 하는지 관찰기준을 미리 드리는 것이다. '자녀가 친구들과 상호작용을 활발하게 하나요? 자녀가 교사와 눈을 잘 마주치며 집중해서 듣나요? 자녀의 학습 태도 중 어떤 점을 칭찬하고 싶으신가요?' 등을 체크리스트로 만들어 드린 후 수업이 끝난 후에 시간이 허락되면 함께 이야기도 나누고 시간이 안 되면 그 표만 걷어서 받아 두어도 된다. 학부모의 자녀를 향한 마음을 파악하는 데 도움이 되고 학부모의 시선으로 아이를 한 번 더 볼 수 있어 추후 상담을 통해 자녀의 학습 습관에 관해 이야기할 때 학부모와 좀 더 풍성한 대화가 가능해진다.

공개 수업 중

학생 중심 참여 수업하기

학부모 공개 수업에 오시는 학부모님은 교사의 수업기술보다는 자녀의 학습 역량이 궁금해서 오는 경우가 많다. 그 때문에 교사의 수업기술이 화려한 수업보다는 학생들이 주도적으로 학습을 이끌어가고 되도록 모든 학생이 발표

할 수 있는 수업이 되도록 설계하는 것이 좋다. 옆의 친구와 기량 차이가 크게 나서 속상해하는 학부모가 생기지 않도록 수업 설계 및 진행에 있어 세심한 배려가 필요하다.

학부모 참여 유도하기

학부모 입장에서 수업에 참여해본 적이 있는데 시간이 너~무 길게 느껴질 때가 있었다. 학부모도 수업의 구경꾼이 아니라 협력자요, 참여자로 세운다면 더없이 훈훈한 공개 수업이 될 수 있다. 디베이트 판정단으로 학부모 판정단을 세운다든지, 감정 카드 수업을 할 때 학부모도 모둠으로 초대한다든지 하는 방법이 있을 수 있다.

공개 수업 후

자녀 칭찬 남기기

부모님과 사이가 좋든 사이가 나쁘든 부모님의 피드백은 자녀에게 중요하다. 수업 후 붙임쪽지를 이용해 자녀 칭찬의 글을 남기도록 하거나 방명록 한쪽에 공간을 만들어 칭찬 메모를 남기도록 하면 수업 후 아이들이 행복해한다. 학부모가 참여하지 못한 가정도 있으므로 현장에서 공개하는 것은 자제하고, 참여 못 한 분들의 격려는 문자로 받은 후에 한꺼번에 공개하여 학부모의 불참이 학생에게 상처가 되지 않도록 배려하면 좋다.

학부모 피드백 받기

공개 후 교실 문에서 학부모를 배웅하며 어떠셨는지 짧은 대화를 나누도록 하자.

"우리 아이가 발표를 잘 안 하네요."

"친구 관계가 좋아진 것 같아요. 얘기를 많이 하네요."

학부모의 관찰 포인트를 파악할 수 있어 좋다. 추후 학부모 상담을 위한 이야깃거리를 모을 기회이다. 학부모와의 대화는 공개 수업에 대한 피드백의 효과도 있어 다음 공개 수업 준비를 위한 대안 마련에 도움이 되는 정보를 얻을 수도 있다. 우리의 생각과 학부모의 느낌은 다를 때가 많으니 말이다.

공개 수업 후기 올리기

수업 공개 후 학부모와의 소통 공간을 통해 수업을 마친 교사로서의 소감이라든지, 참여해주신 분들께 대한 감사와 못 오신 분들을 위한 이해의 마음을 전하는 글을 사진과 함께 올리면 좋다. 수업을 못 오신 분들도 배려받는 마음을 전달받을 수 있다.

7장.
휴대폰 및 SNS 문제, 어떻게 할까?

휴대폰만 없으면 교사할 만해요

임용된 지 얼마 안 된 교사가 했던 말이 생각난다. 카카오톡 프로필에 남자 친구와 찍은 사진을 올렸다가 학부모의 전화를 받았다고 한다. 교사가 그런 사진을 올리는 건 너무 비교육적이지 않냐면서 항의를 하더라는 것이다. 두려움이 몰려오는 순간이었다고 한다.

일주일을 힘차게 보내고 모처럼 여유를 가지고 토요일 아침 운동을 하러 갔는데 학부모님이 전화하셔서 아이 문제는 물론이고 부부관계 문제까지 털어놓는 전화를 받았던 경험이 있다. 헬스클럽 러닝머신 위에 서서 한동안 부부싸움 내용을 들으며 통화를 했고 운동 시간은 그렇게 끝났다. 학부모와 SNS 관련해서 에피소드 하나쯤은 있어야 요즘 선생님들일 것이다. 다음의 사례도 공감되는 내용이다.

"교직에서 우스갯소리로 90년대에 선생님 하기 참 좋았다는 말이 있어요. 그땐 애들한테 손도 별로 많이 안 가고 어머님들이 교사 공경도 많이 했고요. 예전에는 휴대전화도 없었거니와 학교에도 전화 오는 일이 많지 않았죠. 근데 요즘 담임선생님들 보면 휴대전화를 놓고 있질 못해요. 물론 학생부 선생님들도요. 본 교무실 전화, 교감선생님, 교장 선생님 전화할 것 없이 학부모님 전화가 많이들 와요."

(○○중 D부장교사)

"선생님들은 대부분 한 번씩은 경험이 있을 거예요. 주말, 저녁에 갑자기 또는 아침일찍 전화랑 문자가 올 때 말이에요. 내 전화번호가 어느새 '수시 연락처'가 되어 버린 것 같아요. 학부모들은 '네 자식(교사의 자녀) 일이라면 이렇게 생각하겠느냐?'라고 생각하실 수도 있죠. 근데 주말에 전화해 저에게 뭔가 문의하고 학교 일에 대해 처리해달라고 하면 일개 담임교사가 할 수 있는 게 없어요. 학교 출근해서 담당하는 분들 만나고 물어보고 해야 하거든요. 그분들에게 제가 이 시간에 전화할 순 없잖아요. 제가 퇴근 이후 해결할 수 없는 일들을 저에게 문의하시면 그 자체가 부담이에요."

(○○고 H 교사)

학부모에게서 오는 전화 유형[6]

수업 시간에 전화하는 경우

이건 좀 난감한데 수업 중간에 반 전화로 전화가 와서 계속 울리는 경우다. 아이가 오지 않았다거나 위급한 경우라면 아이들에게 양해를 구하고 받을 수도 있을 텐데 그렇지 않은 경우가 많다. 안 받으려니 소리가 계속 나고, 받으려니 수업에 방해가 되고 난감한 상황이 펼쳐진다. 그나마 전화를 받고 수업 중이라고 하면 죄송해하며 빨리 끊는 경우가 대부분이긴 하지만 일단 전화가 울리는 것 자체가 스트레스가 된다.

---

6) 김혜숙, 최동옥(2017), "교사를 위한 학부모상담 길잡이" 학지사.

근무 외 시간에 전화

아침 일찍이나 밤늦게 혹은 주말에 전화가 오는 경우이다. 안 받자니 찝찝하고 받자니 자유가 침해된다. 별일 아닌 것으로 전화를 받으면 근무 외 시간에 대한 존중이 없는 것 같아 속상하고, 큰일이 생겨 전화를 받으면 그 사건을 처리하느라 이리저리 동분서주하느라 주말이 없어지는 상황이 벌어지기도 한다. 이래도 저래도 근무 외 시간의 전화는 반가운 존재가 아니다.

자주 전화하면서 통화도 길게 하는 경우

교사와 친분이 좀 쌓이면 자주 전화를 하는 경우가 생긴다. 아이의 문제 하나하나 그날 있었던 사건 관련 등의 문제로 전화를 한다. 한번 전화하면 왜 그 일이 생겨서 어떻게 처리되었고… 아이의 감정, 부모의 감정까지 다 듣고 나면 한두 시간이 훌쩍 지나는 때도 있다.

아이 이야기보다 사적인 개인 이야기로 통화를 하는 경우

때로는 아이 이야기를 넘어서 개인적인 어려움을 교사에게 토로하는 예도 있다. 이 경우는 대부분 교사가 사랑이 많고 이야기를 잘 받아주는 스타일일 때 생긴다. 학부모는 교사와 개인적인 관계를 맺고 있다고 여긴다. 부모의 어린 시절, 상처, 아이 키우며 난감한 상황 등에 대해 이야기를 하고 필요한 조언을 부탁하기도 한다. 필요한 책을 추천해 달라고 하는 일도 있다. 교사 중 이를 반기는 경우도 보긴 했지만 근무 외 시간으로 확장되면 마음이 어려워지기도 한다.

아이 대신 전화하는 경우

아이가 알림장을 이해하지 못했거나 확인하고 싶은 것들이 있을 때 직접 전화하지는 못하고 엄마에게 시키는 경우들이 꽤 있다. 그래서 학부모는 "우리 애가요 샘이랑 통화하는 게 쑥스러운가 봐요. 선생님 이건 무슨 말인가요? 이건 뭐예요?"라며 전화를 걸어온다.

아이에 대해 부탁하거나 질문이 많은 경우

부모가 아이에 대한 걱정이 많은 경우인데 아토피나 질병 등이 있을 때 자주 전화하고 이것저것 많은 부탁을 한다. 음식을 먹어도 되는 것과 먹으면 안 되는 것에 대해 오늘은 어떤 음식을 먹었는지 확인도 한다. 또한, 아이가 친구 관계 문제가 있는 경우 아이가 힘들어할 때마다 전화해서 어떻게 된 상황인지, 왜 그런지 어떻게 하기를 원하는지 등을 통화하기도 한다.

수시로 전화하는 학부모 심리

불안

· 새로운 시작에 대한 불안

학부모에게 가장 큰 불안 요인 또한 아이들과 마찬가지로 새로운 시작이다. 아이가 새로 입학을 했거나, 새로운 학기가 시작될 때 전화하는 경우가 좀 더 많아지는데, 이는 불안 때문인 경우가 많다. 특히 초등 1학년의 경우는 학부모는 유치원에서 하던 스타일을 벗어나지 못하고 세세한 통화가 당연하다고 여기는 경우가 많다. 자녀의 학년이 올라가더라도 새로운 시작은 늘 불안하다. 어떤 교사를 만날까? 교사와 아이는 잘 맞을까? 아이가 새로운 반에서 잘 적응할까? 늘 걱정이 많다.

·정확하게 아이를 돕고 싶은 마음

초등저학년인 경우는 알림장에 있는 내용을 학부모도 정확한지 확신이 없을 때 교사에게 확인하는 전화가 많다. 또 숙제를 잘하고 있는지 불안할 때 확인하고 싶은 마음으로 전화를 하기도 한다. 아이 건강에 대한 걱정으로 교사에게 부탁하는 것은 초등저학년인 경우가 현저히 많다. "오늘은 아이가 컨디션이 좋지 않으니 약은 이렇게 먹어야 하고 이렇게 이야기해주세요." 여행을 갈 때 아이 특성이 이러이러하니 이렇게 이렇게 도와달라며 상세하게 도움을 요청하기도 한다. 아이가 몸이 약하거나 아팠던 경험이 있는 학부모는 아이에 대한 걱정이 많아서 불안이 좀 더 많아진다.

타이밍이 맞지 않음

교사가 볼 때는 아무 때나 시도 때도 없이 전화하는 것 같지만, 실제로 직장인 학부모인 경우는 전화할 시간이 아침 일찍이나 저녁에만 가능한 경우가 있기에 근무 외 시간에 전화하기도 한다. 또는 직장 일을 하다가 문득 생각나거나 시간 날 때 전화를 하다 보니 수업 시간인 경우도 있다.

잘 잊어버리는 부모 성향

수업시간에 대한 공지문이 보이지 않는데 급하다 보니 '수업시간이 아닐 거야' 생각하고 전화를 했는데 수업시간임을 알고 미안해하기도 한다. 전화해야할 일이 있는데 깜빡하는 일이 잦을 경우는 '생각났을 때 전화해야지' 하다 보니 수업시간이거나 근무 외 시간인 경우도 있다. 그런데 기억해야 할 것은 시간에 대해 잘 기억하지 못하거나 공지문을 꼼꼼히 잘 보관하지 못하는 스타일도 있다는 것이다. 욕구에 따라 기억하려는 것이 다르기 때문이다.

다른 학부모와 교류가 거의 없음

교사에게 이것저것 전화로 묻는 학부모 중에는 물어볼 사람이 없어서 교사에게 물어보는 경우도 많다. 학기 초라 학부모 간 교류가 없거나, 전학을 와서 아직 이웃이 없을 수도 있다.

의존하고 싶은 마음

학부모 따라 다르겠지만 전화도 친절하게 잘 받고 자기 이야기도 잘 들어주는 교사에게 의존하고 싶은 마음이 생기기도 한다. 교사가 이야기를 잘 들어주니 이런저런 사적인 이야기까지 하는 것이다. 때로 자녀에 대해 확신이 없으니 교사를 통해 도움을 받고 확신을 가지고 싶어서 전화하기도 한다.

교사에게 의존하는 부모 심리를 이해하면 좋다. 지나친 보호 본능을 가진 부모는 아이의 모든 행동을 본인이 통제하거나 보고 있어야 마음이 편하다. 그래서 친구 집에 자녀가 놀러 갈 때는 통제할 수 없으니 자녀의 친구들을 자신의 집에 부르기도 한다.

이런 부모 밑에서 자란 아이에게 의존적 성향이 사춘기 이전에 뿌리를 내리면 사춘기 때 큰 문제가 발생하지 않기도 한다. 의존하는 성향은 어른이 되고 부모가 된 후에 드러나 누군가를 의존하면서 살아가게 된다. 그 의존하는 대상이 교사가 될 수도 있는 것이다.[7]

---

7) 클라우디아 호흐브룬(2017), "분노 유발의 심리학", 생각의 날개

휴대폰과 SNS 소통의 양면성

휴대전화와 SNS를 통한 소통은 긍정적인 기능과 부정적인 역기능을 모두 가지고 있다.[8] 2010년대 이후 스마트폰이 등장하게 되면서 언제, 어디서나 인터넷 기반 의사소통이 실시간으로 가능해졌고 시간적 제약이 많은 맞벌이 가정은 휴대전화를 통해 담임선생님과 쉽게 연락을 할 수 있게 되었다. 학급당 많은 인원수와 업무 과중에 대한 부담을 안고 있는 교사에게 보호자와 신속하고 편리하게 소통할 수단이 생긴 것이다. SMS(휴대폰 단문 메시지) 소통이 의사소통 기회 부족으로 인해 발생하던 교사-학부모 간 정보 결핍 문제를 해결하는 데 도움이 되기도 했다. 카카오톡과 같은 메신저를 활용한 학부모 단체 채팅방 개설로 학교 폭력 비율이 줄어든 사례도 있었다.

그러나 모든 일에는 빛과 그림자가 공존하듯이 긍정적인 기능뿐 아니라 다음과 같은 부정적인 기능도 생겨났다.[9] 휴대전화를 통한 학부모의 연락으로 인하여 고통을 받는 교사들에 대한 보도가 꾸준히 증가하고 있는 추세이고, 시간과 공간의 제약에서 벗어나 언제 어디서든 연락할 수 있다는 휴대전화의 장점은 동시에 단점으로 작용하고 있다. 밤늦은 시간이나 이른 아침은 물론, 휴일도 없이 휴대전화를 통해 계속해서 이어지는 학부모 연락으로 학부모 상담 업무가 증가하였고 근무시간 외에 학부모를 응대하는 일 자체만으로 교사의 근무시간이 비공식적으로 증가하였다. 이와 더불어 학부모로부터 학급경영에 간

---

8) 차경수·조미현(2009), "SMS를 활용한 교사와 학부모의 의사소통 실태 및 과제", 정보교육학회
   심현정(2012.12.25.), "학부모 400명과 '카톡 소통' 하니… 학교폭력 뚝" 조선닷컴
   전선영(2015), "커뮤니케이션 앱을 활용한 교사-어머니 의사소통 경험", 한국유아교육연구
9) 노지현(2018.05.07.), "한밤에도 "카톡"… 교사가 콜센터인가요?", 동아일보
   손정빈(2018.05.12.), "스마트폰 테러'에 괴로운 교사들…교권 침해 최악의 도구", 뉴시스

섭을 받거나, 해당 학부모 자녀만의 편의를 위한 일방적인 요구 및 부탁을 받으면 교사는 상당한 감정노동을 경험한다. 전화번호로 연동된 교사 SNS 계정을 찾아내 사생활을 간섭하는 사례도 심심치 않게 들려오고 있다.

휴대전화에 관한 교사들의 일반적인 인식은 그리 유쾌한 쪽으로 흘러가고 있지는 않은 듯하다. 휴대전화 때문에 사생활과 개인정보 노출을 우려하고 있고 대부분 교사들은 학부모와의 휴대전화 의사소통을 원하지는 않으며 가급적 휴대전화보다는 기관으로 연락하기를 바라고 있다. 스마트기기를 활용한 의사소통은 교사보다 학부모가 그 필요성을 더 느끼고 있는 것이 사실이고 교사는 휴대전화보다는 면대면 의사소통이 더 필요하다고 느끼고 있다. 실제로 미국, 캐나다, 호주 등 OECD 주요 국가들은 교사 개인 번호를 공개하지 않고 있다.[10]

구 분	빈도(명)	백분율(%)
일과 이후 학부모의 연락으로 개인 생활과 휴식에 지장을 받는다.	90	53.9
개인 정보(프로필 사진, 연동되는 페이스북 등)가 공개되어 사생활의 침해를 받는다.	38	22.8
일과 중 학부모의 잦은 연락으로 업무량이 증가한다.	27	16.1
SNS를 통한 친구 요청, 게임 초대 등으로 불편함을 느낀다.	12	7.2
합 계	167	100

---

10) 김진아(2015), "스마트 기기를 활용한 교사-부모 의사소통 현황과 인식", 이화여자대학교 교육대학원
　　김태은(2015), "휴대폰을 통한 교사와 학부모 간 의사소통에 대한 유아교사의 인식 연구", 숙명여자대학교 교육대학원

위의 표는 경기도 안산시, 세종시, 대전시, 충남 천안시, 충북 충주시 6개 공립, 사립 중·고등학교에서 근무하는 교사 300명을 대상으로 교사들이 호소하는 휴대전화를 통한 학부모와의 소통에서 불편사항은 무엇이냐는 질문에 대한 설문 결과이다.[11] 개인생활과 휴식에 지장을 받는다는 의견이 단연 앞섰고, 그 다음이 사생활이 침해되기 때문이라는 의견이었다.

한국교총에서도 2018년에 유치원과 초·중·고등학교 교원 1천835명을 대상으로 학부모와의 휴대전화 의사소통에 대해 현황조사를 했는데 '학생·학부모로부터 근무시간과 근무시간이 아닐 때 구분 없이 수시로 전화·메시지를 받았다.'라고 응답한 교사가 교사 64.2%였고 '전화·메시지를 받은 시간이 주로 평일 퇴근 후이다.'라고 응답한 교사가 21.4%였으며 '학생·학부모에 개인 휴대전화 번호를 공개하는 데 반대한다.'라고 응답한 교사가 68.2%로 찬성 20.5%에 비해 3배도 넘었다.

구 분	빈도(명)	백분율(%)
음성통화	91	54.5
카카오톡	43	25.7
문자메세지(MMS)	30	18.0
밴드	2	1.2
클래스팅	1	0.6
E-mail	0	0.0
합 계	167	100

11) 박남범(2019), "학부모와의 휴대전화 의사소통에 대한 중등교사의 인식과 감정노동", 한국교원대학교 대학원

휴대폰을 받는 교사 유형

"대부분 연락에 받아주는 편이에요. 빨리 응답해주고 하는 게 마음이 편하더군요. 연락 안 하고 있으면 마음이 불편하고 불안해져서요. 그리고 달리 방법이 없어요. 이미 제 번호가 노출된 상황이라… 그래서 모르는 전화가 와도 모두 받게 돼요."

(○○중 B교사)

"저는 학부모 연락을 대부분 받아요. 근데 저녁이 되면 응답을 하진 않아요. 그다음 날 아침에 응답하는 편이에요. 나름의 원칙을 지키고 있어요. 맨 처음에는 모든 걸 다 받아줬는데 제가 지치더군요. 저도 집에서 아이를 키우는 처지라 암묵적인 제 원칙을 만들고 있어요. 다행히 학부모님들이 이런 부분에 항의하시지는 않았어요. 처음에는 응답하지 않는 것에 불안감이 있었는데 조금씩 나아졌어요."

(○○중 A교사)

휴대전화로 인한 불편감을 해소하기 위해 사용하는 방법은 교사마다 다를 수 있다.

다 받아주는 교사

"퇴근 이후에도 부모님들의 질문이 많으세요. 그래서 바로바로 응답을 하고 있어요. 특수 반 아이들과 생활하면서 부모님과의 라포가 중요하기에 부모님이 궁금해하고 질문이 있으면, 언제든 응답해주고 있어요. 다만 문자나 카톡 등 글로 보내야 하는 것은 조금은 고민도 되고 피곤해지는 경우가 많죠."

(○○고 G교사)

학부모의 전화에 대해 반감을 갖지 않고 응대하다 보면 저항이 사라져 오히려 스트레스가 감소한다. 업무 외의 일이라 생각하지 않고 업무라 생각한다.

선을 정하는 교사

"근무시간이 지나서 오는 학부모 연락은 받지 않거나 그다음 날 근무시간 중에 답신을 보내드려요. 몇 번 근무시간 외에 전화하시던 학부모님도 제가 근무시간 외에는 응답하지 않는다는 것을 알게 되면 시간 맞춰서 연락하셔요. 다른 학부모님들께도 알려주시는지 저희 반 학부모님들은 대부분 근무시간 외에는 연락하시는 일이 없어요."

(○○초 J교사)

학부모님이 교사와 소통할 수 있는 시간대를 정해서 교사가 정확하게 지켜주거나 학부모 총회 등 사전에 공지 및 협조 말씀을 드려서 불필요한 감정노동을 줄이도록 한다.

선을 긋는 교사

"저는 퇴근해서도 연락을 다 받았었죠. 근데 카톡으로 게임 초대하고, 카톡 엄마 단체방에 초대받는 경험을 하다 보니 절대 제 개인 번호를 공개하지 말자고 생각을 했어요. 근데 담임 업무를 하면서 제 번호를 공개 안 할 수가 없더군요. 체험활동, 수학여행 나가서 반드시 연락해야 하는 경우가 생겨서요. 그래서 2년 전부터 업무폰을 쓰고 있어요. 일과 중에만 활용하고 퇴근하면서 넣고 가요. 물론 아이들에게 이런 사실을 안내해서 자연스럽게 부모님이 알 수 있도록 했고요."

(○○중 C교사)

"학년 초에 미리 아이들에는 구두로, 학부모님께는 가정통신문을 만들어서 공지드려요. 제 개인 번호를 가르쳐주지만 저도 퇴근하면 제 생활이 있으므로 연락은 자제 부탁드린다는 취지로요. 일과 중에 문자나 전화로 상담 요청하면 편한 시간에 진행하겠다고 하니 대부분은 따라 주셔서 스트레스가 줄었습니다."

(○○고 F교사)

학부모님과 사전에 약속이 잘 형성되면 교사도 학부모도 더욱 안정적으로 소통할 수 있어서 좋다.

현명한 휴대폰 및 SNS 소통법

학기 초 전화 관련 안내하기[12]

상황이 벌어진 뒤에 전화하지 말아 달라고 이야기하면 기분이 나빠질 수 있고 오해의 소지가 생긴다. 가장 좋은 방법은 학기초에 알림장이나 공지 혹은 학부모 모임에서 교사와 통화 관련 안내를 미리 하는 것이다. 통화 가능한 시간, 통화가 어려운 시간, 전화 못 받는 이유와 시간대, 문자가 필요한 경우 등을 자세하게 알려주는 것이 필요하다.

"수업시간은 ○시부터 ○시까지입니다. 그 시간에 제가 통화를 하면 많은 학생의 수업이 방해를 받습니다. 쉬는 시간이나 오후 ○시까지 전화를 받을 수 있습니다. 전화 통화가 어려운 경우는 문자를 남겨주시면 전화를 드립니다. 퇴근 후나 주말에는 교사 개인의 삶이 있으니 급한 경우가 아니면 전화를 받기가 어렵습니다. 연락받을 수 있는 전화번호(학교 교실 전화 혹은 개인 휴대폰)는 010-1234-5678입니다."

미리 공지하면 무턱대고 전화하는 경우는 현저히 줄어들 수 있다. 여기서 개인 전화 번호 공개는 개인 선택의 문제이니 알아서 선택하면 된다.

불안한 마음으로 전화하는 경우 대처법
· 불안한 마음 읽어주기

---

12) 송형호, 왕건환 외(2019), "교사119", 에듀니티
　　박미향 외(2018), "별별학부모 대응 레시피", 학지사

"아직 처음이라 불안하시죠?" 등으로 먼저 불안한 마음을 읽어주는 것이 필요하다. 단도직입적으로 불안의 원인을 물어보는 것도 방법이다.

"어머니, 어떤 면이 불안하세요?"

· 불안을 줄여 줄 수 있는 이야기하기

그 후에는 불안을 해소할 수 있는 이야기를 해주는 것이 도움이 된다. 아이가 잘 지내고 있는 이야기, 아이를 믿어주라는 이야기 등등이다.

"○○이는 잘하고 있습니다. 아이의 능력을 믿어주세요."
"꼭 필요한 일인데 아이가 자주 잊는 경우 문자로 주셔도 됩니다. 아침 수업 전에는 확인하거든요."
"따돌림받을까 봐 걱정되신다고요? 즐겁게 잘 지내고 있습니다. 저도 아이 잘 살피겠습니다."
"전화해주신 덕분에 제가 모르던 부분도 알게 해주셔서 감사해요. 근데 이런 부분은 좀 둔해지셔도 됩니다. 믿어주시면 ○○이 잘 할 수 있습니다."

(○○초 P교사)

· 아이보다 더 불안해하는 부모와 소통법

"아이들끼리 자주 판단하거나 평가하는 말들 하잖아요. '못생겼다', '머리가 나쁘다', '관종 아냐?' 이런 말을 듣고 가면 ○○엄마가 전화를 해요. "아이들이 어떻게 그런 말을 할 수가 있어요? ○○는 괜찮다는데 제가 말했죠. 그건 괜찮은 게 아니라고. 우리 애가 너무 약하고 물러터져서 큰일이에요. 문제 상황 때는 하루 한 번씩 어머니에게서 이런 전화가 왔어요. 아이는 학교에서는 잘 풀고 괜찮았다가도 집에 가서 엄마와 이야기를 하고 나면 더 심각해지고 마음이 힘들어져서 학교에 와요. 들어보니 엄마가 어릴 때 왕따를 당했는데 아마 본인 감정을 이입해서 더 그런 것 같아요."

(○○고 Y교사)

이렇게 아이보다 부모가 더 불안해서 아이를 불안에서 벗어나지 못하게 하는 학부모는 어떻게 대처하면 좋을까?

- "아이들이 그런 말을 하다니 전해 듣는 어머니도 기분 나쁘셨죠." (공감)
- "그래도 ○○이는 잘 대처하고 있어요. 어머니 생각처럼 그렇게 약하지 않아요." (아이 의 긍정적인 면을 바라보기)
- "어머니가 약하다고 보면 더 약해질 수 있어요. 힘내서 아이들에게 기분 나쁘다고 이야기하고 있고, 아이들도 사과하고 갈등을 풀고 있어요. 어제도 용기를 내어 아이들에게 이야기하는 것 보고, 제가 감동이었어요. ○○가 그런 얘기를 하는 건 쉬운 일이 아니잖아요?" (아이가 노력하는 면을 부각하기)
- "아이가 괜찮아진 건 약하고 물러서가 아니라 강하기 때문에 이겨내는 거라고 생각하시면 좋겠습니다. 학교에서는 잘 풀고 괜찮았는데 다음날 기분이 나빠져서 오면 아이들이 ○○이를 오해하고 불편해할 수 있어요." (조심스러운 제안 조언)
- "어머니 ○○이 믿어주세요. 잘할 수 있어요. 저도 지켜보고 잘 도울게요." (아이 편 되어주기)

· **불확실성을 확실함으로 전환시켜 주기**

무엇인지 잘 모를 때 불안함은 증가한다. 특히 초등학교 저학년 학부모인 경우는 알림장이나 통신문을 정확하게 해석하지 못해서 잘못 대처할까 봐 불안이 있을 수도 있다. 이때는 불확실함을 확실함으로 전환해주면 된다.

초등학교의 경우, 알림장에 다양한 해석이 가능하다면 설명을 붙여 주자. 수업 관련이라면 이해할 수 있는 참고 페이지를 적어주는 것도 방법이다. 무엇을 하기 위한 것인지를 적어주면 오해가 적을 수 있다. 알림장이나 공지사항은 친절할수록 좋다.

방학 과제로 '가족신문을 만들어 오기'라고 하면 많은 이들이 언제까지, 얼마만큼의 크기로, 어떤 내용으로 만드냐고 묻는다. 이 또한 완성기한, 크기,

내용, 용도 등을 자세히 적는 것이 필요하다.

"제출일: 다음 주 월요일 / 크기: 4절지 / 내용: 가족소개(사진 포함), 자랑거리, 가훈 등 / 사용처: 교실 뒷면에 게시할 예정"

아이 상담이 아니라 학부모 개인 상담이 되는 경우 대처법

교사가 잘 받아주거나 연륜과 경험이 풍부하여 신뢰가 갈 때 개인 상담으로 진전될 수 있다. 결국은 부모의 변화가 아이를 제대로 돕는 방법이 되므로 긍정적일 수 있다.

그러나 만약 부담된다면 대처가 필요하다. 교사 스스로 개인 상담을 할 준비가 되어있는지를 살펴보라. 교사의 마음 준비, 전문성 여부, 시간 할애 가능 여부에 따라 판단하자. 만약 개인 문제로 반복 상담을 하려는 경우 자녀의 문제와 어떻게 관련이 되는지 질문하여 아이 문제로 연결을 시키는 것도 방법이다. 또 상담이 필요하면 다른 전문 기관을 추천하고 의뢰하는 것이 가장 적절하다.[13]

기억해야 할 것은 학부모 상담의 초점이 교사와 학부모가 협력하여 자녀를 올바르게 교육하고 돕는 데 있다는 사실이다.

아이 건강 관련 전화 대처법

· 교사의 정성 보여주기

아이가 어려서 스스로 하기 힘든 건강 관련 챙김은 메모해 놓는 것도 방법이다. 메모해 놓고 챙기겠다고 알려줌으로 불안한 부모에게 믿음을 주면 좋다.

"네, 메모했습니다. 다음에도 똑같이 하면 되는 거지요? 잘 기억했다가 돕도록 하겠습니다. ○○이도 스스로 할 수 있도록 연습 많이 시켜주세요."

---

13) 김혜숙, 최동옥(2017), "교사를 위한 학부모 상담 길잡이", 학지사

· 아이가 직접 하도록 요청하기

고학년이 된 경우, 교사의 도움이 필요할 때는 학생이 직접 말하도록 학부모에게 이야기하기

"어머니. ○○이가 직접 저에게 도움을 요청하도록 하는 것이 ○○ 성장에 도움이 될 것 같아요. 제가 내용은 알고 있겠지만 ○○이가 직접 저에게 도움을 요청하라고 이야기해주세요. 전 모른 척하고 아이가 부탁하는 것을 잘 듣도록 하겠습니다."

아이 대신 전화한 경우 대처법

· 스스로 하도록 독려하기

아이가 직접 물어봐도 될 만한 것을 부모가 전화해서 묻고 있다면 쑥스러워서 그럴 수 있으므로 아이 마음에 공감해 준 후 아이와 직접 통화하는 것이 좋다. 학부모에게는 아이가 직접 이야기한 것에 대해 긍정적 피드백을 주어 부모도 독립을 키우는 양육법을 자연스레 배우게 되는 상황을 만들어가자. 때로는 교사가 아니라 친구들에게 물어보는 것이 아이의 친구 관계를 위해 도움이 될 수 있으므로 직접 물어보도록 지도하는 것도 좋겠다.

"어머 ○○이가 쑥스러워 직접 전화를 못 했나 보네요. 처음이라 그렇지 ○○이가 스스로 잘 할 수 있을 거라 믿어요. 저는 이 내용은 ○○이랑 통화하고 싶어요. 좀 바꿔주시겠어요? (아이랑 통화 이후) 어머니 ○○이가 자기 이야기를 어렵지만 잘 했네요. 저도 ○○이가 스스로 하도록 더 힘을 보태 볼게요. 그리고 알림장이 이해되지 않을 때 친구들에게 물어보는 것도 방법일 텐데 그런 걸 통해 친구랑 친해질 수도 있거든요. 다음에는 어떤 친구에게 물어보면 좋겠는지도 한 번 물어봐 주세요. 저도 내일 학교에서 잘 이해했는지 확인할게요. 어머님도 ○○이가 스스로 할 수 있도록 도와주세요."

전화 문제로 교사를 공격하는 경우 대처법

· 기분 나빴을 수 있는 상황에 대해 공감하기

"필호 어머님, 어머님은 아이 때문에 걱정이 크신데 제가 밤에 전화하지 말라고 해서 기분 나쁘셨나요? 학기 초에 모든 부모님에게 다 이야기를 했지만…중간에 전학을 와서 전혀 모르시는 상황인데 전화하지 말라고 하면 저라도 기분이 나빴을 것 같아요. 죄송합니다."

· 아이의 긍정적인 면에 대해 많이 이야기해 주기

"필호는 전학 와서 낯설 텐데 그래도 열심히 노력하고 있어요. 저에게도 옷을 살짝 잡아당기면서 먼저 인사를 하는데 귀엽더라고요. 친구도 한 명과는 밥도 같이 먹으면서 좀 친해졌고요. 어머님, 필호가 그 전 학교에서 어려운 일이 있었지만, 이곳에서 새로운 시작을 할 수 있는 좋은 기회라고 저는 생각해요. 어머님, 걱정되고 불안한 마음을 충분히 알지만, 그 걱정이 새롭게 해 보려는 아이 힘을 뺄 수도 있으니 믿어주시면 좋겠어요. 저는 필호가 잘 할 수 있을 거라 믿어요."

SNS 문제

· 학급 밴드 개설

"학기 초 학부모 동의를 구하고 동의한 학부모들을 대상으로 밴드를 운영하고 있어요. 밴드를 통해 거의 매일 학급일지를 써서 공개하고 있어요. 학부모님들이 매일 아이의 교실에 함께 있는 느낌을 받는다고들 하셔요."

학급 밴드를 통해서 학부모와 소통을 하는 경우 학부모의 프로필에 전화번호 등의 신상이 공개되지 않도록 미리 안내해 드리는 편이 좋다. 아이들끼리의 다툼이 있을 때 프로필을 통해 전화번호를 찾아 학부모 싸움으로 번질 수도 있기 때문이다.

또한, 댓글도 꼭 필요해서 요청하는 경우가 아니면 달지 마시라고 안내하는 편이 좋다. 댓글 다는 것도 나중에는 피로한 숙제가 되고 다른 엄마와의 댓글 신경전이 일어날 수도 있기 때문이다. 밴드를 개설하기 전 학기 초 설문지 등을 통해 동의서를 받고 초대하는 것도 필요하다.

· 블로그 운영

"학급 운영, 수업 이야기, 행사 안내 등을 위한 블로그를 운영하고 있어요. 학부모님들을 초청해서 언제든 들어오셔서 교실의 이야기를 보실 수 있어요."

블로그 운영은 교사 입장에서는 선택의 문제이지만 잘 운영하면 좋은 결과를 기대할 수 있다. 단, 밴드나 블로그와 같이 모두가 들여다볼 수 있는 공간을 통해서는 오픈하기 어려운 내용도 있다. 아이가 개인적으로 대표 수상을 하는 장면, 학교에서 시행되는 대회 참가 모습, 친구와 너무 재미나게 노는 모습의 사진 등의 장면은 전체 공지의 경우 시샘을 불러올 수 있으므로 개인적으로 메신저 등을 통해 보내드리는 것이 좋다. 학교는 늘 부정적인 일이 있을 때만 연락한다는 통념도 깰 수 있고, 가정의 입장에서는 액자에 넣어두고 싶은 보물 같은 장면의 사진을 선물로 받을 수 있다.

· 메신저(카카오톡) 운영

"저는 학부모님들과 모두 1:1 카카오톡을 묶었어요. 그 방에는 저와 아이의 엄마뿐만 아니라 아빠도 초청했죠. 학교에서 일상의 사진을 찍어서 가끔 그 방으로 전송해 드려요. 궁금해하시기 전에 미리 알려드리는 편이에요."

담임교사가 없는 상태에서 학급 학부모 전체 단톡방이 운영되는 경우, 담임교사를 험담하는 등의 문제가 발생할 수 있다. 학급 학부모 전체 단톡방에 담임교사가 있는 것이 좋지만 수시로 올라오는 단톡방 이야기가 교사에게 부담이 될 수 있다. 그러므로 학부모 전체 단톡방 대신에 학급 학부모밴드를 운영하는 것이 더 좋을 수 있다.

교사가 먼저 연락을 해야 할 때

아이가 학부모에게 도착하기 전에 미리 전화를 드리면 좋을 순간들이 있다. 학교에서 다툼이 있었을 때, 학교에서 아팠거나 다쳤을 때, 성적관리 관련하여 학부모님과 의논이 필요한 때, 또는 크게 기뻐하고 축하할 일이 있을 때, 학부모님이 편찮으시다는 소식을 접했을 경우 먼저 전화를 하는 것이 좋다.

학교에서 걸려오는 전화는 대부분 우리 아이에게 안 좋은 일이 생겨서 걸려오는 전화가 대부분이라고들 하는데 교사가 먼저 기쁜 소식을 듣고 전화를 드려서 학교에서 걸려오는 전화에 대한 감성을 바꿔 보는 건 어떨까?

교사,

제3부

학부모와 소통하는
방법을 배우다

8장.
학부모와의 소통을 망치는 방법

학부모와 소통을 잘하는 교사이고 싶다

"초등 1학년 학부모예요. 얼마 전 선생님이 전화하셨어요. 저희 아이가 수업 시간에 자리에 앉아 있지를 않아서 다른 아이들에게 피해를 준다네요. 외부에 나갈 때는 돌발 행동이 많아서 어디로 튈지 몰라 친구들을 옆에 꼭 붙여 준대요. 선생님이 다루기가 쉽지가 않다면서… 이런 게 정서장애라고 이야기를 하시는 거예요. 가슴이 덜컥하면서 눈물 나는 걸 꾹 참고 전화를 끊었어요. 선생님 말씀에 속상한 건 제가 이상한 걸까요?"

'학부모와 소통을 잘하는 교사이고 싶다'는 마음은 많은 교사가 원하지만 쉽지 않은 명제일 것이다. 교사도 나름 잘하고 싶은 마음으로 학부모와 소통을 할텐데, 때로는 오히려 학부모의 마음을 상하게 하고 교사와 대화를 꺼리게 만드는 소통을 하는 경우들이 있다.

소통은 상호작용이다. 그러므로 상대방을 알고 이해하는 것이 중요하다. 학부모들은 교사의 어떤 태도를 힘들어할까?

학부모들이 불편해하는 교사의 태도

한 논문을 보면 다음과 같은 교사를 불편해한다고 한다.[1] 먼저 학급경영 측면에서 소통하지 않는 선생님과, 학부모를 불편해하는 선생님을 불편해한다고 한다. 학습지도 측면에서는 전문성이 없는 선생님, 책임을 다하지 않는 선생님, 학생들을 보듬지 못하는 선생님, 친구와의 갈등을 해결해주는 역량이 부족한 선생님을 불편해한다고 한다. 매너리즘에 빠진 고경력 선생님, 자녀 이야기를 해주지 않는 선생님, 학교 업무를 학부모에게 맡기는 선생님도 학부모가 불편해한다고 한다.

이처럼 학부모들이 기분이 나빠지거나, 교사와 대화를 하고 싶지 않은 마음이 들게 하거나, 좋지 못한 선입견을 가지게 하는 태도들이 있다. 이는 소통을 방해하며, 신뢰를 무너뜨려 교사와 부모가 함께 아이를 잘 도와줄 수 있는 기반을 흔들리게 하기도 한다. 학부모가 불편해하고 교사를 신뢰할 수 없게 만드는 행동이 있지는 않은지 아래 내용을 바탕으로 자신을 점검해 보는 것이 필요하다.

소통의 부족과 소통하고 싶어 하지 않는 태도

실제로 학부모와의 대화를 불편하게 여겨 소통을 피하는 교사들이 종종 있다. 학부모는 학급 활동을 돕고 싶어 하는데 교사가 선을 그어 버리면 학부모는 교사가 피하는 것으로 느낀다. 어떤 교사는 자신도 모르게 표정이 어둡거나 굳어 있다. 그런 경우 학부모는 말을 붙이기가 힘들기도 하고, 대화할 때 자신을 불편해하나 싶고, 자신이 무엇을 잘못했나 오해를 하기도 한다. 학부모를 앞에 두고 몸을 자주 움직이거나 다른 곳을 쳐다보는 등으로 집중하지 않는 느낌

---

1) 김장철(2017), "초등학교 교사-학부모 갈등에 대한 상호 간의 인식 및 대응 전략 연구", 석사학위논문, 서울대학교 교육대학원

을 주는 경우도 소통을 방해한다. 때로는 자신도 모르게 다리를 꼬고 앉아 있거나, 팔짱을 끼는 경우도 있는데 위압적인 느낌으로 학부모가 마음을 열기 어려울 수 있으므로 조심해야 한다.

한 학부모는 선생님이 시계를 자주 쳐다보면서 딱딱한 어투로 "네"라는 단어를 연발하며 "네, 네, 네, 네"라고 말하는데 기분이 무척 나빴다고 한다. "네~"라는 말이 공감의 언어이지만 형식적으로 되면 어색하고 딱딱하게 느껴져서 오히려 공감보다는 마음을 닫게 한다.

소통할 때 태도의 문제는 연구 결과에도 드러난다. 미국 UCLA의 앨버트 메라비언(Albert Mehrabian) 교수는 1967년에 언어와 비언어에 대한 연구를 진행했다.[2]

이를 메라비언 법칙이라고 부른다. 대화 내용을 상대방에게 이해시키는 데 영향을 미치는 비중이 '목소리 38%, 표정 30%, 태도 20%, 몸짓 5%, 말의 내용 7%'로 나타났다. 우리는 보통 '말의 내용과 목소리'(합쳐서 45%)에 집중하지만 다른 부분(표정, 태도, 몸짓)이 55%로 상대방에게 내용을 이해시키는 데 좀 더 많은 영향을 미친다는 것을 알 수 있다.

상담자가 되기 위해 공부를 할 때 자신의 상담 장면을 비디오로 찍어서 과제로 내는 경우가 있는데 그때 많은 이들이 스스로도 알지 못했던 습관을 보게된다. 볼펜을 돌리고 있었다는 것을 알게 되기도 하고, "네~" 소리를 너무 자주한다는 것을 발견하기도 하며, 다리를 흔들고 있다는 것을 보기도 한다. 내담자보다 상담자가 말이 너무 많다는 것을 파악하기도 한다.

그러나 교사가 학부모와 소통하는 장면을 비디오로 찍기는 쉽지 않다. 그 대신 아이들과 상담 후 피드백을 받아 불편했던 교사의 행동이 있다면 이야기해달라고 해도 좋다. 조금 더 용기를 낸다면 학부모와 상담을 한 후 태도에 대해

---

2) 서혜석 외(2011), "의사소통", 청록출판사

설문을 받는 것도 좋은 방법이다. 주변 사람들에게 자신의 태도가 어떤지 확인해 보는 것도 도움이 된다. 습관적으로 하기에 스스로는 잘 모르는 경우가 훨씬 많기 때문이다. 자신을 성찰하고 성장하려는 이 노력은 더 큰 신뢰를 만들 수 있다.

교사 자질이 부족해 보이는 교사

교사들이 전문성이 부족하거나 교사로서 꼭 해야 할 일들을 하지 않을 때 신뢰하기 힘들다고 하시는 학부모님들이 많다. 어느 타이밍에서 그런 느낌을 받는 것인지 다음의 이야기를 들어볼 필요가 있다.

- 아이들 수준에 맞추지 못하는 수업

"선생님들이 대학교에서 공부하실 때 아이들 눈높이에 맞춰서 수업하는 걸 배우시는지 의문이 들어요. 못 가르치는 게 아니라 애 눈높이에 그걸 다운시켜서 설명을 못 하는 것 같아요. 그래서 아이도 선생님 수업이 이해가 안 된대요."

(병훈 어머니)

"과학 선생님 참관수업을 보면서 화가 나더라고요. 수업도 영 재미없고 아이들 책이 깨끗한 게 새 책 같아요. 선생님의 수업 태도가 안 좋으니 대답하는 아이들도 없어요."

(희진 어머니)

이런 예들처럼 교사는 수업으로 말해야 하는데 수업을 잘하지 못하면 기본적인 신뢰가 무너질 가능성이 크다.

- 수업과제 등에 대해 교사가 끝까지 챙기지 못함

과제는 검사해서 피드백을 꼼꼼하게 해줄 것이 아니면 차라리 내 주지 않는 편이 나을 수 있다. 대충하다가 아이들이 숙제에 대한 흥미도가 떨어지는 문제가 생길 수 있기 때문이다.

또 평가지 채점을 늦게 하거나, 부주의로 배부되지 않을 때에도 민원이 생길 수 있다. 학습 결과물 포트폴리오 등을 정리하지 않거나 가정으로 보내는 일을 소홀히 하면 아이가 학교에서 무엇을 배우는지 학부모가 도통 알 수가 없어서 소통에 문제가 생길 수 있다.

무엇보다 교사로서 전문성과 책임감을 팽개치는 듯한 말을 조심해야 한다. "제가 아직 거기까지는 파악을 못 해서"라는 말이다. 이런 말은 자신 없어 보일 뿐 아니라 무책임해 보이기까지 한다. "그런 일이 있었군요. 말씀해주셔서 감사합니다. 좀 더 자세히 알아보고 연락드리겠습니다."가 좀 더 책임감 있게 느껴진다.

전문성과 책임감 있는 교사로 서고 싶다면 교사 공동체 활동에 참여할 것을 권한다. 비슷한 또래 교사부터 선후배 교사까지 자율적으로 모여서 희망하는 주제를 가지고 연구도 하고 고충도 나눈다. 같이 계획도 세우다 보면 함께 하는 사람들이 나의 거울이 되어 어느새 내가 달라져 있음을 볼 수 있다.

아이 마음에 대해 관심이 없어 보이는 교사

또 하나, 학부모가 불편해하는 태도는 아이가 왜 그런지에 대한 관심보다는 대책을 세우는 일에만 관심을 두는 경우이다. 사실 이런 태도는 인간관계에서 잘 드러나는 부분이다. 부부 간에도 늘 싸우는 것이 '왜 내 맘은 알아주지 않고 해결책만 제시하냐'는 경우가 많은 것처럼 누구에게든 대책이나 해결책만 제시하는 상황은 불편함을 준다. 겉으로 드러나는 아이의 모습에만 초점을 두거나, 아이와 부모의 마음에 대한 공감은 없을 때, 표현하지 못하지만 학부모는 마음을 열고 소통하고 싶지는 않을 것이다.

한 학부모가 친구 관계가 어려운 아이 문제로 교사를 만났다. 그런데 "사랑을 적게 받아서 그래요. 사랑을 많이 주세요."라는 말을 들었다. 학부모의 반응은 떨떠름하다. 말은 분명 틀린 말이 아님을 알지만, 반발심이 든다고 한다. 친구들에게 교사의 말을 전하며 "누가 모르냐고! 쉽지 않아서 그렇지…. '샘도 한번 키워보세요'하고 싶더라니까"라고 말을 한다.

부모가 수용하고 행동 변화로 가기보다 불편함만 심어주는 대화는 소통이라고 하기 어렵다.

아이에 대한 편견

학부모와 아이를 잘 돕기 위해 한 팀이 되려면 우선, 다른 선생님에게 들은 말로만 이를 보지 말아야 한다. 아이가 친구들과 자주 싸우고 친구들을 괴롭히는 일이 많았다는 이야기를 전 담임에게 들었는데, 시간이 지나 아이가 또 싸워서 문제가 생겼다. 교사는 '역시 들은 대로구나. 또 싸우고 친구를 괴롭히는구나'라고 생각하고 학부모를 만나 아이가 늘 그런 것처럼 이야기한다. 그런데 학부모는 속상하다. 아이가 지난해에는 그랬지만 올해에는 잘해 보리라 마음을 먹고 애썼기 때문이다. 그러다 한번 참지 못해서 싸운 것을 알아주지 못하고 지난해랑 똑같이 늘 그런 것처럼 말하니 아이의 노력이 허사로 돌아간 느낌이다.

대부분 교사는 문제가 생길 때에 아이를 만나기 때문에, 문제가 생기지 않은 상황에 주의를 기울이지 않는다. 학생이 노력하는 그 순간은 드러나지 않는다. 보이는 것만 보고 판단하면 새로운 마음으로 시작했다는 것을 몰라주기에 아이와 부모는 억울함이 쌓일 수 있고, 노력하고 싶은 마음이 줄어들 수 있다. 학부모 또한 마음을 몰라주는 교사에 대한 신뢰가 떨어질 가능성이 커진다.

둘째는 한두 번 한 행동으로 원래 그런 사람으로 규정해서 말하는 것을 조심해야 한다. 예를 들어 "걔는 맨날 말을 안 들어요. 늘 싸워요. 싸움꾼이에요." 라는 식이다. '맨날, 늘, 항상' 등의 말은 억울함을 가지게 한다. 문제 행동을 하루도 빠짐없이 하는 사람은 잘 없다. 아무리 심해도 안 그런 날이 하루는 있을 수 있지 않은가? 하물며 한두 번 한 행동을 늘 그런 것처럼 말하는 것은 소통을 막는다.

세 번째는 한 가지 면으로 아이를 판단하고 평가하지 말아야 한다. 예를 들면 외동아이는 고집이 세고 자기밖에 모르며 이기적이라는 생각을 하는 교사가 "외동아이라서 사회성이 떨어지고 부딪힘이 잦은 것 같아요."라고 단정 지어서 이야기할 때 학부모는 반박하고 싶은 마음이 생길 가능성이 크다. 외동이라도 장점과 긍정적인 면도 많기 때문이다. 외동아이의 장점에 대해서도 이미 많이 나와 있다. '외동아이는 부모의 사랑을 듬뿍 받고 자랐기 때문에 성격이 밝다. 이 세상에는 자신을 미워하는 사람이 없다는 생각을 하고 있어서 학교에서 꾸중이나 야단을 맞아도 잘 받아들이는 유연함과 주변 상황에 대한 긍정적인 사고를 지니고 있다. 나아가 형제가 없어 질투심이나 열등감이 적고 자신감이 높다. 따라서 자기주장이 분명하고 성취감이 높다. 또한, 어른들의 관심 속에 많은 자극을 받고 자라 자아 개념이나 지적 호기심이 뛰어나다.'[3]

편견을 가진 교사에게 부모는 위축되거나 방어적으로 행동할 수 있고 나아가 공격적으로 될 수 있음을 기억하자.

아이 행동으로 부모를 평가하는 교사

아이의 행동과 부모의 양육 태도를 바로 연결해서 단정하는 교사의 행동도 부모의 마음을 닫게 만든다. 아이가 고민을 이야기하면 부모가 잘못해서 그렇다며 야단치듯 이야기하는 교사를 경험했다는 부모의 이야기를 들었다.

---

3) 중앙M&B 편집부(2010.8.20.), "5세 아이에게 꼭 해줘야 할 60가지", 중앙M&B

"학교에 갔더니 '지각하는 건 부모가 제대로 교육을 못 해서이다', '안 좋은 말을 하는 아이는 부모가 모범을 보여주지 않아서 그렇다', '예의 없는 아이는 부모가 예의를 가르치지 않아서이다' 이런 말만 하며 무조건 부모가 잘못 키워서 그런 것으로만 이야기하셨어요. 스스로 잘 키웠다고 생각하지는 않지만 그렇게 이야기하시니 선생님과 다시 만나서 이야기하고 싶지 않더라고요."

아이 행동이 부모의 양육 태도와 연관되는 경우가 많다. 그러나 모든 것이 그렇지는 않다. 예를 들면 어린 나이에 예의나 버릇이 없어 보이는 아이들의 경우 타고난 특성인 경우가 많다. 힘의 욕구가 높은 아이들은 자신의 마음과 불편함을 직설적으로 표현하는 편이다. 자기의 생각과 자기의 뜻이 관철되기를 바라기에 고집을 피우고, 어른에게도 대드는 듯한 행동이 많다. 특히 잘못되거나 공평하지 않다고 여기는 경우는 어른이라도 바로 그 자리에서 문제를 제기하기 때문에 어른의 입장에서 당황스럽고 예의 없게 느껴지는 것이다.

그러나 그런 아이들도 나이가 들면서 예의를 배우면 그에 맞게 행동할 수 있다. 특히 힘의 욕구가 높아서 비판적이고 직설적인 아이들이 정의롭지 못한 사회에서 '사이다 발언'을 할 수 있는 용기 있는 아이들로 자랄 수 있는 것이다.

희지는 어렸을 적부터 자기 생각이 맞다고 엄마에게 따박따박 따지는 아이였다. 아이들이 모여 있는데 친구 엄마가 자기에게만 빗자루를 가지고 와서 지저분한 것을 쓸라고 이야기를 하자, "왜 저한테만 시켜요?"하면서 따져서 친구 엄마가 당황했다. 한 번은 유세 차량이 너무 시끄러우니 직접 찾아가서 조용히 좀 해달라고 말하기도 했다. 이유인즉슨, 산이 가깝고 나무가 많은 곳인데 이렇게 시끄러우면 새가 산란을 못 한다면서…. 이유를 들어보면 너무 멋있어 보이지만 당한 사람은 당황스러울 상황이다. 고등학교에서 선생님이 "대학이 인생에서 가장 중요하다"는 이야기를 하자 "선생님이 어떻게 그렇게 이야기를 할수 있어요?"라고 따져서 선생님을 곤혹스럽게 만들기도 했다. 당하는 사람은 당황스럽지만 희지는 정의롭지 못한 것은 참지 못하기에 실제로 문제라고 생각되는 부분은 말하고 변화시키려 애쓴다. 나이가 들면서는 무엇이 다른 사람을 기분 나쁘게 하는지 알게 되면서 말투도 예의 있게 바뀌었다.

어릴 때 따박따박 대들고, 따지고, 딴지 걸고, 항의하는 아이들은 많은 경우 잘못 키워서라기보다 아이의 타고난 욕구의 특성인 경우가 많다. 예의나 말버릇은 잘 알려주면 충분히 배울 수 있다.

긍정적인 말만 하는 교사

긍정적으로 아이에 대해 말하는 것은 중요하다. 그러나 막연히 긍정적인 말만 한다고 학부모가 다 좋아하지는 않음도 기억해야 한다. 한 학부모의 이야기다.

> "저는 아이 때문에 힘들고, 주변 부모들도 우리 아이가 문제가 있다고 해요. 아이 친구들도 힘들어하는 것 같고요. 그래서 선생님과 상담을 했는데 '애들은 다 그래요. 괜찮아요. 잘 커요'라며 무작정 괜찮다고 하시는 거예요. 진짜인지 안심시키려고 하는 말인지 헷갈려서 불안해요."

또 하나의 경우는 좋은 말만 하는 것을 교사의 방어라고 보기도 한다.

> "우리 선생님은 아이에 대해 좋은 말만 해주세요. '학교생활에 관해 잘하지 못하는 이야기를 하면 선생님에게 책임이 전가될까 봐 그러시나?'하는 생각이 들 정도예요. 저는 우리 아이의 학교생활이 정말 궁금하거든요."

이렇게 근거도 없는 막연한 긍정은 오히려 불안함을 만든다. 현실에 기반을 두지 않은 긍정은 교사의 신뢰를 쌓을 수도 없고, 부모에게 도움을 줄 수도 없는 '팥소 없는 찐빵'과 같을 수 있다.

아이의 학교생활에 관해 교사에게 책임을 물을까 봐 아이가 잘하는 이야기만 하고 있지는 않은가? 그냥 믿고 맡겨주면 좋을 텐데 자꾸만 물어보니 귀찮고 피곤하다고 생각하고 있지는 않은가? 학부모 상담 신청하라고 했는데 몇 명 안 하면 좋겠다는 생각이 자리 잡고 있지는 않은가? 이러한 교사 자신의 상태를 돌아보는 것이 필요하다.

일 중심으로 대하는 교사

> "학부모회 일을 하는 이유는 아이를 위한 것인데, 선생님은 아이 문제는 전혀 다루지 않고 일 이야기만 해요. 또 학부모회의 일을 뒷받침해주지도 않아요. 부탁하면 거절하고 '그냥 무조건 알아서들 하세요.'라고만 하는 경우가 힘들어요."

학부모가 학교 일을 돕는 이유는 자녀를 위해서이다. 자녀가 우선이다. 그런데 일로만 소통을 하면 학부모는 서운해진다. 학부모 담당 교사와 학부모 임원 사이라 하더라도 아이에 대한 관심을 보일 필요가 있다. 또한 임원의 역할을 당연하게 할 일로만 받아들여도 학부모는 다음에 다시 역할을 맡고 싶어하지 않게 된다. 감사한 마음을 표현하는 것이 소통을 위해 필요하다.

지피지기라고 했으니 학부모뿐 아니라 교사 자신도 돌아보는 것이 필요하다. 학생 중심이 아닌 행정편의주의, 교사편의주의 교육을 시행하고 있지는 않은지 성찰해 볼 필요가 있다. 학교 관리자의 행정편의주의에 관해 교사는 볼멘소리를 종종 한다. 그런데 학부모 입장에서 볼 때 교사들도 그러한 모습을 보인다고 생각할 수 있다.

학부모와 교사는 적대적인 관계가 아니라 협력적인 관계여야 한다. 적극적인 의사소통의 창구를 마련하고 갈등의 대상이 아닌 협력의 대상으로 학부모를 바라보아야 한다. 학부모의 알 권리를 존중하고 학부모가 우리 반 학생들에 관한 최고의 전문가요, 책임자임을 인정하고 바라보아야 한다. 학부모의 불안감과 학생들의 연약함을 이해하고 바라보아야 한다. 학부모 경험이 있는 동료 교사들의 이야기를 들어보고 지혜를 얻어 보는 노력이 필요하다. 이렇게 우리의 최선을 다했는데도 학부모에게 부정적인 피드백이 온다면 그건 분명 교사의 책임은 아닐 것이다.

소통에 방해가 되는 말말말

> "초등 3학년 아이의 엄마예요. 선생님이 학교로 오라고 해서 떨리는 마음으로 갔어요. 들어보니… 저희 애가 선생님이 수업시간에 뭘 하자고 하면 큰소리로 "싫어요"라고 대답을 해서 수업 분위기를 흐린대요. 친구들과의 사이에서도 싸우는 일이 잦고 욕 등의 거친 말이 많대요. 친구 물건을 망가뜨리기도 한다고. 아이가 화가 차 있는 것 같다고 하면서 선생님이 이런 말씀을 하셨어요.
> '아이 문제는 부모님 문제인 거 아시죠?'
> '사실 이런 성격은 처음 봐서 당황스러워요.'
> 그 얘기를 듣고 낯이 뜨뜻해지고 창피해서 어디 숨고 싶더라고요."

이 사례처럼 소통에 방해가 되는 말들이 많다. 정답을 말하지만 상처를 주는 말이 있고, 솔직한 말이지만 찌르기도 한다. 어설픈 확진도, 단정적 결론도 소통에 방해를 준다.

정답형 어퍼컷

교사가 하는 말이 다 맞는 말인데 기분 나쁘고 부모가 상처를 받는 경우다. '팩트 폭력'이라는 말로 표현될 수 있을 것이다. 사실 다 아는 것이지만 교사가 콕 집어서 얘기하면 창피함이 몰려온다. 오히려 이로 인해 방어기제가 발동하여 자기변호를 하거나 변명, 남 탓을 하여 소통에 문제가 발생하는 사례도 꽤 많다.

예를 들어 "너무 오냐오냐하면서 키운 거 아니에요?", "부모님이 너무 바빠서 방치된 것 같은데요.", "아이들이 다 그런데… 그걸 혼내셨어요? 너무 하셨네요" 등이다. 물론 직면을 통해 상황을 반전시켜야 할 때도 있겠지만 그런 경우는 많지 않다. 오히려 상처가 되면 그 자리에서 반응은 못하더라도 두고두고 마음에 맺혀서 결국은 이후 교사와 소통에 문제가 생긴다.

"내가 틀린 말 했어?"라며 항변할 수 있다. 그러나 아무리 맞는 말이라도 소통에 방해가 될 수 있다. 소통이 되지 않으면 아이를 잘 돕기가 힘들다.

찌르는 솔직함

교사가 자신의 감정에 대해 지나치게 솔직한 표현을 하는 경우도 소통에 방해가 된다. 솔직함은 잘하면 소통에 도움이 되지만 때로는 부모를 당황하게 하는 것이다. 특히 교사의 감정을 솔직하게 표현하는 것은 신중해야 한다. 힘든 감정을 솔직하게 표현하면 학부모가 지나치게 문제를 심각하게 보도록 만들 수도 있다.

"이런 아이의 행동과 성격은 처음이라 당황했어요."
"애가 미워지더라고요."
"걔 때문에 골치 아파서 잠이 안 와요."

이런 이야기를 들은 학부모는 '과연 아이와 교사가 잘 지낼 수 있을까 의구심이 든다'고 말한다. 아이에 대한 부정적인 감정에 대해 들으면 학부모는 교사가 아이를 수용하고 있지 않다는 느낌이 들 수 있기에 교사의 감정 표현은 신중해야 한다.

어설픈 확진

전문적인 영역에 대한 부분이나, 진단을 받아야 할 영역에 대해 교사가 섣불리 확진하는 것은 조심해야 한다.

"ADHD 같아요. 진단 한번 받아보시죠."
"사회성이 떨어져요. 놀이 치료를 받으러 가시면 좋겠어요."

이런 말을 듣는 부모는 심한 충격을 받는다. 필자도 아이를 키우면서 주변 엄마들이 학교에서 이런 소리를 들은 경우를 목격했었다. 마음이 무너져 내려 몇 날 며칠을 이리저리 알아보고 고민하며 잠도 못 자는 모습을 보았다. 교사가 강하게 이야기를 하니 진단은 받지만 이후 교사와 소통은 어려워지는 경우가 더 많았다. 교사를 찾아가지도 않고, 아이에 대한 이야기도 별로 하고 싶어 하지 않았다. 교사가 이런 말을 하는 것도 결국은 아이를 돕고 싶은 마음이겠지만 그 이상으로 교사와 협력해서 돕는 방향으로 나아가지 못할 수 있다.

사실 교사도 이런 이야기를 잘하는 것이 쉽지 않다. 그래서 아이를 걱정하여 잘 돕고 싶은 교사의 마음에 초점을 맞추어 대화하는 연습이 필요하다.

어설픈 확진	아이를 걱정하며 잘 돕고 싶은 말
"ADHD 같아요. 진단 한번 받아보시죠."	"아이가 집중하는 데 어려움을 겪는 것 같아요. 왜 그런지 한번 파악해 보시면 좋을 것 같습니다."
"사회성이 떨어져요. 놀이 치료를 받으러 가시면 좋겠어요."	"아이가 친구들과 놀이를 지속하기가 힘들고, 규칙을 지키는 것도 어려워해요. 잘 도와주고 싶은데 제가 돕고 있지만, 한계가 있어서 다른 도움이 있으면 좋겠습니다."

단정적 결론

단정 짓는 말은 교사가 아이를 수용 않는다는 오해를 일으킨다. 부모에게 충격을 주며 반발심을 불러일으키며, 교사에 대한 불신으로 이어져 학부모의 협조와 공조를 어렵게 할 수 있다. 예를 들면 "고집불통이에요", "게을러요", "비협조적이에요" "물건을 훔쳐요", "더러워요", "산만해요" 등의 말들이다. 이런 단정적인 말보다는 평가 없는 관찰(비폭력 대화)로 거울을 보듯 아이의 행동을 표현하는 것이 필요하다.

단정적 결론	평가 없는 관찰의 말
"고집불통이에요."	"자신의 의지를 강하게 표현하는 편입니다."
"게을러요"	"하라고 하면 바로 하지 않네요. 좀 더 노력이 필요할 것 같아요"
"물건을 훔쳐요"	"남의 물건을 허락 없이 만지거나 가지고 가네요"
"더러워요"	"깨끗이 단장하기 위해 도움이 필요합니다"
"가만히 있지를 않아요"	"호기심이 많아서 분주하네요"
"비협조적이에요"	"친구들의 의견이 자기와 다르면 같이 안 하려고 하네요"

소통은 자기 성찰에서부터 시작된다. 교사의 대화법과 태도에서 피해야 할 것을 깨닫는다면 소통을 향해 한 걸음 더 나아갈 수 있을 것이다.

9장.
학부모와 소통하는 비결

까다롭다고 소문난 학부모와 소통 노하우

학교마다 학부모 때문에 그 학급을 맡기를 꺼리는 경우가 꽤 있다. 그런 분들은 가장 어렵지만 가장 절실하게 소통이 필요한 사람이 아닐까? 까다롭다고 소문난 학부모에 대해 선입견을 품거나 피하고 어려워하는 것에 머무르면 아이를 잘 돕는 길이 막힐 수 있기 때문이다. 소통의 달인이라 할 수 있는 교사들의 학부모 소통 노하우를 모아보았다.

새로운 관계가 가능함을 알려주기

교사들과 갈등 관계였던 학부모도 새로운 관계를 원하는 마음이 있다. 아이를 위해서라도 교사와 협력하는 관계를 원하겠지만, 늘 그랬으니 또 잘 안될 것이라고 포기한 것이 아닐까? 이런 측면에서 새로운 관계를 시작하는 사인으로 학기 초 편지는 적절해 보인다.

"중학교 학년 부장하면서 학급 담임을 했을 때, 아무도 맡지 않으려는 아이를 담임했던 적이 있습니다. 그 아이 부모가 교사를 향해 큰소리를 지르고, 법적 책임 운운하니 교사 중에 그 아이를 맡기 어려웠던 것이지요. 해마다 그랬듯이 3월 첫날에 학부모 편지를 보냈습니다. 학부모 편지에는 저에 대한 진솔한 소개와 가정 상황, 교사로서의 다짐, 기대하는 학급 행사를 소개하는 내용을 담았습니다. 편지 마지막에는 학부모 회신란을 짧게 만들었습니다. 그 아이의 학부모님도 답을 보내왔습니다. 작년 담임과는 다른 교육자다운 교육자를 만난 것 같다고 잘 부탁드린다는 내용이었습니다. 저에 대해 신뢰가 생기고, 좋은 마음이 들게 했다는 점에서 편지 보내기를 잘했단 생각이 들었습니다."

(인천 관교중 한성준 교사)

경청 및 욕구 파악하기

까다롭고 어려운 학부모일수록 더욱더 필요한 것이 경청이다. 다른 선생님들도 경청을 통해 이 문제를 넘어갔다.

"까다롭다고 느끼는 학부모는 그동안 교사와 소통을 할 때 유익한 경험이 적었을 가능성이 큽니다. 학부모의 간지러운 부분을 긁어줄 수 있다면 소통이 열릴 수 있겠죠. 정말 궁금해하고, 관심이 있는 분야 및 영역이 무엇인지 빨리 간파하는 것이 중요합니다."

(경기 둔대초 정창규 교사)

"부모가 하고픈 얘기를 다 쏟아 놓을 수 있도록 경청합니다. 까다롭다고 소문난 학부모는, 교사에게 자신의 이야기를 충분히 수용 받은 느낌이 없었기 때문일 수 있습니다. 우선 신뢰를 쌓기 위해 모든 이야기를 다 들어주는 것이 필요합니다."

(서울 노원중 권주영 교사)

문제에 너무 민감하게 반응하지 않기

늘 문제에 시달린 학부모에게는 오히려 덤덤한 반응이 효과적일 수 있다.

"아이가 범상치 않은 특성을 가진 아이라면 아이의 부모는 매 학년 담임선생님으로부터 비슷한 상담 내용을 반복해서 들어왔을 터이므로 너무 놀라거나 문제에 민감하게 반응하지 않는 것이 중요하다고 생각해요. 교사가 민감하게 반응하면 학부모는 또 문제가 커질까 걱정해서 방어적인 태도를 고수하는 방향으로 가더라고요."

(의왕 부곡중앙초 권윤영 교사)

교사는 한 팀임을 인지시켜 주기

불편하게 여기고 바꾸어야 할 대상으로만 보면 점점 더 까다로워지는 것이 학부모이다. "목표는 자녀의 성장에 있으니 함께 마음을 모아서 도왔으면 합니다", "알려주셔서 고맙습니다. 아이 성장을 위해 교육적 방법으로 풀어보려고 합니다. 도움을 주시겠습니까?" 등으로 다른 팀이 아니라 한 팀임을 인지시켜 주는 것이 중요하다.

"교사는 문제를 제기하고 학부모는 방어하는(혹은 반대의) 모양이 되어 서로 다른 팀처럼 되는 경우가 많죠. 학부모가 교사를 불편하게 여기고 적으로 생각하면 아이를 돕고 성장시키는 일은 한계에 봉착합니다. 학부모와 교사는 한 팀이지 상대 팀이 아니라는 사실을 인지시키는 것이 필요합니다."

(군포 둔대초 정창규 교사)

명확한 현상진단을 하라

일어난 현상에 대해서는 정확한 전달이 필요하다. 때로는 듣기 불편해도 분명한 것이 좋다. 너무 긍정적으로만 말하면 더 좋은 쪽으로 선도할 기회를 놓치는 것이다. 부모가 듣기에는 좋고 문제점은 모호하게 가려진 평가는 위험하다. 구체적인 예를 들자면, 폭력 문제를 일으키고 이사 가려고 하는 아이의 부모에게 송주현 교사가 한 말이다.

> "아이가 뭘 잘못했는지 잘 모릅니다. 친구에게 놀림 받아 화난 것에만 집중하고 있네요. 교사의 말도 적대시하고 정당한 제재에 야단친다고 생각을 합니다. 폭력은 모두가 싫어해요. 이사를 간다고 해도 해결되지 않아요. 왜 이런 일을 하는지 원인을 파악하는 것이 꼭 필요한 부분이라고 여겨집니다."
>
> (학부모상담기록부 저자 송주현 교사) [4]

친절함과 단호함을 유지하라

수용할 것은 수용하되, 안 되는 것은 안 된다고 '친절하고 단호하게' 표현하는 것이 필요하다. 사안이 발생했을 때 학부모에게 교실이나 관계 속에서 어떤 어려움, 문제 상황을 일으키게 되었는지 설명해야 한다. 이때는 아이를 대하는 전문가로서 흔들림 없는 낮고 조용한 목소리 그리고 친절하면서도 분명한 태도가 중요하다.

> "아이는 정말 사랑스럽고 예뻐요. 수업 시간에 집중하려고 노력하는 모습은 감동이죠. 가끔 화를 내며 소리를 지르고 물건을 걷어차는 이 행동이 아이의 전체인 듯 여겨질까 걱정돼요. 수업시간에 화가 나서 책상을 걷어차니 수업이 진행되지 못할 때도 많고요. 누구라도 다치는 상황이 벌어질까 염려가 됩니다. 친구들도 ○○를 무서워하고 멀리하려는 행동으로 나타나기도 해요. 이런 폭력적인 행동은 다른 사람에게도 피해를 주기도 하지만 ○○ 자신을 위해서라도 꼭 고쳐야 할 부분입니다."
>
> (서울 노원중 권주영 교사)

---

4) 송주현(2018), "담임선생님에게는 말하지 못하는 초등학교 학부모 상담기록부", 은행나무

학부모와의 소통에 강해지는 비결

학부모와 소통을 잘하고 싶은 건 많은 선생님의 마음일 것이다. 소통에 강해지려면 어떻게 해야 할까? 소통의 달인들이 말하는 노하우를 바탕으로 정리해 보았다.

아이와 좋은 관계가 우선이다

학부모와 잘 소통하기 위해 가장 중요한 첫 번째 전략은 아이와 좋은 관계를 유지하는 것이다.

"학부모가 교사에 대해 갖는 태도는 아이가 교사에 대해 갖는 태도를 기본으로 한다고 봅니다. 아이와 관계가 나쁘면 학부모와 관계도 잘 만들기가 어렵더라고요. 아이와 관계가 좋으면 아이들이 가정에 돌아가서 교사에 대해 함부로 나쁘게 말하지 않더라고요. 혹 교사가 실수하더라도 덮어주려 하기까지 했죠. 아무리 까다로운 학부모라도 아이를 좀 더 유심히 관찰하고, 교사가 아이에 대해 관심을 두고 있으며, 앞으로 더 잘 지도하도록 노력하겠다고 말하면 안심을 합니다."

(인천 계산중 김은희 교사)

문제아로 찍힌 아이와 관계 기초 쌓는 법

1. 지나다가 만나면 반갑게 웃으며 인사를 하고 그 아이의 장점을 표현해준다. 무엇이든 장점을 찾아라. 이런 칭찬이 쌓이면 호감의 관계가 된다.
   "야, 너는 청소를 참 열심히 하는구나~", "오우 오늘 머리 잘 어울리는데~"

2. 사탕을 가지고 있다가 복도 등에서 만나면 주머니에 쏙~ 넣어주며 "너만 먹어"라고 살짝 이야기해주면 특별한 관심을 받는 느낌이 들어 교사에게 마음을 열 수 있다.

3. 따로 방과 후에 만나서 떡볶이 등을 먹거나 가정에 초대해서 특별한 시간을 가지면 사랑받는다는 느낌이 들 수 있다. [5]

---

5) 김현섭, 김성경(2018), "욕구코칭", 수업디자인연구소

장점을 보는 연습을 하라

 긍정적인 부분은 어떤 문제나 어떤 사람에게도 있다. 장점이 없어 보이는 아이라도 모든 것은 양면성이 있기에 장점을 찾을 수 있을 것이다. 대화할 때는 먼저 긍정적인 부분부터 이야기한 후 문제점을 다루어도 늦지 않다.

> "장점이나 긍정적인 부분을 볼 수 있는 것은 호감의 표시이자 아이나 부모에 대한 관심과 사랑의 표현이기에 학부모가 마음을 열 수 있는 것 같아요. '내 아이를 정말 잘 알고 있고 사랑으로 대하려 노력하는구나'라는 느낌이 들게 하죠."
>
> (서울 노원중 권주영 교사)

- 아이의 긍정적인 부분 봐주기

 문제 상황에도 아이의 긍정적인 것이나 능력을 발견해서 표현해주면 교사에 대한 신뢰도를 높일 수 있고, 긍정적인 방향으로 소통할 수 있다.

> "3월 학부모 상담 주간에 까다롭기로 소문난 학부모가 오셨는데, 3주간 관찰한 아이의 좋은 면에 대해 이야기했습니다. 좋지 않은 일도 있었지만 좋은 면만을 이야기해주었습니다. 그리고 실제 그 아이의 좋은 면만을 보려고 노력했습니다. 아이니까요. 얼마든지 변화할 수 있으니까요. 누군가 그 아이를 온전히 믿어주는 사람도 세상에 한 명은 있어도 괜찮으니까요. 학부모가 까다롭게 변한 데에는 아이의 상황과 기다려 주거나 믿어주지 못한 교사들로부터의 불신도 크기 때문입니다. 까다로운 학부모일수록 그 내면이 깨지기 쉬운 유리그릇 같은 분들이 많았습니다. 더 잘 들어 주고, 아이에 대해 더 기다려 줄 수 있다는 믿음을 교사가 학부모에게 줄 수 있다면 학부모와 교사 사이에 긍정의 선순환 과정이 시작되었다 볼 수 있습니다."
>
> (중등 한성준 교사)

> "아이가 '학교 가기 싫어요!'라고 얘기해서 고민하는 부모에게 '그 녀석 참 솔직하네요. 자신의 감정을 잘 표현하는 것 같아요.'라고 말해드렸어요. 또 '고분고분하지 않고 아이들을 선동해서 문제 일으키는 아이'의 부모에게는 '제가 볼 때 ○○이는 매사

에 기준이 명확한 편이고, 좋고 싫은 게 분명한 아이예요. 그래서 대인관계에서 문제가 있기도 하지만 대신 어떤 친구들에게는 리더십을 발휘합니다. 친구들의 마음을 이끄는 카리스마가 있다는 의미이겠지요. 성격이 강하지만 끝까지 인내하는 힘도 있고요. 이런 아이가 나중에 사업하면 성공할 가능성이 큰 재목이에요.'라고 했죠."

(송주현)[6]

- 부모의 문제 속에 있는 긍정적인 부분 보기

문제 속에 있는 긍정을 보는 것은 연습이 필요하다. 예를 들면 잔소리가 심한 학부모에게는 "아이를 섬세하게 바라보고 좋은 습관을 만들 수 있는 부모님이시네요."라고 긍정적으로 말할 수 있다. 아이를 세세하게 잘 챙기지 않는 학부모라면 "아이의 독립성을 키우는 데 좋은 부모님이세요. 특히 자기 욕심이 많고 알아서 잘하는 아이에게는 믿어주는 부모로 너무 좋죠." 등으로 먼저 긍정을 보는 것이 필요하다.

희망을 말하라

"문제에 초점을 두기보다 희망에 초점을 맞추는 것이 필요하다. 아이에 대한 세세한 관찰 내용을 기록해 두었다가 상담 시 이야기하되 문제에 초점을 맞추는 것이 아니라 나아질 거라는 희망을 불어넣어 주면 부모가 교사에 대해 신뢰감을 느끼고 적극 협조가 가능하더라고요."

(의왕 부곡중앙초 권윤영 교사)

"○○이가 학기 초보다 조금씩 나아지고 있어요. 크는 아이들은 바뀔 가능성이 아주 많지요. 새롭게 뭔가를 해보고 싶은 마음이 많은 것 같아요. 그래서 저는 부모님과 제가 아이를 믿어 주면 더 좋게 바뀔 수 있을 거라고 믿어요."[7]
"어머니 잘 참으셨네요. 안정되게 잘 참고 기다리시니 점점 좋아질 겁니다."

6) 송주현(2018), "담임선생님에게는 말하지 못하는 초등학교 학부모 상담기록부", 은행나무
7) 차승민(2018), "초등부모교실", 서유재

아이 마음을 먼저 이해하라

아이 마음을 먼저 보고 있는 교사와는 어떤 부모든 기꺼이 감사한 마음으로 소통할 수 있을 것이다.

· 학교 가기 싫어하는 아이의 마음을 이해하는 말

"학교 가기 싫은 건 모든 아이들이 대부분 그래요. 어른들도 직장 안 가고 싶잖아요. 원래 정해진 시간에 맞춰 뭔가 하는 게 싫은 아이들이 있더라고요."

(송주현)

· 학교에서는 잘하는데 집에서는 투덜거리는 아이를 이해하는 말

"자기도 멋대로 해보고도 싶지만 참고 노력했으니 얼마나 힘들겠어요~ 게다가 멋대로 하는 친구를 보면 좀 얄미울 수 있죠. 또 아직은 익숙지 않아서 친구들이 불편하게 해도 잘 표현하기 힘드니 집에 가서 힘들었다는 이야기를 하는 거라고 봐요."[8]

교사, 학부모와의 소통에 자신감을 가지려면

발달단계와 대처법을 알아라

발달단계를 알면 문제를 보는 눈이 생긴다. 교사든 학부모든 발달단계를 알면 전체를 보는 눈이 생겨 문제에 의연하게 대처할 수 있다. 대부분 초등 4학년 쯤부터 아이들의 급격한 변화가 강렬하고 구체적으로 드러나고, 중등 시기는 교사도 학부모도 감당하기 힘든 시기이다. 이때 학부모들은 많이 당황해서 학교에서 무슨 일이 있나 싶어 문제가 생겼다고 여기고 교사에게 상담하지만 자연스러운 발달 과정인 경우가 많다. 담임교사가 이런 변화에 대해 학기 초 부모 모임 때 알려 주거나 미리 알림장에 팁으로 보내주면 부모들의 혼란도 줄여

---

8) 김성경(2019), "도대체 왜 그러냐고?", 수업디자인연구소

주고, 교사와의 신뢰도 쌓을 수 있을 것이다.

아이를 사랑한다면 자신감은 생긴다

소통의 달인들의 공통점을 보면 아이들을 사랑하는 마음이 크다는 것이다. 주변에서 누가 뭐라고 하든 내 중심이 어떠한가가 중요하다. 내가 이 학생을 정녕 사랑하는가에 집중하면 자신감 문제는 걱정하지 않아도 된다. 사랑보다 더 큰 힘은 없다. 아이의 삶을 응원하며 학부모에게 힘이 되고 싶고 또 교사로서의 사명감과 열정이 살아 있다면, 자신감은 저절로 샘솟을 수 있다. 물론 그것이 자가당착이 되지 않도록 여러 실천을 통해 학생과의 좋은 관계, 학부모님과 좋은 관계를 유지하는 좋은 경험을 쌓아가야 할 것이다.

내 아이라고 생각하라

소통의 달인들이 가진 또 하나의 공통점은 아이들에 대해 깊은 연결성을 유지하고 있다는 것이다. 이 연결성은 아이들을 자신의 자녀처럼 친밀하게 대한다. 내가 있는 공간에 같이 있는 이 시간만큼은 내가 이 아이들의 보호자이고 부모라는 책임감과 용기가 필요하다. 물론 이렇게 생각할 수 있는 스타일의 교사는 많지 않다. 부모라는 말은 아니어도 연결될 수 있는 관계성 정립은 중요하다.

필자는 반 아이들에게 첫날 이야기했다. '내가 학교에서는 엄마다, 엄마라고 불러도 좋다.' 그러다 보니 옆 반 아이들은 '이모, 고모'라고 불러 순식간에 가족이 되어버렸다. 눈앞에 있는 아이들이 내 아이, 내 새끼인데 눈을 뗄 수 있을까? 아이를 위해 꼭 해야 할 말이 있고 사실을 알아야 할 사람이 있는데 부모라면 힘들어도 말하고 행동할 수 있을 것이다. 이렇게 보면 아이를 키우는데 집과 학교에서의 역할을 분담하고 있는 학부모도 전혀 새로운 존재가 될 수 있다.

말의 힘을 사용하라

긍정적인 말은 자신감을 높여준다. 소통은 말로 이루어진다. 교사의 말이 아이를 바꾼다. 아이를 바꿀 수 있는 긍정의 말은 부모의 변화까지도 이끌어내는 힘이 있다. 이 말로 신뢰도 쌓이며 소통도 가능하다. 말은 연습하면 가능하다. 부정적인 말 속에 있는 긍정의 말을 찾아 표현하는 능력이 필요하다. 말은 때로는 사람을 살리고 인생을 바꾸기도 한다.

인생을 바꾼 부모의 말[9]

유치원 선생님이 어머니에게 말했다.

"아드님은 산만해서 한시도 가만히 있지를 못해요, 단 3분도 의자에 앉아 있지를 못합니다. 병원에 데려가 보시는 게 좋을 것 같아요"

아들과 집으로 돌아오는 길에 어머니는 이렇게 말했다.

"선생님이 너를 무척 칭찬하셨단다. 의자에 앉아 있기를 1분도 못 견디던 네가 이제는 3분이나 앉아 있다고 칭찬하던걸~!"

그날 아들은 평소와 달리 밥을 먹여 달라는 투정도 하지 않고 밥을 두 공기나 뚝딱 비웠다.

시간이 흘러 아들이 초등학교에 들어갔다. 선생님이 말했다.

"이번 시험에서 아드님 성적이 몹시 안 좋아요. 지능에 문제가 있는 건 아닌지 병원에 데리고 가서 검사를 받아보세요."

그 말을 듣자 어머니는 눈물이 왈칵 쏟아졌다. 하지만 집에 돌아가 아들에게 이렇게 말했다.

"선생님이 너를 믿고 계시더구나. 너는 결코 머리 나쁜 학생이 아니라고 하시면서 조금만 더 노력하면 이번에 21등을 한 네 짝을 제칠 수 있을 거라고 하시더구나."

어머니의 말이 끝나자 어두웠던 아들의 표정이 환하게 밝아졌다. 그날 이후 아들은 놀랄 만큼 달라졌다. 훨씬 착하고 의젓해진 듯했다.

중학교를 졸업할 즈음 담임선생님이 어머니에게 말했다.

"아드님 성적으로는 명문 고등학교에 들어가는 건 좀 어렵겠습니다."

어머니는 아들에게 말했다.

"담임선생님께서 너를 무척이나 자랑스럽게 생각하시더구나. 조금만 더 노력하면 명문 고등학교에 들어갈 수 있겠다고 하셨어."

아들은 끝내 명문고등학교에 들어갔고 뛰어난 성적으로 졸업했다. 그리고 명문대학 입학 통지서를 어머니 손에 쥐여 주고 아들은 엉엉 울었다.

"어머니, 제가 똑똑한 아이가 아니라는 것은 저도 알아요. 하지만 세상에서 저를 진심으로 사랑해주신 분은 어머니뿐이세요."

---

9) 한영진(2014), "통통 튀는 학부모와 당황한 교사", 학지사

10장.
학부모 맞춤형 소통 방법 익히기

5가지 기본 욕구

    어떤 학부모에게는 통했던 소통 방법이 다른 학부모에게는 오히려 오해가 될 수도 있다. 학부모와의 원활한 소통을 위해서는 학부모 개인별 성향과 특성에 맞게 접근하는 것이 필요하다. 하지만 개인별 접근의 한계가 있기에 욕구별로 묶어서 소통 방법을 익혀서 활용하면 좋다. 여기에서는 5가지 기본 욕구에 따른 학부모 유형과 이에 맞는 소통 방법을 제시하고자 한다.

인간은 욕구에 따라 행동한다. 인간에게는 수많은 욕구가 있지만, 윌리엄 글라써[10]는 크게 5가지 (생존, 사랑, 힘, 자유, 즐거움)로 구분했다.

욕구로 행동을 보면 '다름'이지 '틀림'이 아닌 경우가 많다. 교사가 학부모를 만나면서 겪게 되는 문제도 결국은 해석의 문제이기도 하기에 '행동하는 이유'인 욕구를 통해 학부모가 해석되면 힘듦도 덜해진다. 앨버트 엘리스(Albert Ellis)도 '이 일이 일어났기 때문에 내가 불안하고 우울하며 적대감과 연민을 느끼는 것

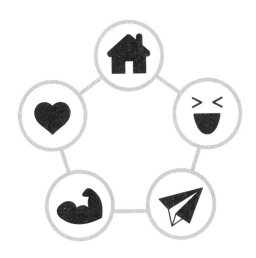

---

10) 미국 정신의학자 윌리엄 글라써(William Glasser, 1925~2013): 첫 저서 '현실 치료(Reality Therapy)'에서 감정·정신장애의 원인이 외부(타인과 환경)나 과거(무의식)에 있는 게 아니라 현재의 자신에게 있으며, 해법도 현실에서 찾아야 한다고 주장했다. 과거보다 현재에 초점을 맞춰 독자적인 연구를 진행했고, 그 성과를 '현실 치료'로 집대성했다. 또한, 선택이론을 개발했다. 그의 아이디어는 개인의 선택과 개인적인 책임, 개인의 변화에 초점을 맞추고 있다. 윌리엄 글라써는 다양한 욕구 중 5가지 욕구를 기본적인 욕구(Basic Need)로 이해했다. 생존, 사랑, 힘, 자유, 즐거움이다. 5가지 기본 욕구를 상담과 치료의 도구로 사용했다. 현실에서 어떤 욕구를 채우기 위해 행동을 하는지를 보고, 또 앞으로 욕구를 채우기 위해 어떤 선택을 해야 하는지에 초점을 둔 것이다.

이 아니라, 이 일에 대해 내가 이렇게 해석하기 때문에 그런 감정을 갖는 것이다.'라고 말했다.[11]

'생존과 안정의 욕구'[12]는 내가 속한 곳에서 잘 적응하고 안정적으로 지내고 싶은 욕구다. 생존과 안정의 욕구가 높은 사람들은 규칙을 보면 잘 지키고 싶은 마음이 먼저 드는 사람들이다. 자신이 속한 곳의 규칙을 잘 지키려고 한다. 안전을 중요하게 여기며, 몸을 잘 살핀다. 계획적이며 소비에서도 절약적으로 사는 편이다.

'사랑과 소속의 욕구'는 사랑을 주고받고 싶으며 어디에 소속감을 느끼고 행동하려는 욕구이다. 사랑과 소속의 욕구가 높은 사람은 사람에 대한 관심이 많고, 친절하고 배려하는 것을 좋아하며, 사람들을 먼저 챙기고 뒷정리해야 할 일은 나서서 한다. 함께 하는 것을 좋아하며 친밀한 관계를 선호한다.

'힘의 욕구'는 목표를 설정하고 일을 잘 추진하여 성취하고자 하는 욕구이다. 힘의 욕구가 높은 사람들은 무엇인가 목표한 바를 이루어내려는 뚝심과 집념이 강한 이들이다. 일을 성취해 내며, 자기 생각이나 의견이 이루어지기를 바라기에 그것을 위해 포기하지 않는 사람들이다.

'자유의 욕구'는 누구에게 규제를 받지 않고 자기가 스스로 결정하려는 욕구이다. 자유의 욕구가 높은 사람들은 어떤 규칙이 있으면 왜 저렇게 해야 할까 생각하고 다른 방법을 찾아보는 사람들이다. 이런 생각은 사회를 변하고 발전하게 하는 중요한 요소가 된다. 사람과 장소에 오랫동안 깊이 얽매이는 것을 부담스러워하며 혼자 있는 것을 즐긴다.

'즐거움의 욕구'는 즐거움과 재미, 유쾌함을 추구하는 욕구이다. 즐거움의 욕구가 높은 사람들은 재미있게 웃고 즐기고 노는 것을 좋아하고, 게임, 취미생

---

11) 엘버트 엘리스, 카타린 맥런(2016), "합리적 정서행동치료", 학지사
12) 윌리엄글라써는 '생존의 욕구'라고 불렀지만 우리나라는 동물적인 기본욕구 즉 원초적 욕구와 동일하게여 기는 경향이 있어서 욕구코칭에서 '생존안정의 욕구로 바꾸어 부른다. 김성경(2019), "도대체 왜 그러냐고" 수업디자인연구소

활 등을 즐긴다. 모험심과 호기심이 많으며 새로운 것에 대한 배움을 좋아하고 가르치는 것도 좋아한다. 다른 사람의 이야기에 대한 반응(리액션)도 잘한다.

학부모를 욕구로 분석하다[13]

생존과 안정의 욕구가 높은 학부모

· 학부모의 행동 특징

이들은 친절하고 조용하며 조심성이 많다. 자신을 오픈하는 데 시간이 좀 걸리는 편이다. 표정도 많지 않으며 신중하고 실수가 적다. 아이에 대한 걱정이 많고 작은 실수에도 스트레스를 받을 수 있다. 아이의 건강이나 식습관 등을 잘 챙긴다. 정확한 걸 원해서 교사에게 자주 확인하는 모습을 보이기도 한다. 이들은 하던 대로가 편하다. 교사가 새로운 시도를 할 때 동참해야 한다면, 잘 모를 경우 확인하고 점검하려고 할 것이다.

· 아이들에게 하는 행동 특징

– 긍정 방향

학부모로서 아이들을 세심하게 잘 챙긴다. 아마 1학년 학부모라면 아이에게 필요한 준비물을 놓치지 않고 잘 챙겨주는 모습을 보인다. 또한, 아이가 꼭 해야 할 일을 할 수 있도록 지도한다. 습관을 잘 들일 수 있는 것이다. 그리고 이들은 상식이나 규칙을 중요시하기에 이에 대해 강조를 많이 한다. 몸에 좋은 음식을 먹도록 지도하며 아이가 잘하지 못하는 영역을 넘어설 수 있도록 돕는 데 최선을 다한다.

– 부정 방향

---

13) 김현섭 김성경(2018), "욕구코칭", 수업디자인연구소

옳고 그름에 대한 생각이 명확해서 잔소리가 많을 수 있고, 아이는 괜찮은데 부모가 안 괜찮아서 불안을 조장할 수도 있다.

· **아이들에게 자주 하는 말**

"그러면 안 되지, 그건 아니지, 그걸 왜 버려? 아껴 써라, 많이 골고루 먹어라, 상냥하게 말해라, 할 일 먼저 하고 놀아라, 일찍 와라, 얼른 자라, 아프면 어떡하려고 그래?, 늦게 다니지 말아라, 조심해라, 길 가다가 싸움 구경도 하지 말고 참견도 하지 마라, 어떻게 할 거야? 뭐할 거야?" 등

사랑과 소속의 욕구가 높은 학부모

· **학부모의 행동 특징**

사랑의 욕구가 높은 학부모들은 티가 잘 난다. 감정 표현이 풍부하고 표정도 많은 편이며 문자 등에 이모티콘을 다양하게 쓴다. 모임 후 뒤처리를 잘 돕고, 교사의 감정을 살피고 배려한다. 교사와 친하기 전까지는 어색하지만, 신뢰가 생기면 자주 전화를 할 수도 있다. 문제가 생기면 자기 탓이라는 생각을 먼저 하며 아이 문제도 자신의 문제라고 여기는 경우가 많다. 서운해도 표현을 못 하다가 쌓여서 터질 수 있으며 감정을 잘 살피는 만큼 무뚝뚝한 표정에 대해서는 오해를 하기 쉽다.

· **자녀들에게 하는 행동 특징**

- 긍정 방향

함께 하는 것을 좋아해서 가족 문화가 많다. 주말마다 어딘가 가족들이 다 함께 놀러 가거나 문화생활을 즐긴다. 아이와의 스킨십을 좋아하고 다정하고 알콩달콩한 모습이 잘 드러난다. 아이의 감정을 잘 파악하고 수용할 수 있다.

- 부정 방향

아이가 힘들어할 때 잘 돕다 보니 아이가 의존적으로 될 수 있다. 공감력이 높고 잘 돕는 성향이라 과보호 가능성도 있다. 감정 기복이 심할 수 있으며 아이의 문제에 대해 참다가 빵 터뜨리고 미안해하고 후회하는 모습이 나타난다. 때로는 공감이 지나쳐서 아이는 감정적으로 괜찮은데 부모가 더 힘들어하기도 한다.

· **아이에게 자주 하는 말**

"우리… 같이… 나도 나도! 여기 좀 봐봐~" 등의 말을 많이 하며 사랑 표현을 좋아해서 "고마워~ 사랑해~ 미안해" 등의 말도 잘한다. 배려를 최우선으로 생각하기에 "기분 괜찮니? 친구 맘을 생각해 봐. 서로 배려(사랑)해야지, ~해보자, ~하자(권유형)" 등의 말을 많이 한다.

힘의 욕구가 높은 학부모
· **행동 특징**

맡은 일은 끝까지 해서 이루어낸다. 사이다 발언을 잘하고, 목소리가 큰 경우가 많으며 자기표현을 잘한다. 애매모호한 상황에 나서서 정리를 잘한다. 교사와 합이 잘 맞으면 누구보다 교사를 잘 도와줄 수 있는 학부모이기도 하다. 이들은 눈치를 잘 보지 않는다. 옳고 그름이 명확하고 거절도 잘한다.

이들은 교사가 잘못한 일이 있으면 따질 수 있다. 의견이 달라 논쟁하는 상황이 되면 화가 나지 않았다고 하지만 화가 난 것으로 보일 수도 있음을 유념해야 한다. 존경스럽지 않은 교사는 무시할 수도 있다. 이들은 승부 상황이 되면 무조건 이기고 싶어한다는 것을 기억해야 한다.

· 자녀에게 하는 행동 특징

- 긍정 방향

이들은 일관적이어서 혼란이 적다. 아닌 건 아니라고 분명하게 말해서 쓸데없는 고민을 하지 않아도 되니 오히려 안정감을 준다. 아이의 진학 목표가 정해지면 이루기 위해 열심히 노력한다.

- 부정 방향

아이와 기 싸움에서 이기려 하고 제압한다. 아이에게 지시하거나 지적을 잘하는 편이며 아이가 목표한 대로 되지 않으면 그만큼 스트레스를 많이 받는다. 이들은 능력이 안 되는 것은 봐주지만 노력하지 않는 건 못 봐준다. '답정녀'처럼 정해 놓고 의견을 물어보고 원하는 답이 나올 때까지 묻기도 한다.

· 아이들에게 자주 하는 말

"내 생각에는, 나는, 그래도! 그런데, 두 번 말하게 하지 마라!" 등의 말을 잘 쓴다. 또 자신이 일을 추진하듯 아이들에게도 "~하면 되지. 되게 해야지, 노력해야지! 할 수 있어, 내가 도와줄게, 이렇게 하는 건 어때? 할 일 다 했어? 선 넘지 마라. 거기까지!" 등의 말을 많이 한다.

자유의 욕구가 높은 학부모

· 자유의 욕구가 높은 학부모의 특징

강제하거나 억지로 시키는 것이 싫다. 자신에게도 그렇지만 남에게도 그렇다. 사람들과 친해도 적절한 거리를 유지한다. 규칙에는 예외가 있을 수 있다고 생각한다. 아이의 문제나 상황에 부딪힐 때 "알아서 하시겠죠"라며 교사에게 믿고 맡기는 경향이 크다. "아이가 잘 지내면…, 선생님 바쁘신데…, 끊을게요."처럼 교사에게 부담을 주고 싶지 않아서 연락을 잘 하지 않고 상담도 짧게 하는 편이다. 아이와 관련된 사건의 세세한 기억을 잘 못한다. 메모는 꼼꼼하기보다 간략하게 하는 편이다.

· **자녀를 대하는 부모의 특징**

 - 긍정 방향

 자유의 욕구가 높은 학부모는 아이를 독립적으로 키운다. 아이들 간의 갈등도 스스로 해결하도록 지도하는 편이다. 또한, 규칙을 잘 만들지 않거나 만들어도 규칙이 적은 편이다. 위험하거나 죄가 아니면 허용한다. 아이가 원하지 않으면 학원 등의 사교육은 잘 시키지 않는 모습도 보인다.

 - 부정 방향

 습관을 만들거나 세세한 보살핌이 약하다. 스스로 챙기라고 몇 번 이야기해도 듣지 않으면 교사에게 혼나더라도 스스로 깨닫도록 내버려 둔다. 부모에게 들러붙는 아이나 늘 함께하려는 아이에 대해 다른 부모보다 좀 더 힘들어할 수 있다.

· **자유의 욕구가 높은 부모들이 자주 하는 말**

 "그럴 수 있지, 네 생각은 그렇구나, 괜찮아" 등의 말을 잘한다. 스스로 하길 원하기에 "맘대로 해, 알아서 해결해 봐" 등의 말도 한다. 세세한 질문들을 불편해하는 경향이 있기에 "꼬치꼬치 좀 묻지 마~ 좀 붙지 마라. 귀찮게 하지 마라, 인생에 정해진 답은 없지, 행동에 책임을 지면 된다" 등의 말을 많이 한다.

즐거움의 욕구가 높은 학부모

· **행동 특징**

 즐겁고 재미있는 분위기를 좋아하기에 리액션이 좋고 긍정적이다. 농담도 잘하고 잘 웃는다. 진지하고 어색한 상황이 불편해서 바꾸려고 한다. 배우러 다니는 것이 많아서 바쁜 경향이 있고, 자기가 즐거우면 다른 사람도 즐거울 거라고 생각한다. 놀고 즐기는 것을 좋아하고, 스릴 넘치는 모험을 좋아하며, 여행을 즐긴다.

· **자녀를 대하는 부모의 특징**
 - 긍정 방향
   행동과 말 등 사소한 부분에도 감탄을 잘하며 아이들과 잘 놀고, 아이들을 데리고 체험 여행 등을 많이 다닌다. 새로운 것을 배울 기회를 많이 열어준다.
 - 부정 방향
   아이들이 싫어해도 재미있어하며 짓궂게 장난을 치기도 한다. 즐거움과 재미에 초점을 두고 있기에 힘들어하는 아이들의 마음을 공감해 주는 것은 약하다. 아이의 문제를 심각하게 생각하지 않는 경향도 있다. 그래도 잘 큰다고 긍정적으로 생각하려고 한다.

· **자녀들에게 자주 하는 말**
 "너무 좋아~, 신난다~, 예쁘다, 맛있다~, 어머 멋지다, 오호! 대박! 최고다, 어차피 할 거 즐겁게 해~, 재미있었니?, 재미있지!, 별거 아니야, 괜찮아, 여행 가고 싶다" 등의 말을 많이 한다.

학부모 욕구에 맞게 소통하다

 학부모의 행동을 욕구로 이해하면 교사의 스트레스가 줄어들 수 있다. 무엇보다 학부모를 욕구에 맞게 대처하면 상대방은 존중받는 느낌이 든다. 존중을 담은 대화법을 장착하고 학부모와의 소통에 한 걸음 더 나아가 보자.

생존의 욕구 학부모와 소통하는 방법

· 미리 무슨 이야기를 할지 알려주어 생각할 시간 주기

생존의 욕구가 높은 학부모들은 예측하기 원하고 머릿속에 그림이 그려지기를 원한다. 갑작스러운 상황이나 예측 못한 상황은 당황한다. 그러므로 미리 알려주면 괜한 걱정과 불안을 잠재울 수 있다. 예를 들면 상담 주간 전에 무슨 이야기를 할지 알려주면 학부모가 미리 생각을 정리하고 교사를 만날 수 있다.

"어머니 이번에 상담 때는 아이가 뭘 잘못해서 만나자는 것이 아니고요. 그 동안 있었던 생활 나눔을 할 거예요. 긴장하지 않으셔도 돼요."

또 하나는, 중요한 결정을 해야 할 때 미리 이야기해주지 않고 그 자리에서 결정하도록 하면 충분히 생각을 못 했기에 만족감이 떨어지고 불안할 수도 있다. 혹은 나중에 다른 이야기를 할 수도 있다.

"지금 당장 결정하지 않으셔도 됩니다. 생각해 보시고 알려주세요."

라는 말이 이들에게 꼭 필요한 말이다. 그리고 문제가 생겼을 때도 통화하기 전에 문자로 먼저 알려주어 문제에 대해 생각하도록 하면 소통이 더 쉬워진다.

"~때문에 상의하고 싶은데 통화할 수 있을까요?"

· 자세하고 상세하게 설명해주기

생존의 욕구가 높은 사람들은 상황과 문제를 볼 때 세밀하게 앞뒤 좌우를 다 보면서 이해하고 판단하려고 한다. 그러다 보니 질문도 많을 수밖에 없다. 상세하고 명확한 설명이 있지 않으면 확인을 위해 교사에게 질문할 가능성이 높아진다. 다시 묻지 않을 수 있도록 자세한 설명이 필요하다.

알림장이나 공지문에, 필요한 것에 대한 리스트를 적을 때도 자세하고 명확한 설명이 필요하다. 필요한 복장이 있을 때 '흰옷을 입고 와라'라고 하면 생존의 욕구는 고민이 생길 수 있다. 바지도 흰 것을 말하는지, 흰 블라우스인지 뭔지 고민하거나 질문한다. '흰 티에 청바지' 정도로라도 구체적 설명이 좋겠다. '풀'을 준비물에 적어놓았더니 땅에 자라는 풀을 뽑아왔다는 일화도 충분히 생길 법한 일이지 않은가? 이때도 '종이접기에 쓸 딱풀' 이런 식의 공지가 필요하다.

· 과도한 걱정을 조심하기

아이가 문제를 일으키면 다른 욕구의 부모보다 생존 욕구의 부모는 더 스트레스를 많이 받으므로 교사가 과하게 걱정해서 불안을 가중시키지 않도록 유의할 필요가 있다.

안 그래도 걱정이 많은 부모에게 최악의 사례나 안 좋은 예를 드는 것은 그들을 더 힘들게 하는 경우가 될 수 있다. 너무 걱정이 많은 부모에게는

"이 정도 일은 아이들 안에 자주 있는 일입니다. 잘 도와주면 괜찮을 거예요."

등으로 근심을 누그러뜨리는 것이 필요하다.

· 과하게 긍정적인 반응 조심하기

반면 생존의 욕구가 높은 부모들은 과한 긍정의 말도 부담스러워한다. 즐거움이 높은 교사의 오버액션에 대해 과장되거나 신중하지 않음으로 느낄 수 있다는 점을 기억할 필요가 있다. 또, 학부모는 괜찮지 않음으로 파악되는데 교사가 괜찮다고 하면 현실 파악을 못 하고 있다며 오히려 신뢰를 못 하게 될 수도 있다.

적절함이 필요하다. 이 적절함이 난감하게 여겨지는 교사도 있을 수 있을

것이다. 너무 긍정적이어도 안되고 너무 부정적이어도 안된다니 맞추기 어렵다고 여길 수도 있다. 그러나 한 가지 분명한 것은 그 사람의 상태를 잘 파악하는 공감력을 가지면 된다. 과하게 두려워하는 부모에게는 두려움을 낮추어 주는 것이 필요하고, 적절한 두려움에는 공감을 하면 된다. 일단 학부모의 상태를 잘 파악하자.

그렇다고 교사 자신의 스타일이 있는데 위축될 필요는 없다. 즐거움의 긍정적인 반응과 활기를 부러워하는 생존 욕구의 사람들이 분명 있다는 점도 놓치지 말아야 할 것이다.

· **주제에서 벗어난 이야기가 길어지는 것 싫어함**

핵심 없이 다른 이야기로 시간이 늘어지는 상황을 싫어하므로 주제를 벗어나지 않게 조심하도록 한다.

사랑의 욕구 학부모와 소통하는 방법

· **오해를 막기 위한 전략**

사랑의 욕구가 높은 학부모에게는 문자나 전화보다 개별 만남의 소통이 효과적이다. 사랑의 욕구가 높은 학부모는 문자 한 자 한 자에 신경을 쓰고, 이모티콘 하나에도 마음을 담는다. 그렇기 때문에 다른 사람의 문자에 대해서도 그런 마음으로 받을 가능성이 크다. 문자나 톡에 답을 할 때 다른 이모티콘 없이 '네'나 '알겠습니다'와 같은 말만 쓰면 냉정한 느낌을 받거나 '기분이 좋지 않나' 등의 생각을 할 수 있다. 때로 톡을 읽은 것이 분명한데 답이 없으면 상처를 받거나 오해를 하기도 한다. 그래서 답할 상황이 안될 때는 "지금 일정이 있어서 다시 문자 보내겠습니다." 등의 짧은 답이라도 하는 것이 괜한 오해를 막는다. 또한, 문자를 쓸 때도 "말씀해주신 내용 잘 기억하겠습니다~ 감사합니다!" 등 마음을 담아 쓰는 것이 필요하다.

만나서 이야기할 때는 교사 자신의 표정을 살필 필요가 있다. 굳은 얼굴로 상담을 한다면 오해하기 딱 좋다. 사랑의 욕구가 높은 사람들은 다른 사람의 감정과 표정에 예민하다. 자신을 어떻게 생각하는지도 늘 초점을 두고 있기에 굳은 표정이나, 인사를 하지 않는다거나 하는 일은 오해를 불러일으킬 수 있다.

· 소통할 수 있는 상대라는 믿음 주기

사랑의 욕구가 높은 부모에게는 아이 문제를 지적하는 것이 아니라 아이에게 관심이 많아서 도움을 주려고 하는구나, 라는 느낌이 있어야 오해를 예방할 수 있다.

> "저는 ○○이가 참 이뻐요. 그래서 눈길이 자주 가는데요. 요즘 갑자기 눈을 자주 깜빡이더라고요. 왜 그럴까 걱정도 되고 뭘 도와주어야 하나 싶어서 의논을 드리려고 전화드렸어요."

등의 말처럼 아이에 대한 관심이 많고 아낀다는 느낌이 들어야 신뢰할 수 있다.

· 감정이나 생각을 부정하거나 판단하는 말조심하기

> "그렇게 생각하지 않으셔도 됩니다.", "그렇게 느끼실 필요는 없고요."

이렇게 생각이나 감정을 부정하는 말들은 가정에서 부부간에도 많이 문제가 되는 상황들이다. 이런 말은 공감을 안 해 준다는 느낌이 들어 더 속상함을 만드는 말이다. 어떤 생각이나 감정을 이야기해도

> "당연히 그러실 수 있죠. 그런 생각 들 수 있죠.", "속상하시죠."

라며 공감해 주는 것이 필요하다. 모든 학부모에게 공감은 필수적이지만 사랑의 욕구의 학부모에게는 공감이 기본적으로 깔리지 않으면 오해가 될 수 있음을 기억해야 한다.

물론 비합리적인 생각이나 느낌인 경우는 다룰 필요가 있다. 그러나 교사가 그렇게 생각하지 말라고 한들 바뀌는 것이 아니다. 오히려 소통을 막는

역할만 할 뿐이다. 생각이나 느낌을 바꾸고 싶다면 라포(rapport) 형성이 되고 신뢰가 쌓였을 때 교사를 상담자로 여기는 상황에서나 가능한 이야기다.

· 섣불리 해결책 제시하지 않기

사랑의 욕구가 높은 사람들은 해결책이 필요한 경우도 많겠지만 우선 공감이 더 중요한 사람들이다. 물론 사랑의 욕구와 상관없이 학부모 중 엄마들은 대부분 공감이 더 중요하다. 그러므로 학부모가 문제에 대해 이야기를 할 때, 섣불리 해결책을 제시하는 것은 소통에 방해가 된다. 만약 해결책이 필요한 경우는 감정을 충분히 공감한 후에 다루는 것이 좋다. 때로는 학부모에게서 "어떻게 해야 할까요?"라는 말이 나오기까지 기다렸다가 해결책을 다루는 것이 지혜로울 수도 있다.

· 서운함을 평소에 잘 표현하도록 질문하기

사랑의 욕구가 높은 사람들은 서운함을 잘 타기도 하지만 서운할 때 표현하기 어려워한다. 그 표현으로 상대방이 힘들어하거나 상처를 받을까 걱정하기 때문이다. 그러나 그것이 쌓이면 어느 순간 크게 터질 수 있다. 교사 입장에서는 가만히 있다가 갑자기 화를 내거나, 혹은 그 전에 별말 없었는데 갑자기 냉랭해진다거나 하는 상황을 맞닥뜨리게 되는 것이다. 그러므로 평소에 서운함을 잘 표현할 수 있는 관계를 맺는 것이 필요하다.

"혹시 이번 문제 다루면서 저에게 서운하거나 생각이 다른 것이 있으시면 불편해하지 마시고 꼭 얘기해주세요. 아이를 위하고 돕고 싶은 마음은 똑같으니까 무엇이든 이야기해 주셔야 해요."

이런 말들은 마음에 있는 속상한 말을 표현할 수 있는 용기를 불어넣어 준다. 또한, 잘 지내던 학부모들끼리 갑자기 이유도 없이 관계가 틀어진 상황에서 문제의 원인을 찾는 데 도움이 될 수도 있다.

힘의 욕구 학부모와 소통하는 방법

· 경청하기

대부분 사람들에게 경청은 중요한 부분이지만 특히 힘의 욕구가 높은 학부모는 경청을 잘하기만 해도 존중받는 느낌이 들게 한다. 반대로 존중해주지 않을 때 무시당하는 느낌을 받는다면 소통에 방해가 되는 정도가 아니라 문제가 될 수 있는 여지가 더 많다는 것이다. 힘의 욕구는 자신의 말이 다른 사람에게 수용되는 것이 중요한 만큼 반대의 상황이 더 힘들 수 있다.

· 영향력 인정하기

힘의 욕구의 특성은 인정받을 때와 누군가에게 영향력을 끼칠 수 있을 때 다른 욕구보다 좀 더 큰 보람을 느낀다. 그 전에 다른 교사와 문제가 있었던 학부모나 문제가 될 수 있는 소지가 보이는 학부모라면 영향력을 인정하는 말들을 통해 부드럽게 관계를 만들어 놓는 것이 필수적이다.

"이야기해주신 덕분에 아이를 새로운 관점으로 볼 수 있었어요. 감사해요"

· 목표 제시로 함께하기

힘의 욕구가 높은 학부모에게는 문제에 대한 이야기에 초점을 두기보다, 나아가야 할 방향을 이야기하는 것이 좋다. 목표는, 힘의 욕구가 높은 이들이 나아가게 한다. "오늘은 아이의 문제에 대해 이야기 나누고 싶은데요."라는 말보다는

"오늘은 아이를 잘 돕기 위해 저희가 어떻게 협력해야 할지를 나누었으면 합니다."

라는 말 등으로 아이를 돕기 위한 목표로 협력하는 방안에 대한 제시가 훨씬 효과적이다.

· **격려가 필요**

아이의 문제로 힘의 욕구가 높은 학부모가 해야 할 역할이 생겼을 때, 관련 목표의 성취 때마다 인정과 격려를 하면 더 열심히 할 수 있는 동력이 된다.

"아이에게 억지로 시키지 않기로 하셨었는데 선택권을 주셨다는 말 들었어요. 쉽지 않으실 텐데… 역시 노력하는 모습이 너무 멋지세요."

또한, 이들은 포기하기 싫어하는 사람들이기에 부모 역할 과제에서 목표한 대로 잘 안 되는 것이 오래 갈 경우에는 슬럼프에 빠질 수 있으므로 관심과 피드백이 필요하다. "이번에는 잘 안되셨군요. 그래도 저는 아버님이 한번 한다고 하면 하실 수 있는 저력이 있다고 믿어요. 기회는 또 있으니까 한번 더 시도해 보시겠어요?"

· **힘의 욕구를 다루는 방법**

힘의 욕구는 승부의 상황이 되면 무조건 이기고 싶어 한다. 만약 힘의 욕구가 높은 학부모가 언성을 높일 때 지고 싶지 않은 교사가 같이 언성을 높이면 학부모는 더 세게 나올 것이다. 그러므로 승부 상황이 되지 않는 '힘 빼는 말'이 필요하다.

힘은 고무줄을 당기는 것과 유사하다. 고무줄을 잡아당길 때 다른 쪽이 덩달아 세게 잡아당기면 팽팽해진다. 긴장감이 증폭되어 고무줄이 끊어지거나 문제가 생긴다. 잡아당기려 할 때 얼른 고무줄을 놔 버리면 팽팽한 긴장감은 없어진다. 즉, 힘겨루기를 하는 상황이라면 고무줄을 놓는 것이 필요하다. 고무줄을 놓는 말은 다음과 같다. "저는 부모님의 잘못을 지적하거나 어떻게 하려고 하는 것이 아닙니다. 아이에 대한 책임을 묻고 싶어서도 아니고요. 아이도 제가 맘대로 할 수 없잖아요? 저는 부모님의 고견을 듣고 싶고 협력하고 싶어서 말씀드리는 겁니다."

물론 힘의 욕구가 높은 교사가 힘의 욕구가 높은 학부모 앞에서 힘을 전혀 쓰지 말아야 한다는 것은 아니다. 경우없는 말로 자신의 힘을 확인하려고 할 때, 교사가 숙이려고만 하면 교사를 무시할 수 있다. 그때에는 약간의 힘을 표현하는 것도 필요하다. 그래야 함부로 대하지 않는다.

자유의 욕구 학부모와 소통하는 방법

· 짧고 명확하게 이야기하기

자유의 욕구가 높은 학부모들은 반복되는 이야기나 부모가 다 알 만한 이야기를 길게 하면 듣고 싶어 하지 않는 경향이 있다. 물론 밖으로 드러내서 표현하지는 않지만 부담스러워한다. 그러므로 짧고 명확하게 표현하는 것이 필요하다. 학생에게 문제가 생겼을 때 교사의 잦은 전화나 문자도 부담스러워 담을 쌓을 수도 있으니 짧고 굵게 전달하는 것이 필요하다.

· 이끌기보다 선택권 주기

너무 세세한 계획을 만들어 교사가 앞서서 이끌어가는 상황을 자유의 욕구 학부모는 부담스러워한다. '아이 문제가 이러하니 부모님은 이렇게 이렇게 하시면 좋겠습니다' 등으로 지시하는 느낌이 들면 물러서고 싶은 것이 자유의 욕구의 특성이다. 이런 학부모에게는 함께 의논하며 선택권을 주는 것이 좋다.

"부모님은 어떻게 하기를 원하세요?", "저는 부모님의 선택을 존중합니다." 등의 말로 부모가 선택할 수 있도록 해주자.

· 큰 계획보다 하나씩 작은 것부터 실천하도록 돕기

아이의 문제를 해결하는 데 있어서 학부모가 변하는 것이 제일 좋은 방법이 될 때가 참 많다. 아이를 위해 변화해야 할 필수 과제가 학부모에게 있을 때 부모의 변화를 강제하기도 쉽지 않고 과제를 주기도 쉽지 않다. 이럴 때 자유의 욕구가 높은 학부모에게는 해야 할 일에 대해 의논하고 우선순위를 매기어 실천할 수 있도록 돕는 것이 좋다. 물론 어느 정도 신뢰가 형성된 후에나 가능하다.

그러나 자유의 욕구는 하기로 했던 일을 끈질기게 하는 것이 약하므로 하나씩 집중하여 실천하도록 돕는 것이 필요하다.

"아이를 위해 변하고 싶은 것이 여러 가지네요. 이번 주에는 그중에 한 가지만 해보시면 어떨까요? 해보시고 다음 주에 통화 한번 하면 어떨까요?"

· 기억 관련 학부모 특성 이해해보기

자유의 욕구가 높은 학부모들은 세세한 기억을 잘 못 하는 경향이 있다. 공지문을 받아놓고도 어디 있는지 까먹거나, 다시 확인하자니 번거롭기도 하고 죄송해서 그냥 모른 채로 넘어가기도 한다. 아주 중요한 공지가 아니면 대충 읽고 넘어가기도 한다.

때로는 교사와 상담 장면에서 아이 관련 옛날 일에 대해서나 문제 관련 자세한 상황을 설명해 달라고 할 때 어려워할 가능성이 크다. 자신이 겪은 것에 대해서도 자세하게 기억하지 못할 수 있다. 왜냐하면, 모든 상황을 살짝 떨어져서 보려고 하기 때문이다. 또한, 단정 짓는 것을 싫어한다. 스스로 본 것에 대해서도 정확하다고 확신 있게 얘기하는 것을 꺼리기도 한다.

즐거움의 욕구 학부모와 소통하는 방법

즐거움의 욕구가 높은 학부모는 반응도 잘하고 리액션도 잘해서 대화 자체는 크게 문제가 없다. 그러나 문제 상황에서 드러나는 행동과 대처하는 방법은 다르기에 이들에 대한 이해는 필수적으로 필요하다.

· 문제를 직면하기

즐거움의 욕구가 높은 학부모들은 자신의 문제를 변화시키는 면에서는 약하다. 이들은 자신뿐 아니라 아이들 관련 문제가 심각한 상황에도 긍정적으로 보려고 하는 경향이 크기에 문제를 직면하지 못할 가능성이 크다. 그래서 이들에게는 일어날 수 있는 문제와 위험성에 대해 상세히 알려주는 것이 필요하다. 위험성을 알려주면 조심하는 경우가 많다.

한 아이가 친구들에게 짓궂게 장난을 많이 치고 가끔 친구들 발을 걸어 넘어뜨려 놓고도 좋아서 깔깔거리는 경우가 많아 교사가 학부모를 만났다. 이야기를 전했더니 어머니는 재미있다는 듯 "아빠랑 집에서도 짓궂은 놀이를 많이 해요. 저한테도 돼지라고 놀려요."라며 웃었다. 이럴 때는 심각한 상황을 알려야 한다.

"어머니 아이는 장난으로 재미있어서 발을 걸지만 잘못 넘어져서 다치면 위험할 수도 있고, 다친 아이 부모가 문제를 제기하면 학폭이 될 수도 있어요. 학폭이 되면 어떻게 되는지 아시죠? 조심해야 해요."

이런 식의 대처가 필요한 경우도 있다.

· 자녀의 마음 읽어 주기

즐거움의 욕구가 높은 학부모는 아이들에 대해 감동하고 감탄하며 리액션을 잘하지만 아이들의 마음에 대해서는 관심이 덜할 수 있다. 특히 즐거움을 추구하다 보니 아이들을 데리고 이곳저곳 많은 체험을 할 수 있다. 이것이 장점이 되기도 하지만 자녀가 다른 욕구일 경우 힘들어할 수 있음을 알려줄 필요가 있다. 생존의 욕구는 집에 있는 것을 좋아하며 계속 새로운 곳에 가는 것을 부담스러워하기 때문이다.

"부모님은 즐겁게 사는 것이 중요하시지만 아이는 생존의 욕구가 높아서 안정적이고 편안하고 정적인 것을 더 좋아하는 것 같아요. 이럴 때는 부모님이 원하는 대로 아이를 끌기보다 아이가 스트레스를 받을 수 있다는 걸 기억하면서 조절을 하실 필요가 있어요. 안정감이 떨어지면 아이가 불안을 느낄 수 있거든요."

또한, 아이에게 힘든 상황을 무작정 긍정적으로 말해서 아이가 더 속상할 수 있음을 알려줄 필요가 있다.

"아이는 속상한데 부모님은 긍정적으로 생각하고 빨리 잊어버리라고 '괜찮아~'라는 말을 자주 하시는데 먹히지 않을 때가 훨씬 많습니다. 속상할 때는 '속상했구나…. 엄마도 속상하다.'라고 이야기해주시면 좋을 것 같아요~"

특히 즐거움의 욕구는 내면의 감정에 공감하는 것이 약하므로 공감 연습이 필요하다. 연습하지 않으면 즐거움의 렌즈로만 아이를 보려고 하기 때문에 사랑의 욕구가 높은 아이들은 서운함이 쌓일 수 있으므로 공감 연습을 해야 한다. 즐거움의 욕구는 배움을 좋아하므로 함께 책 나눔 등의 배움의 기회를 만들면 잘 따라올 수 있다.

5가지 욕구 하나하나의 문제점을 들여다보면 소통 상대로 힘들지 않은 욕구는 없다. 단지 내 욕구와 맞으면 편하고 좋은 것이고 나의 욕구와 맞지 않으면 불편하고 힘든 것일 뿐이다.

생존의 욕구는 자유나 즐거움이 불편할 가능성이 크다. 반대로 자유나 즐거움은 생존이 불편하다. 자유는 힘이 불편할 것이고, 사랑은 자유가 불편하고, 자유 또한 사랑이 불편할 수 있다.

힘·자유·즐거움이 높은 교사는 생존·사랑이 높은 학부모를 힘들어할 가능성이 크다. 자세한 질문과 확인 질문 등에 짜증이 날 수 있다. 반대로 생존·사랑이 높은 교사는 힘·자유·즐거움이 높은 학부모를 이해하기가 힘들다. 안정감과 체계가 없고 예측하기가 어렵다고 느낀다. 물론 어떤 상황에서 만나느냐에 따라 다르기도 하다.

때로는 한 학부모가 여러 가지 욕구로 인해 다양한 모습을 보인다면 교사 앞에서 가장 뚜렷하게 드러나는 욕구를 파악하고 대처하면 좋다. 학부모도 원하는 욕구가 무엇인지에 따라 행동과 반응이 아주 다르다. 특히 난감한 학부모라면 미리 욕구를 파악해서 그에 맞게 대처해보자. 소통은 상대방을 이해하고 배려하려는 마음에서 시작된다.

부모와 아이 관계를 빨리 파악하는 노하우 [14)]

1. 평소 아이의 표정과 행동을 세밀하게 관찰한다.

때로는 아이의 나이가 청소년기여도 그 행동이 4살, 7살, 초등학교 저학년의 모습일 경우가 있다. 덩치가 큰 중3 남학생이 정말 이해가 되지 않는 초등학교 1, 2학년 행동을 해서 상담을 오신 아버님께 여쭈었더니 초등 저학년 때 아이의 엄마와 이혼을 했다고 했다. 나이보다 어린 행동은 정서적 지지 결핍의 결과로 볼 수도 있다.

또 학교에서는 글씨나 내용 등이 엉망인데 집에서 해오는 과제는 완성도가 높은 경우가 있다. 이런 경우 부모님이 엄격하거나 강하게 통제하는 경우가 많다. 또한, 아이가 자신감이 없고 해도 되냐고 자꾸 물어보며 모든 것에서 교사의 허락을 받아야 하는 경우, '엄마가 어떻게 하라고 했다, 하지 말라고 했다'는 말을 많이 하는 경우도 대개 부모가 엄하거나 통제가 강한 것이다.

2. 수업이나 특별활동으로 파악하기

학년 초 학생에 대한 정보나 특성을 파악하기 위해 문장완성검사를 해보는 것도 좋다. 이것을 통해 교우관계뿐 아니라 자존감, 부모와의 관계 등을 파악할 수 있다.

(예) 우리 엄마는 (   ) 우리 아빠는 (   )

중등의 경우 다른 교과 선생님과 이야기를 나누는 것도 도움이 된다. 특히 가치관을 다루는 교과 선생님(도덕, 국어, 진로)의 경우 아이들이 수업 시간에 자연스럽게 자신의 이야기를 하기 때문에 가족들 간의 관계를 파악하기 좋다. 주변에 활용할 수 있는 자원들이 많다. 적극 활용하자.

3. 가정방문 및 부모님에게 묻기

가정방문은 부모, 자녀들을 파악하는 데 좋다. 아이들이 살아온 과정을 교사가 쉽게 파악하기 어려움을 인정하며 학부모에게 "제가 아이들을 빨리 파악할 수 있도록 자녀들을 키우시면서 어떤 아이인지 솔직하게 말씀해주세요.", "가정에서 아이가 가장 좋아하는 활동(시간)이 뭔가요?", "요즘 아이랑 어떤 문제로 갈등이 있나요?", "○○이가 제일 좋아하는 친구는 누구예요?"라고 질문하면 대답을 잘해주신다. 그 후에는 왜 이 학생이 이러한 행동을 보이는지 좀 더 쉽게 파악이 되고 부모의 아이에 대한 관심도와 갈등 상황을 들을 수 있다.

4. 손편지 쓰기 활동을 통해 관계 파악하기

아이와 부모의 관계를 극적으로 알 수 있는 활동으로는 5월 어버이날 즈음 부모가 자녀에게 손편지 보내기 활동이 있다. 사전에 행사 취지를 부모님께 충분히 안내하고, 5월 초에 학교 주소로 부모가 자녀에게 하고 싶은 말을 적은 손편지를 보내 달라고 요청한다. 학교로 온 편지를 담임교사가 확인하고 다시 새 봉투에 담아서 아이들에게 나누어 준다. 그리고 아이들은 답장을 쓰는 활동을 한다. 이 활동을 통해 부모와 자녀 사이의 관계를 금방 알 수 있고, 교사로서 무엇을 도와야 할지가 명료해진다.

5. 아이와 친해지기(함께 밥 먹고 함께 걷기)

부모와의 관계를 파악하려면 직접 아이에게 듣는 것이 가장 좋다. 그러나 아이가 자신의 부모 이야기를 교사에게 할 정도의 신뢰가 생기려면 오랜 시간이 필요하다. 특히 깨진 가정의 경우 아이가 마음을 열고 가정 이야기를 교사에게 하기란 쉬운 일이 아니다. 입장을 바꾸어 교사 자신은 어느 정도 친해지면 가정 이야기를 나눌 수 있는지 생각해 보는 것도 좋겠다.

부모와의 관계를 빨리 파악해야 하는 아이일수록 함께 보내야 하는 절대적 시간이 더 필요하다. 함께 운동하고, 함께 밥을 먹고, 함께 걷기를 하는 등 아이와 가까워질 수 있는 활동들을 하는 것이 우선이다. 그리고 아이가 마음의 문을 열지 않을 때는 열 때까지 기다려 줄 수 있다는 믿음을 심어주어야 한다. 교사의 조급한 마음 때문에 아이가 받았던 상처가 있을 수 있다. 천천히 오래 사랑해주어야 가능하다.

---

14) 부모교육디자인연구소(2019)에서 소통을 잘 하는 교사들과 인터뷰한 내용을 정리함.

교사,

제4부

학부모와 대화를 하다

11장.
아이가 잘못했어도 선생님은 그러시면 안 되죠

애가 그럴 수도 있죠

"초등 1학년 교사입니다. 한 아이가 질서를 잘 안 지키고, 수업 시간에도 앉아 있지를 않고 소리를 지르고 뛰어다니거나 나가버리는 등 수업 방해가 심한 거예요. 심각한 상황으로 판단되어 어머니께 말씀을 드렸어요. 그랬더니 도리어 다짜고짜 화를 내며 "아니! 아직 어린데 아이가 그럴 수 있죠. 선생님이 그것도 못 잡아요?"

라며 저를 오히려 비난하는데 당황스럽고 말문이 턱 막히더라고요. 이 부모 도대체 왜 그러는 걸까요? 알 수가 없네요."

이런 사례를 보니 인터넷에 떠도는 이야기 하나가 떠오른다. 백화점에서 한 아이가 여기저기 뛰어다니다가 쇼핑을 하던 60대 중년의 부인과 부딪혔다. 그때 아이 엄마가 쫓아와서 하는 말이,

"애가 그럴 수도 있죠!"

그때 중년의 부인의 한 마디!

"애는 그럴 수 있죠, 근데 네가 그러면 안 되지…."

이 이야기에 빗대어 교사가 하고 싶은 말을 대신해 보자.

"아이는 그럴 수 있어요. 근데 부모님이 그러면 안 되죠."

이처럼 "그러면 안 되죠"라고 학부모에게 말하고 싶은 상황을 만나게 될 때가 꽤 있다. 학부모가 방어적으로 행동하거나, 다짜고짜 화를 내며 교사를 비난하고 탓하는 경우도 꽤 있다.

화내고 남탓하는 학부모는 왜 그럴까?

이유 없는 무덤은 없다고 했다. 이상할 정도로 비상식적으로 화내고 남 탓하는 학부모도 이유 없이 그런 행동을 하지는 않는다. 그 이유를 안다면 학부모와 소통하려는 교사의 스트레스와 부담이 조금은 줄어들 수 있다.

심리적 불편함을 벗어나고픈 마음

학부모에게 자신의 아이가 문제를 일으켰다는 것은 가장 불편한 상황이다. 사람에 따라 차이가 나긴 하겠지만 아이의 문제는 자기 문제보다 더 예민하다. 그래서 문제로부터 도피하고픈 마음이 기본적으로 생길 수밖에 없다.

또한, 인간에게는 남 탓을 하고픈 방어기제가 있음을 이해하는 것이 필요하다. 미국의 사회심리학자 앤서니 그린월드(Anthony Greenwald)는 이를 '베네펙턴스 현상'이라고 불렀다. 베네벡턴스 현상이란 스스로 자신에게 선행을 베풀기 위해 잘되면 자신의 덕분, 안되면 남 탓을 하는 것이다. 실패에 대한 책임은 가볍게 여기고, 반대로 성공의 공로는 실제보다 더 무겁게 여긴다. 이는 뇌의 작용과 관련이 있는데 뇌가 자신에게 유리하도록 활성화되는 것이다. 결론적으로 인간은 생존을 위해, 자기 존중감과 사회적 인정욕구를 채우기 위해 남 탓을 한다.

서운함, 원망의 감정

베네펙턴스 현상에 더해서 교사의 행동에 대해 서운함이나 억울함이 느껴질 때, 화를 내고 교사 탓을 하는 행동이 드러날 가능성은 커진다. 교사의 이야기를 들어보니 아이를 이해하거나 수용해주는 느낌이 없다. 오히려 아이를 부정적으로 보고 있는 것 같을 때 부모는 서운하고 오히려 원망하는 마음이 든다.

특히 교사가 아이에 대해 평가를 하면 자신에 대한 평가보다 더 아프게 느껴지기 때문에 우선 방어적으로 행동하는 것이다.

분노의 표현

남 탓하는 이유 중 많은 경우가 분노의 표현이다. 공격받는 것 같고 코너로 몰린 느낌일 때 공격모드로 바뀐다. 화가 나니 상대 탓을 하는 상황이다. 우리는 많은 경우 분노란 나쁜 감정으로 생각한다. 되도록 화는 다스려야 하고 참아야 하는 부정적인 것이라고 여기는 경우가 많다. 그러나 레슬리 그린버그(L. S. Greenberg)는 모든 정서(감정)는 생존을 위해 만들어졌다고 보았다. 분노 또한 마찬가지다.

'정서는 생존을 강화하기 위해 고안된 체계다… 정서는 주의를 조절하고 적응해야 할 일들이 일어나는지 환경을 감시하며 문제가 생기면 경각심을 갖게 한다… 분노와 두려움은 위험을 알려준다.'[1]

분노 자체만 보면 왜 저러나 싶다. 그러나 분노를 위험하다는 느낌이 들었을 때 나타나는 감정으로 인식한다면 어떻게 될까? '나의 말이나 상황에 학부모가 위험을 느낀 부분이 있나?'로 생각이 바뀌고 전혀 다르게 접근할 수 있다. 감정 특히 분노의 근본 성질을 이해하는 것은 학부모 이해에도 큰 도움이 된다.

사실 잘못된 감정이란 없다. 어떤 감정이든 느끼는 건 괜찮지만 어떤 행동은 하면 안 된다는 것을 가르쳐야 한다. 그런 측면에서 레슬리 그린버그의 책 「심리치료에서 정서를 어떻게 다룰 것인가?」에 제시된 감정의 몇 가지 역할을 정리해본다.

---

1) 레슬리 그린버그(2015), "심리치료에서 정서를 어떻게 다룰 것인가?", 학지사

감정의 역할

감정	역할
열등감	더 나은 삶을 살기 위해 목표를 세우고 노력하며 성장하게 한다.
두려움	위험하다는 경고를 보낸다. 움츠리거나 피하거나 도망가게 한다.
혐오감	썩고 부패한 것들로부터 물러서게 만든다. 원하지 않는 침입을 쫓아내고 축출하게 한다.
연민	다른 사람의 고통에 반응하게 한다.
슬픔	우리를 철수시키거나 도움을 요청하게 한다. 사람들이 가까이 다가서게 한다.
수치심	잘못한 점들을 일깨워준다.
화	무엇인가를 쫓아낸다.
분노	위험을 알려주어 대항하거나 공격하게 한다.

가치관 차이로 인한 화와 남 탓하기

· 허용의 범위 차이가 있을 수 있음

교사와 부모가 반대 스타일일 때 학부모가 교사를 이해하기 어려워 화가 날 수도 있다. 교사는 꼼꼼하게 습관을 잡아주려고 하지만 스스로 할 때까지 기다리는 것을 선호하는 부모가 있고, 교사가 스스로 하도록 기다려 주는 스타일이지만 반대로 꼼꼼하게 챙겨주기를 바라는 부모가 있다. 사실 이 두 가지 스타일은 장단점이 있다. 어느 것이 '옳다', '그르다'로 판단할 수 없다. 둘 다 좋은 부모, 교사가 될 수 있는 유형이다. 그런데 만약 자신의 스타일이 옳다고 여기면서 상대를 비난하듯 이야기한다면 상대방은 화가 날 수 있다. 욕구로 인한 가치관 차이를 보면 다음과 같다.

자유의 욕구가 높은 교사/부모가 아이를 키우는 방법	생존 안정의 욕구가 높은 교사/부모가 아이를 대하는 방법
· 조금 다쳐도 경험해 보아야 조심한다며 아주 위험하지 않은 것은 허용	· 안전 관련 미리 예방하려고 함
· 죄 혹은 남에게 피해를 주지 않으면 허용	· 허용범위가 한정적
· 규칙을 정해도 이해가 되는 선에서 규칙 변경 가능	· 정해진 규칙은 꼭 지켜야 한다고 생각. 상식에서 벗어나는 것에 예민
· 아이 스스로 경험해 보고 판단하기를 바라는 마음이 있음	· 세세한 영역을 보고 관찰하며 챙김, 습관을 잘 만들기 위해 노력

비난과 화를 넘어 소통으로

소통을 원한다면 기본적으로 자신을 돌아보는 것이 필수적이다. 그리고 내가 할 수 있는 행동을 찾는 것도 필요하다.

교사의 태도 돌아보기

먼저 교사 자신의 행동을 돌아보는 것이 필요하다. 교사가 학부모를 비난하는 듯한 어투나 태도가 있다면 학부모가 화나는 건 당연하다. 소통을 하려면 비난하거나 정죄하는 말투는 조심하는 것이 좋다.

아이를 부정적으로만 보고 있는 건 아닌지 돌아보기

학부모가 갑자기 화를 내는 상황이라면 아이의 문제에 대해 긍정적인 이야기를 얼마나 했는지, 아이를 부정적으로만 보고 있는 것은 아닌지 살펴보는 것이 필요하다. 아이를 부정적으로만 보고 있다는 느낌이 들면 교사가 협력자가 아니라 취조관이 되고 부모는 방어자가 될 수밖에 없다. 아이의 문제점을 이야기할 때는 긍정적인 부분을 먼저 이야기해주는 것이 필요하다. 아이에 대한 긍정(칭찬)이 적을수록 교사의 지적을 불쾌하게 여길 가능성은 커진다.

만약 교사가 아이를 부정적으로만 보고 있다면 안타깝지만 아이의 문제에 교사도 일정 부분 기여하고 있는 면도 있을 수 있기 때문이다.

교사의 선호도가 아이에게 미치는 영향[2] 이라는 논문에 보면 매르서(Mercer)와 디로지어(Derosier)는 초등 3학년 대상의 2년간 연구(2008) 결과가 있다. 교사가 아이에 대한 낮은 선호도를 보이고 있는 경우, 또래들이 이 아이를 거부하여 외로움을 느끼게 되고, 성적 저하가 증가했다. 나아가 교사 학생 간의 갈등적 관계가 예측되었다.

반대로 교사가 아이에 대해 높은 선호도를 가진 경우, 교사와 학생의 지지적 관계는 기본이고 아이가 적응을 잘해 또래 지위가 향상되며 성적까지 향상되는 결과를 볼 수 있었다. 필자도 어렸을 적을 기억해 보면 나를 크게 아껴주었던 선생님이 있었을 때가 성적이 가장 좋았던 기억이 난다.

아이가 부정적 행동을 했을 때 대처 방법도 교사의 선호도에 따라 달라지는 것을 볼 수 있었다. 선호도가 높은 아동은 긍정적 방식으로 지도하고 선호도가 낮은 아동에게는 부정적 방식으로 지도하는 경향이 컸다.

문제는 교사가 아무 이유도 없이 아이에 대한 선호도가 낮아지는 것은 아니라는 것이다. 아이가 문제 행동을 하고 교사를 힘들게 하는 면이 있기 때문에 선호도가 낮아진다. 그런데 또 다른 문제는 선호도가 낮아질수록 아이의 행동은 더 부정적인 방향으로 간다는 것이다. 악순환이 시작되는 것이다. 이 악순환을 누가 끊을 것인가? 현실적으로 아이를 바꾸거나 학부모를 바꾸기는 쉽지

---

2) 이은지(2015), "초등교사의 비선호아동지도경험", 교육전문 석사학위논문

않다. 결국, 악순환을 끊는 방법은 교사에게서 나올 수밖에 없다. 교사가 아이에 대한 선호도를 높이는 것이다.

이렇게 보면 교사는 참 극한 직업이다. 나를 힘들게 하거나 수업을 방해하고 친구들을 괴롭히기까지 하는 아이를 긍정적으로 바라보는 노력을 해야 하니 말이다. 어떻게 해야 할까? 힘듦이 있는데 긍정적으로 보는 것이 가능한가?

이에 대해 리처드 와이즈먼은 가능하다고 말한다.

"긍정적 마음가짐으로 바꿀 수 있는 것이 없다면 인생의 99%를 좌우하는 1%의 작은 행동에 주목하라. 구체적 행동 하나가 삶을 바꾸는 원동력이 된다."[3]

호감도가 높지 않아도 호감을 표시하는 방법은 '행동을 먼저 하는 것'이다. 아무리 긍정적으로 보고 싶어도 그럴 만한 여지가 없고 교사가 시선을 바꾸려고 노력해도 잘되지 않을 때, '긍정적인 말'을 하면 교사의 마음이 긍정적으로 바뀔 수 있다는 것이다. 혹시 아는가? 내 시각의 변화가 아이의 인생을 변화시킬 소중한 기회가 될 수도 있다!.

선입견이나 부정적 마음으로만 보고 있는 아이가 있는가? 그런 마음으로 학부모를 만난다면 대화에 방해가 된다. 학부모가 분노를 표현하거나 교사 탓을 한다면 "혹시 제가 부모님을 불편하게 한 점이 있는지 걱정이 됩니다." 혹은 "제가 아이와 갈등 상황에서 혹시 아이를 수용하지 않는다는 느낌이 들도록 한 행동이 있는지 저도 한번 살펴보겠습니다."라는 말로 벽을 허무는 것이 필요하다.

---

3) 리처드 와이즈먼(2013), "릿잇업 멋진 결과를 만드는 작은 행동들", 웅진지식하우스

아이와의 관계

때로는 학부모와 소통하는 데 큰 문제가 없었는데 학부모가 화를 내는 경우도 있다. 이럴 경우 학부모가 아이를 통해 교사에 대한 선입견을 가졌을 수도 있음을 염두에 두는 것이 필요하다. 아이에게 들은 첫인상이 좋지 않은데 교사가 자기 자녀에 대해 불편하거나 좋지 않은 정보를 말하고 있다면 화가 날 가능성은 더 커진다. 사실 새 학기 첫날 대부분 학부모는 "선생님 어때?"라고 묻는다. 아이에게 들은 이야기들로 어떤 선생님인지 판단하는 것이다.

결국은 교사와 아이 관계가 교사와 부모와의 관계의 밑거름이자 바로미터라고 해도 좋을 것이다. 그래서 선생님 중에는 첫 시간을 중요하게 생각해서 좋은 이미지가 전달되도록 노력하는 분도 계신다. 교사들 사이에는 1년 동안 편하려면 아이들을 초장에 무섭게 잡아야 한다는 이야기가 있다. 문제는 무섭게 잡는다고 하다가 교사에 대한 이미지를 나쁘게 만들어 학부모와의 소통에 방해가 될 수도 있음을 놓치지 말기 바란다.

학부모의 괜한 오해를 막는 방법[4)]

- 첫날 첫 수업을 행복하고 평화롭게 해서 아이에게 '우리 선생님 좋다'는 첫인상을 주도록 한다.

- 다치거나 싸우는 경우 학부모가 자초지종을 아이에게 듣기보다 교사에게 전달받도록 먼저 연락하라.

- 아이의 문제 행동에 대해 주관적 판단을 빼고 관찰된 행동만 전하라. 판단은 부모가 한다.

- 아이에 대한 우호적인 마음과 희망적인 생각을 전달하라. 아이가 부족해도 가능성과 긍정적인 면에 대해 이야기를 해주라.

- 아이와 좋은 관계를 맺으면 학부모가 교사에 대해 좋지 않은 말을 할 때 아이가 방어해주기도 한다.

---

4) 부모교육디자인연구소(2019)에서 소통을 잘 하는 교사들과 인터뷰한 내용을 정리함

화를 화로 대하지 않기[5]

학부모가 화를 낸다고 교사도 같이 화를 내면 문제를 더 심각하게 만들 수도 있다. 오히려 학부모를 진정시키기보다 화를 더 키우는 상황이 될 수 있다. 앞에서 언급했듯이 화를 낼 때 같이 화를 내면 누가 이기나 승부 상황으로 갈 가능성이 크다. 교사와 학부모가 누가 이기나를 겨루는 상황이 되는 것은 막아야 한다. 누가 이기든 그것은 상황 해결뿐 아니라 아이를 위하는 길도 되지 못한다.

· 화란 어떤 것인가?

화를 낸다는 것이 어떤 것인지 제대로 아는 것도 도움이 된다. 많은 책에서 화에 대해 다루고 있다.[6] 메리 하틀리는 "분노하는 동안 이성적으로 생각하고 말하고 듣는 능력을 상당히 잃어버린다."라고 말한다. 화를 다룰 때 상대방이 이성적으로 생각하고 말하고 듣는 능력이 떨어진 상태라는 사실을 기억하는 것이 중요하다.

또한, 루키우스 안나이우스 세네카는 "벼랑으로 뛰어내린 사람들은 더이상 자기 몸을 통제할 수 없다. 일단 몸이 허공에 뜨면 멈출 수도, 속도를 줄일 수도 없을 테니까. 마찬가지로 인간의 마음도 화의 감정에 장악당하면 더는 제어가 불가능해진다. 화가 난 상태에서는 어떤 짓도 하지 말라. 화가 나면 어떤 짓이라도 하고 싶어지기 때문이다."라는 말로 화의 상태를 적나라하게 표현했다.

학부모가 화를 낼 때는 정상적으로 대화를 할 수 있는 상태가 아니라고 생각해야 한다. 그리고 먼저 교사의 화를 다루는 것이 선결되어야 한다.

---

5) 김현섭, 김성경(2018), "욕구코칭", 수업디자인연구소
6) 루키우스 안나이우스 세네카(2014), "세네카의 화 다스리기", 소울메이트
　 메리 하틀리(2004), "화 다스리기", 한국능률협회

· **교사의 화 다루기**[7]

- 화 알아차리기(감정 인정하기)

우선 '내가 화가 났구나'라는 인식이 필요하다. 실제로 화는 보통 3분에서 5분 지속된다고 한다. 길어야 15분, 20분 정도 지속될 뿐이다. 그러므로 화를 알아차리기만 해도 화의 폭발은 예방할 수 있다.

- 신체 변화를 있는 그대로 관찰하기

화의 폭발을 막고 화를 다루는 방법은 자신의 신체 변화를 관찰하는 것이다. 목소리 크기는 어떠한지, 말의 속도나 떨림 상태는 어떤지, 손을 꽉 쥐고 있는지 뒷덜미가 뻐근한지 등 몸의 긴장 상태를 파악하는 것이 필요하다. 이 파악만으로도 화는 다뤄지고 있는 것이다.

- 화 식히기(화 유예하기)

그다음 단계는 화를 식히는 것이다. 앞에서 본대로 화를 그대로 표출해서 도움이 되지 않기 때문에 화를 먼저 식혀야 한다. 그 자리를 뜨기, 바람 쐬기, 물 마시기, 차 마시기, 무작정 걷기, 라벤더나 페퍼민트 향 맡기, 글쓰기 등 여러 가지 자신에게 적절한 방법을 찾아보는 것도 좋다.

· **학부모의 화 다루기**[8]

학부모가 화를 낼 때 '화를 내면 이야기하지 않겠습니다'라는 식의 반응은 더 큰 화를 불러일으킬 수 있다. 적절하고 친절한 이야기로 화를 다루는 것

---

7) 김지혜(2018), "엄마의 화 코칭", 카시오페이아
   루키우스 안나이우스 세네카(2019), "세네카의 화 다스리기", 메이트북스
   메리하틀리(2004), "화 다스리기", 한국능률협회
8) 김연민, 김태승(2019), "초등 학부모상담", 푸른 칠판
   루키우스 안나이우스세네카(2019), "세네카의 화 다스리기", 메이트북스

이 필요하다. 화를 다루는 방법은 '지연 전략', '화를 유예하기'라는 말로 표현할 수도 있다.

학부모가 화가 나서 큰 소리로 이야기(전화)를 한다면 "제가 꼼꼼히 메모하면서 차근차근 들을게요.", "부모님 이야기를 꼼꼼히 기록하고 싶은데, 그런 통화는 어려우신 것 같네요. 제가 더 알아보고 20분 후에 다시 전화드려도 될까요?" 등의 방법으로 지연하거나 유예하면 좋다.

때로는 너무 심각하게 화를 내거나 교사를 비난할 경우에는 교사 자신을 보호하기 위한 조처도 필요하다. 그때는 공격적이거나 협박한다는 느낌 없이 "말씀하신 내용이 중요해서요. 녹음하면서 들어도 될까요?"라는 말을 하면 상대방이 조심하게 된다.

나아가 교사로서 감당이 안 되는 상황일 경우도 있다. 이럴 때는 "권한이 있는 분과 이야기해야 빨리 해결점을 찾을 수 있을 것 같아요. 부장(교장) 선생님과 함께 이야기를 나누면 좋겠습니다."라는 말들로 상황을 벗어나는 것이 필요할 수 있다.

비난 속에 하고 싶은 이야기 묻기

부모가 화가 나서 판단하고 비난하는 말을 할 때 어떻게 반응하는 것이 좋을지 난감한 경우가 많다. 이럴 때는 관찰의 말로 돌아서게 만드는 질문이 필요하다. 그 말은 "어떤 상황을 보셨거나 들으셨나요?"이다.

· 비난의 말을 관찰의 말로 바꾸는 대화 사례

학부모 : (다짜고짜 전화해서 화를 내며 따질 때) "선생님 어떻게 그럴 수가 있어요? 승연이가 그렇게 발표를 잘한다면서요. 그렇다고 걔만 시키면 어떻게 해요. 공평하게 대해주셔야 하는 거 아니에요?"

교사 : "아… 어머니, 화가 많이 나신 것 같은데… 어떤 상황을 보셨거나 들으셨나요?"

· **공감하기**

화가 난 상태를 가라앉혀서 이성적인 상태로 회복하게 돕는 길은, 바로 '공감'이다. 감정으로 꽉 찬 상태의 상황은 시간이 지나거나 공감을 받았을 때 이성이 지배하는 상태로 바뀔 수 있다.

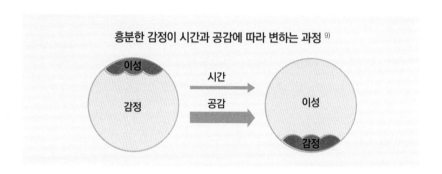

흥분한 감정이 시간과 공감에 따라 변하는 과정 [9)]

공감을 위한 말은 간단하다. "많이 속상하셨죠? 깜짝 놀라셨죠. 걱정을 많이 하셨을 것 같아요. 화가 많이 나셨죠" 등의 단순한 말들이 화를 가라앉히는 아이스팩 역할을 할 수 있다.

인정과 수용 및 교사 의견 말하기[10)]

학부모의 자녀교육에 대한 열의와 관심을 인정하는 것이 우선 필요하다. 사실 부정적인 태도 이면에는 학부모의 열의와 관심이 있다. 이것을 긍정적이고 협조적으로 바꿀 수 있다.

"아이를 사랑하고 걱정하는 부모님 마음이 얼마나 크신지 알 것 같습니다. 아이를 잘 돕고 싶은 마음도 느껴지고요."

---

9) 박미향 외(2018), "별별 학부모 대응 레시피", 학지사
10) 서혜석 외(2011), "의사소통", 청록출판사
   김혜숙, 최동욱(2017), "교사를 위한 학부모 상담 길잡이", 학지사

또한, 학부모의 의견을 존중하는 마음을 잘 전달해야 한다. 이런 존중이 학부모를 교육의 동반자, 협조자로 끌어들일 수 있다. 특히 교사와 다른 가치관인 경우에도 존중함을 표현하는 것이 중요하다.

"저와 의견이 다르지만, 아이를 돕고 싶은 마음은 동일하다고 생각합니다. 어떻게 하면 부모님과 제가 힘을 합쳐서 아이를 도울 수 있을까요?"

이후 필요하다면 교사의 의견을 이야기해도 좋을 것이다.

"아이가 부모님과 함께 시간을 보내고 싶어 해요. 주말에 따로 데이트라도 하시면 어떨까요?"

화를 내고 교사를 비난하는 학부모도 그 이유를 알면 대처할 수도 있다. 오히려 아이를 돕는 동역자이자 협력자의 관계로 나아갈 수 있을 것이다.

12장.
모든 책임은 엄마인 제 탓이죠

모두 제 탓이죠

"초등학교 5학년 교사입니다. 저희 반 기훈이는 자기 잘못을 잘 인정하지 않아요. 빗자루를 휘둘러서 친구를 맞혔는데 그 친구가 안 피해서 그렇다고 하더라고요. 기가 막혔죠. 친구들과 갈등이 하루에 몇 번은 생기는 것 같아요. 친구들이 억울해하고 피하는 경우가 많아지죠. 부모님이 상담을 요청해서 이야기를 드렸더니 엄마가 하는 말, '제가 몸이 약해서 자주 아파요. 그러다 보니 신경을 못 쓰고 마음의 여유가 없어서 그런 것 같아요. 이해 좀 해주세요.' 안쓰럽기도 하지만, 그냥 이해하고 넘어갈 문제가 아니라서 답답하기도 하네요."

교사들은 자기의 문제를 인정하지 않는 학부모를 보면 참 답답하다. 반면 '이건 제가 잘못 키워서 그런 것 같습니다.'라고 쿨하게 인정하거나 성찰하는 모습을 보면 안심되기도 하고 때로는 속이 다 후련해진다. 그러나 모든 책임을 자기 탓이라고 하면 왠지 더 미덥지 않을 때가 있다. 이렇게 무조건 자기 탓이라고만 하는 학부모는 왜 그럴까?

자기 탓하는 학부모의 심리 이해하기

자신에 대한 무가치감으로 인한 자기 탓하기

문제만 생기면 자기 탓을 하는 경우 자신의 존재에 대해 열등감, 무가치감, 부적절감을 느끼고 있는 경우가 많다. 이들은 자존감이 낮은 사람들로 자신의 욕구에 둔감하거나, 자신의 욕구보다 타인의 욕구에 맞추려고 전전긍긍하는 태도를 보인다.[11]

이들은 자녀의 문제는 결국 부모의 문제라고 생각하며 자녀를 잘못 키우면 다른 사람들이 자신을 비난하고 부정적으로 볼 것이라 믿는다. 이 믿음은 자신을 쓸모없는 존재로 여기게 만들어 결국 자신에게 화살을 돌리는 것이다.

인정받고 수용 받기 위한 자기 탓하기

자기 탓이라고 하는데 자신을 돌아보고 바뀌려는 느낌이 들지 않는 경우는 왜 그럴까?

자기 탓을 하는 사람 중에는 인정받고 사랑받지 못할 것이 두려워 먼저 자신을 부정적으로 평가하는 경우도 있다. 자신을 헐뜯고 흉봐서 칭찬을 받으려 하

---

11) 김재윤(2019), "내면화된 수치심이 대인관계에 미치는 영향", 서울여대 특수치료전문대학원

는 것이다. 한국 사회는 핑계를 대거나 남 탓을 하는 사람에 대한 부정적인 시선이 많다. 반대로 '내 탓이오'라고 하면 자신을 잘 성찰하는 사람으로 인정받을 수 있다. 많은 경우 내 탓이오가 필요하지만 건강하지 못한 자기 탓도 많다. 무조건 내 탓이오를 할 때 사람들이 인정하고 또 사람들에게 사랑받고 소속되는 경험이 있었을 것이다. 때로 자녀 관련해서 먼저 자기 문제로 인정할 때 사람들이 오히려 '네 잘못이 아니야'라고 위로해주거나 도움을 받았던 경험이 있는 것이다. 그래서 이들은 문제가 생기면 자기 탓을 하게 된다.

완벽주의로 인한 자기 탓하기

자기 스스로 통제하고 싶은 영역이 자기 뜻대로 안 되었을 때 자기 탓을 하기도 한다. 평가의 초점이 늘 자기 자신에게 있기에 모든 문제가 자기 탓이 되는 것이다. 이들은 높은 기준을 자기에게 부과하고 자기 모습이나 자녀 양육 모습을 비교한다. 때로는 부모로서의 한계를 벗어나 자녀를 도저히 이해할 수 없을 때 자기 탓을 하게 된다.

문제로부터 도피하기 위한 자기 탓하기

교사와 이야기하는 것이 힘들어질 때 사과하고 빨리 상담을 끝내기 위해 자기 탓을 하기도 한다. 많은 경우 잘못을 알면 더이상 이야기를 안 하기 때문이다. 또 문제를 직면하기 부담스러워 자기 탓을 하기도 한다. 자녀의 문제가 너무 힘드니 자기 탓으로 돌려서 문제의 직면을 피하는 방법을 택하는 것이다. 심리적으로 불편할 때 자기 탓을 하는 경우도 있다. 그러나 이 모든 자기 탓은 자기 비난으로만 끝이 나고 이후 행동의 변화가 없다. 방어기제의 하나일 뿐이다.

여기서 정리가 필요해진다. 자기 탓이 긍정적으로 보이지만, 아닌 경우가 훨씬 많기 때문이다. 자기 비난과 습관적 자기 탓, 성찰적 자기 탓은 어떻게 다를까? 루이제 레더만은 "자기를 비난하는 것과 무언가를 바꾸고자 하는 것은 다른 것이다. 자기 비난은 변화가 아닌 슬픔과 괴로움이다."라고 말한다. 결국, 자기 비난은 변화로 나아가기보다 괴로움과 슬픔에 머무는 경우가 더 많다. 습관적 내 탓이 아니라 반성이 되도록 발전적 대안을 찾는 것이 중요하다. 그렇다면 '변화가 힘든 자기 탓'과 '변화가능한 자기 탓'은 어떻게 구분할 수 있을까?

· 습관적 자기 탓과 성찰적 자기 탓 구분하기[12]
- 변화가 힘든 자기 탓 (성격적 자기 비난)

"제 성격이 좀 그래요. 어렸을 적에 제가 관계를 잘못해서 왕따를 당하고 그랬는데 아이도 그러네요. 저를 닮았나 봐요." 등의 말처럼 우울함과 희망이 없는 상태로 자기를 비난하는 것은 성격적 자기 비난으로 변화가 어렵다.

- 변화 가능한 자기 탓 (행동적 자기 비난)

"제가 아이에게 너무 무섭게 해서 그런 것 같아요. 많이 소리도 지르고 강제로 시키는 것도 너무 많았네요. 제 탓이에요." 이처럼 자신의 구체적인 행동에 대해 비난을 하는 경우는 변화가 가능하다.

자기 탓하는 한국사회의 문제

자녀 양육은 결국 부모의 책임인 면도 많긴 하지만 우리나라 학부모는 아이의 모든 문제를 자기 탓으로 돌리는 경향이 크다. 문화의 영향을 무시할 수 없는데 교육, 아이의 대학, 취업까지 아이가 잘되고 잘못됨이 모두 부모 때문으로 여겨지는 분위기가 많다.

그러나 다른 나라는 다르다. 한국계 미국인 총격 사건이 일어났을 때 미국의

---

12) 루이제 레더만(2015), "마음의 감기", 율리시즈

여론은 아이를 외톨이로 자라게 한 사회 시스템을 살피고, 가해 젊은이의 부모를 위로하는 여론도 많았다고 한다.[13] 실제로 아이의 모든 행동은 부모 책임일까? 사실 발달 단계상의 문제일 수도 있고, 기질로 인한 문제일 수도 있으며, 실수 등 부모 책임이 아닌 경우도 수없이 많다.

말을 잘 듣는 아이는 부모가 잘 키워서 그럴까? [14]

'규칙을 왜 지켜야 하나'라는 생각을 하는 아이는 부모가 잘못 키워서 그럴까? 아니다. 같은 배 속에서 태어난 아이도 한 아이는 순종적이고 한 아이는 고분고분하지 않다. 윌리엄 글라써의 욕구로 보면, 생존의 욕구가 높게 태어난 아이는 규칙이나 상식을 보면 지키고 싶은 마음이 먼저 들기에 부모가 아이를 키우기가 쉽다. 부모가 잘 키우지 않아도 크게 문제없이 클 가능성이 크다. 하지만 자유의 욕구가 높게 태어난 아이는 규칙을 보면 '왜 저렇게 만들었을까, 꼭 지켜야 하나'라는 생각이 먼저 든다. 시키면 하기 싫어하고, 본인이 선택하고 싶어 한다. 이런 아이는 잘못 키운 것이 아니라 타고난 욕구가 그런 것이다. 오히려 이런 아이들이 창의적이고 새로운 문화를 만들어내는 사람으로 자랄 수 있다. 부모의 탓! 아닌 경우가 훨씬 많다!

자기 탓 하는 학부모와 소통하는 방법

잘못 키웠다고 자기 탓을 하는 경우 남 탓보다 나으니 긍정적으로 보이지만 변화로 나아가지 못하는 경우가 훨씬 많다. 습관적 내 탓이나 자책이 아니라 반성으로 나아가도록 소통할 수 있을까?

---

13) 송주현(2018), "초등학교 학부모 상담기록부", 은행나무
14) 김현섭, 김성경(2018), "욕구코칭", 수업디자인연구소

"초등학교 6학년 교사입니다. 철희는 인정받고 싶은 마음이 큰 아이입니다. 그러나 동작이 크고 산만하여 친구들과 잦은 부딪힘이 있어요. 한 번 부딪히면 폭발하며 몸싸움으로 나타나서 결국은 학폭이 열렸어요. 부모님을 만나서 이야기를 나누었는데 어머님이 계속 우시면서 자기가 잘못 키워서 그렇다고 슬퍼하셨어요. 아버지는 군인인데다 어머님도 엄하셔서 문제가 생기면 쥐 잡듯이 잡고, 아이를 때리기도 한대요. 가만히 있지 않는 모습이 용납이 안 되니 잡아서 앉히고 싶고, 그러다 보니 혼낼 일이 많은가 봐요. 자신이 못 참아서 그런 것 같다며 자책을 하시는데 알고 계시니 다행인가 싶다가도 뭔가 바뀌려는 의지가 보이지는 않으니 마음이 복잡하더라고요."

이렇게 자기 탓을 하지만 변화할 것 같아 보이지 않는 학부모와는 어떻게 소통해야 할까?

부모 공감에 긍정 플러스하기

모든 소통의 시작은 공감이다. 특히 자기 탓을 하는 사람은 존재 자체를 먼저 보듬는 것이 필요하다. 공감은 이를 가능케 한다. "많이 놀라셨죠? 두렵고 떨리시죠?" 등의 말은 존재를 보듬는 말이다. 또한, 앞서 말했듯이 자기 비난을 하는 학부모의 많은 경우 자기 존중감이 낮고, 사랑과 관심을 받고 싶은 욕구가 많다. 이런 이들에게는 학부모의 긍정적인 면을 봐주는 것이 사랑과 존중의 표현이 될 수 있다.

"어머니, 아이를 사랑하는 마음과 아이 교육을 위해 애쓰시는 수고가 어떤지 압니다."
"잘 키우려는 마음이 가득한데 큰 문제가 터지니 얼마나 속상하고 맘이 아프시겠어요?"

아이의 입장과 마음을 표현해주기

교사가 아이를 이해하고 수용하고 긍정적으로 봐주면 학부모도 긍정적인 사

고로 가게 되어 자신의 무가치감과 수치감을 덜어 줄 수도 있다.[15]

> "어머니, 철희는 뭔가를 한 번 한다고 하면 끝까지 할 수 있는 아이예요. 자기 생각도 확실하고요. 자기표현도 잘하죠. 예쁜 구석이 많은 아이예요."
> "어머니, 철희 잘 클 수 있어요. 저는 믿어요. 이 정도는 아이들 사이에 일어날 수 있는 일이에요."

아이의 발달단계를 파악해서 이야기해주는 것도 자기 탓이 아니라는 메시지를 받고 안심할 수 있다. 아이 문제가 개인의 문제나 부모 문제로 연결되기도 하겠지만 발달 단계상의 문제일 수도 있다.

> "어머니, 요즘은 사춘기가 일찍 와요. 6학년이면 뇌가 리모델링된다고 하네요. 그래서 충동적이고 즉흥적이라 갈등이 많이 생길 수 있는 나이예요. 어머니 때문이 아니에요."

문제 속에 있는 욕구를 바라보도록 돕기

아이가 왜 그런지를 모르기 때문에 부모들은 답답하다. 욕구로 접근하면 파악이 쉽다. 욕구로 보면 아이에 대한 답답함과 스트레스가 줄 수 있다. 문제 행동이 아니라 다름일 때는 마음이 가벼워지기도 한다.

아이들은 원하는 것이 있지만 그것을 말로 표현하거나 긍정적인 방법으로 얻는 법을 잘 모르는 경우가 많다. 아이의 행동과 결과에 집중하기보다 마음 깊은 곳 원하는 것에 집중하면 욕구를 채우기 위한 자존감을 높이는 방법을 찾을 수 있다. 긍정적으로 욕구를 채우는 다른 방법을 찾도록 도울 수 있다. 부모가 아이의 행동 속에 있는 욕구에 초점을 맞추도록 도와주려면 욕구별 행동 특징을 아는 것이 도움이 된다.

---

15) 김혜숙, 최동욱(2017), "교사를 위한 학부모 상담 길잡이", 학지사

교사와 부모와 함께 파악하는 욕구별 행동 특징[16]

욕구	욕구별 아이들 행동 특징
생존·안정의 욕구	상식과 규칙을 잘 따름. 계획하는 것과 계획대로 되는 것을 좋아함. 숙제를 성실히 함. 돈을 아껴 씀. 건강을 생각해서 먹거리를 조심함. 하던 대로가 좋음. 모험이나 위험한 일을 하지 않음. 잘 버리지 않음. 자기 영역 침범을 싫어함. 꼼꼼함. 깔끔함.
사랑의 욕구	관심과 사랑을 받기 원함. 다른 사람에게 관심이 많음. 도움이 필요할 때 먼저 나서서 잘 도움. 함께 있는 것을 좋아함. 친구들과 모여서 과제하기 좋아함. 스킨십 좋아함. 친밀한 관계와 잦은 만남. 잘 나누어 줌. 친절함. 서운함을 잘 탐. 불편함을 표현하기 어려워함.
힘의 욕구	포기하지 않고 끝까지 추구. 자신의 의견이 이루어지길 바람. 마음에 있는 생각을 잘 표현. 잘못된 것에 대해 이야기할 수 있음. 인정받는 것을 좋아함. 친구들 사이에 리더 역할을 함. 잘 시킴. 결정이 빠름. 상대방 부탁 거절 가능. 승부 상황에서 무조건 이기고 싶음. 강압하면 따지고 대들 수 있음.
자유의 욕구	'규칙에 대해 다른 방식은 없나'라는 생각이 먼저 듦. 정해진 틀과 일정 부담. 친해도 가끔 만남. 스킨십 부담. 강요하면 싫어하고 피함. 혼자 있는 것을 좋아함. 한 가지를 끝까지 하는 것이 어려움. 서로 의견이 달라도 괜찮음. 계획대로 되지 않아도 스트레스받지 않음. '잘 모르겠어요, 그냥요.'라는 말을 잘함.
즐거움의 욕구	호기심이 많음. 잘 웃음. 개그를 좋아함. 게임이나 놀이를 좋아함. 여행을 좋아함. 책을 좋아함. 재미있어야 공부를 함. 스릴 모험을 좋아함. 새로운 방식으로 생각. 리액션을 잘함. 새로운 것에 집중력 높으나 집중하는 것이 자주 바뀜.

---

16) 김현섭 김성경(2018), "욕구코칭", 수업디자인연구소
   윌리엄 글라써(1998), "행복의 심리", 한국심리상담연구소

자책하는 부모, 질문으로 방향 전환을 돕기[17]

자책하는 부모에게 적절한 질문을 하는 것은 자책을 반성으로 전환하게 하며, 행동하게 한다. 그렇다면 어떤 질문을 해야 할까? 박재연의 「엄마의 말하기 연습」이란 책에 '질문으로 자책하는 부모의 방향 전환을 돕는 방법'이 제시되어 있는데 참고하고 적용해 보면 좋을 내용이다.

- **"어떤 행동이 후회되세요?"**
  ⇒ 자기의 성격이 아닌 행동에 초점을 두어 변화가 가능하도록 돕는다.

- **"후회되는 이유는 뭘까요?"**
  ⇒ 후회하는 이유를 명확하게 정리해야 행동을 멈출 이유도 선명해진다.

- **"화를 냈지만 잘 돕고 싶었던 거지요?"**
  ⇒ 자책보다 욕구인 내면 목표를 향해 나아가게 한다.

- **"아이에게 뭐라고 말하고 싶으세요?"**
  ⇒ 이 질문을 통해 아이의 상처를 어루만지고 소통할 수 있는 연습을 하며 자신감을 갖게 한다.

- **"그렇게 말하고 싶은 이유가 뭘까요?"**
  ⇒ 이유를 스스로 말하면서 자기를 좀 더 성찰하게 한다.

- **"앞으로 어떻게 해보고 싶으세요?"**
  ⇒ 미래 지향적으로 해야 할 행동을 구체적으로 생각하게 돕는다.

꼭 알아야 할 부분 부모에게 전달하기

자책하는 부모에게는 모든 문제를 다 이야기하지 않는 것이 아이와 부모 모두에게 도움이 될 수 있다. 특히 자존감이 낮은 부모에게 아이의 문제를 모두 이야기하면 더 자존감이 낮아져서 아이를 대하는 에너지도 고갈될 가능성이

---

17) 박재연(2018), "엄마의 말하기 연습", 한빛라이프

있다. 이들에게는 굵직하게 꼭 알아야 할 것만 이야기하고 문제를 걸러서 얘기하는 것이 지혜이다.

그러나 아이를 때리는 부모에게는 가정폭력 관련 정보를 알려주어야 한다. 아이를 때리면 가정폭력에 해당함을 알려주고, 가정폭력 관련 자료를 안내해야 한다.

어떤 것은 알리지 말라고 하고 어떤 것은 알려야 한다고 하니 초임 교사들은 헷갈릴 수도 있다. 사실 아이의 사건 사고, 자세히 알려도 문제, 너무 알리지 않아도 문제이다.[18]

부모에게 알리는 기준

반드시 알려야 하는 경우	알리지 않아도 되는 경우
– 교칙, 법률 관련된 것(결석, 벌점) – 학교 자체로 해결이 어려울 때 – 계속될 경우 복잡해질 수 있는 상황	– 순간의 일회성 장난 – 문제가 되긴 하나 피해를 주지 않았을 때 – 아이가 사과하고 반성의 태도를 보였을 때

앞의 철희 사례에 대한 부모와 소통 내용을 정리해 보면 다음과 같다.

"어머니, 많이 놀라셨죠? 학폭이라니 두렵고 떨리시죠. 잘 키우려는 마음이 가득한데 큰 문제가 터지니 얼마나 속상하고 맘이 아프시겠어요? 어머니, 철희는 뭔가를 한번 한다고 하면 끝까지 할 수 있는 아이예요. 자기 생각도 확실하고요. 예쁜 구석이 많은 아이예요. 철희는 잘 클 수 있어요. 저는 믿어요. 이 정도는 아이들 사이에 일어날 수 있는 일이에요. 이 일을 겪으면서 철희가 더 좋은 방향으로 변할 수 있는 기회라고 보여요.

어머니, 요즘은 사춘기가 일찍 와요. 그래서 6학년이면 뇌가 리모델링된다고 하네

---

18) 송형호, 왕건환외(2019), "교사119", 에듀니티

요. 충동적이고 즉흥적이라 갈등이 많이 생길 수 있는 나이래요. 어머니 때문이 아니에요. 그리고 철희는 뭐든 잘하고 싶고 인정받고 싶은 욕구가 큰 아이로 보여요. 이런 아이들은 혼내기보다 인정과 칭찬이 행동 변화에 더 큰 역할을 한대요. 저도 많이 인정해주고 칭찬하려고 노력할게요. 어머니도 함께해요!"

자녀의 모든 것이 부모 책임인 한국 문화 속에서 부모는 자녀의 모든 문제를 자기 탓이라 여기는데 교사까지 부모 탓을 한다면 부모는 설 자리가 없다. 부모 탓이 아니라고 이야기해 주어도 아이 문제를 함께 해결할 수 있다.

13장.
그동안 학교는 뭐 했어요?

이런… 사고가 났어요

"중학교 교사입니다. 어느 날 수업 중에 갑자기 교감 선생님께서 찾아오셨어요. 저희 반 아이가 계단에서 넘어졌는데 이가 상한 것 같다고, 얼른 학부모에게 연락하라고 하시 더군요. 다른 곳도 아니고 치아에 문제가 있다는 소리에 저도 너무 놀라서 보건실로 달 려갔고 사고 상황을 확인하면서 부모님께 연락을 드려 병원에 가도록 조치를 했지요. 병원 진료를 마쳤다는 이야기를 듣고 다시 전화를 드렸는데 목소리가 좋지 않으셨어요. '학부모님, 담임입니다. 인영이 지금은 좀 어떤가요? 많이 아파하지는 않는지, 얼마 나 회복이 되었는지 궁금해서 전화했습니다.'

'병원에서 일단 급한 치료는 했는데, 잘 모르겠네요.'

'매우 속상하시지요. 저도 온종일 인영이 생각에 마음이 무겁고 친구들도 많이 걱정하고 있습니다.'

'솔직히 말씀드리자면 선생님, 저희는 학교에서 아이가 이렇게 다쳐서 돌아왔다는 것에 너무 섭섭하고 속상하고, 퇴원해도 학교에 다시 보내고 싶지가 않아요.'

치과대학 병원에 가셨는데 예후가 좋지 않다면서 정말로 아이를 밀친 친구가 없이 혼자 넘어진 것이 맞는지, 학교에서 아이들 생활지도를 어떻게 하는지, 학교 시설이 위험한 것이 아닌지 불만을 표현하셨어요. 며칠이 지나도 여전히 서운해 하시면서 평소에 생각했던 학생지도에 대한 불만들을 말씀하시는데…. 도대체 어떻게 해야 할까요?"

안전사고가 발생하면 교무실부터 보건실까지 들썩들썩 분주해진다. 작은 사고일지라도 보호자가 없는 상황에서 학생이 다쳤으므로 보호자가 정확히 상황을 파악할 수 있도록 하나하나 조사하고 전달해야 하기 때문이다.

학교의 초기 대처가 학생의 건강 회복에도 중요한 역할을 하지만 이후 학부모와 학교, 교사의 신뢰 관계에도 중요하게 작용한다. 아이의 건강이 회복되더라도 학부모에게 교사와 학교에 대한 불안과 의심, 걱정과 불신이 남을 수 있기 때문이다.

피하고 싶지만 찾아오는 안전사고

학생이 학교에 머무르는 시간이 길어지고 활동이 다양해지면서 안전사고의 유형(종류, 장소, 상해 정도)도 다양해지고 있다. 학교에서는 때마다 안전교육을 시행하고 시설점검도 한다. 행사를 앞두고는 수시로 안전에 대해 강조하지만 예상치 못한 상황에서 안전사고가 발생하곤 한다.

2018년 학교안전중앙공제회의 통계[19]에 따르면 초등학교는 체육 시간, 점심 시간, 쉬는 시간과 청소 시간, 수업시간 순으로 사고가 자주 발생하였고 중학교는 점심시간, 체육 시간, 휴식 및 청소 시간, 수업시간 순으로 안전사고가 발생했다고 보고하고 있다. 교사가 현장에서 지도하고 있는 시간에도 사고가 발생하지만 그렇지 않은 시간에도 사고가 자주 일어나 학교의 초동 대처에 대한 어려움이 생기는 것이다. 사고가 가장 자주 발생하는 장소는 초등학교와 중학교 모두 운동장이었고 그다음은 학교 건물로 조사되었다. 학생들이 가장 활동적으로 또는 오랜 시간 머무는 장소가 주요 장소인 것이다. 사고의 원인은 낙상과 물리적 힘에 의한 것이 가장 많았으며 초등학생은 머리와 손, 치아 순으로 중학생은 손, 발, 머리 순으로 상해를 많이 입은 것으로 나타났다.

안전사고가 발생하면 학생의 건강이 가장 우선시되어야 한다. 급한 마음에 함부로 학생을 부축하여 이동하거나 처치를 해서는 안 된다(심정지가 우려되는 상황 제외). 안전사고가 발생하면 보건 교사와 관리자에게 신속히 보고하고 학부모에게도 연락을 취해야 한다. 학기 초에 학부모가 제출한 건강 관련 서류에서 이송을 희망한 병원이 있는지 확인하고 학부모가 직접 이송할 것인지 보건 교사나 응급 차량을 이용할 것인지 결정하여 학생이 빠른 검진과 처치를 받을 수 있도록 해야 한다.

사고 경위를 파악하고 증빙자료를 수집, 확보하여 이후 안전공제회 보상을 받을 때 문제가 없도록 준비해야 하며 필요한 경우 주변에서 사고를 목격한 학생들의 이야기를 기록해 둘 수도 있다. 학교의 안전사고 발생 대응 절차에 따라 사안을 처리할 수 있도록 학교별 상황에 따른 대처 안내서를 잘 보이는 곳에 붙여두고 숙지하는 것이 필요하다. 학교안전공제중앙회(www.ssif.or.kr)에서

---

19) 2018년 사고발생통계, 학교안전공제중앙회 (www.ssif.or.kr)

는 안전사고에 대한 각종 통계와 처리 절차 등을 자세히 안내하고 있으니 참고하여 미리 내용을 알아두면 도움이 될 것이다.

안전사고가 발생하면 행정적인 부분은 미리 마련된 대처 안내서에 따르면 된다. 무엇보다 담임교사가(혹은 사고 발생 수업 담당 교사) 신경 써야 하는 것은 학생과 학부모의 마음을 돌보는 것이다. 아이가 다쳤다는 연락을 받은 학부모는 이성보다 감정적으로 반응하기 쉬우며 상황을 부정하고 싶은 마음에 '누구의 잘못인가'에 주의를 집중할 수 있다. 아이를 지켜주지 못한 학교라는 섭섭한 마음을 가지기 쉬우며 학교와 교사의 대처를 믿지 못하고 불만을 표현할 수도 있다.

병원에 잘 도착했는지, 치료는 어떻게 진행되고 있는지, 많이 놀라지 않았는지 살펴주어야 한다.

"병원에서 ○○이 모습 보고 많이 놀라셨지요, ○○이는 지금 어떤가요? 몸 상태는 어떤지 마음은 좀 진정이 되었는지요? 치료가 잘 진행되고 있는지 궁금합니다. 친구들도 많이 걱정하고 궁금해하고 있어요."

다친 학생들의 친구들에게도 상황을 알려주어 문병할 수 있도록 하고 문병 예절을 알리도록 한다.

"얘들아, ○○이가 다쳐서 학교에 나오지 못하고 있는데 혹시 병문안하고 싶은 사람이 있으면 모여서 선생님과 함께 가볼까? ○○이가 다쳐서 예민하고 속상할 수 있으니 ○○이의 허락을 꼭 받고 가야하고, 가서도 너무 웃거나 떠들거나 하지 말고 차분하게 있다가 와야 해."

치료 후 학교에서 배려해야 할 사항이 있는지 확인하고 관련 부서와 공유한다.

"○○이가 집에서 요양하다가 학교에 오면 아무래도 집에 있는 것보다 불편함을 느낄 수 있을 것 같습니다. 학교에서 혹시 미리 준비하거나 주의해야 할 부분이 있을까요? 알려주시면 보건 선생님과 상의하여 준비하도록 하겠습니다."

학생이 다친 장소와 상황을 꼭 직접 확인하고 기록으로 남겨 정확하게 행정처리가 될 수 있도록 한다. 학교에서 개선해야 할 것(시설, 생활지도 등)이 있다면 학교장과 꼭 상의하고 기록에 남겨두도록 한다.

가해 학생이 있는 경우, 학부모끼리 감정 다툼이 되지 않도록 조심해야 한다. 다친 학생의 학부모가 준비되지 않는 상황에서 가해 입장의 학생 부모가 연락을 취하지 않도록 한다.

학교와 교사에 대한 신뢰가 없는 학부모[20]

2018년 학부모대상 교육여론조사[21]에 따르면 초중고 학부모의 30.5%가 '교사의 능력과 자질을 신뢰하지 못한다'고 응답하였다. '신뢰한다'고 응답한 이들은 각각 19.2%, 19.7%였고 나머지는 '보통이다'라고 응답했으니 교사를 신뢰한다고 대답한 사람은 전체의 1/5도 안 된다는 것이다. 그만큼 학교와 교사는 '못 믿을 대상'이 되어버렸다.

학교와 교사가 이렇게까지 신뢰를 잃게 된 이유는 여러 가지가 있을 것이다. 학부모가 안전사고나 학교폭력을 경험했을 수도 있고 생활지도나 성적처리 과정이 마음에 들지 않거나 소통이 잘 안 되었던 경험이 있을 수도 있다. 특별한 경험이 있는 학부모의 경우 자녀를 보호하고자 하는 마음에 학교와 교사에 대

20) 김혜숙 외(2017), "교사를 위한 학부모상담 길잡이", 학지사
    박미향 외(2018), "별별 학부모 대응 레시피", 학지사
21) 한국교육개발원 교육여론조사(KEDI POLL 2018)

해 방어적인 태도를 보일 수 있으며 경험에 비추어 학교의 방침과 교사의 돌봄을 믿을 수 있는 것인지 판단하려고 할 것이다. 그 이유가 무엇이고 얼마나 합당한가를 떠나 '교육'에 대한 가치를 무엇보다 높이 평가하고 있는 나라에서 공교육을 믿지 못하는 이들이 늘어가고 있다는 것이 참으로 안타까울 뿐이다.

학교와 교사를 믿지 못하게 된 학부모는 그 마음을 어떻게 표현할까?

학교와 교사가 제시하는 교육 방법에 대해 부정적인 태도를 보이거나 학교의 교육방침이나 정책에 불만을 표현하는 경우가 많다. 다른 학교의 교육과정이나 프로그램을 비교해가면서 불평하기도 하고 학급경영과 교과 지도에까지 간섭하며 자신이 교육 방법을 제시하기도 한다. 때로는 학교 행정가나 교육청에 빈번하게 민원을 제기하기도 한다. 학교에서 진행하는 교육과정이나 프로그램 등의 효과나 진행 과정의 공정성 등을 믿지 못하기 때문에 자녀가 열심히 하도록 독려하지도 않고 대충해도 훈계하지 않는다. 교사에게 불평과 조언, 건의와 회의감을 끊임없이 표현하기도 한다.

이렇게 눈에 보이는 이유가 있을 때는 학부모의 태도에 대해 쉽게 이해하고 대처할 수 있는데 그렇지 않은 경우도 많다. 교육에 대한 높은 정보력과 열성을 가진 학부모들은 학교 교육과정이 자신들이 생각하는 바와 다르게 운영되거나, 교사가 자신들이 바라는 방식으로 교육을 하지 않는다고 판단될 경우 불신과 불만을 나타낼 수 있다. 그럴 때는 조금 더 시야를 넓혀 학부모를 이해하려고 노력해야 한다.

특별한 이유 없이 학교와 교사에 대한 불신을 표현하는 학부모, 그 이유는 무엇일까?

학창 시절 좋은 기억이 많지 않은 경우

학부모가 학생일 때, 학교에 대한 기억이 좋지 않았으면 자녀가 다니는 학교에 대해서도 긍정적인 감정을 가지기 어려울 수 있다. 자신이 가지고 있는 부정적인 기억과 자녀의 학교생활에 공통점이 발견될 때 더욱 불신을 표현한다.

자녀가 지속해서 학교생활에 불만을 표현한 경우

자녀가 학교에 관해 이야기하는 내용 중 대부분이 부정적이라면 학교에 대해 좋지 않은 이미지를 가질 수 있다. 특히 자녀가 직접 관련된 내용(수업, 교우관계, 생활지도)에 대해 지속해서 불만을 표현하면 자녀의 말을 그대로 믿고 함께 학교에 대해 불평하게 된다.

주변이나 언론에서 학교에 대한 부정적인 정보를 접한 경우

주변인이나 언론을 통해 학교에 대해 좋지 않은 사건들을 접하게 되는 경우 학교의 교육방침에 대한 불신을 가질 수 있으며 더 나아가 공교육 자체에 대한 믿음을 잃게 되는 예도 있다.

학교에서 부당하다고 느낀 경험이 있는 경우

이전 학교급 혹은 이전 학년 등에서 학사처리나 학교폭력, 안전사고를 처리하는 과정에서 부당하다는 감정을 느끼면 이후에도 학교에 대해 신뢰할 수 없다는 생각을 할 수 있다. 이는 교사가 쉽게 확인할 수 있는 원인으로 그나마 비교적 빠른 신뢰 회복을 기대할 수 있다.

학부모가 특정 분야의 전문가인 경우

학부모가 교사이거나 전문분야에 종사할 경우 또는 장성한 자녀가 있는 경우 본인의 전문성이나 경험 때문에 학교를 판단하는 경향이 있으며 학교가 학부모 본인의 수준이나 철학에 맞지 않는 경우 불만을 표현할 수 있다.

이 외에도 학교와 학부모 사이가 멀어지는 데 영향을 미치는 것은 많다. 이렇게 복잡하고 다양한 이유와 마음을 가진 학부모, 그것도 학교와 교사에 불만과 불신을 표현하는 학부모와 소통하는 것은 쉬운 일이 아니다. 소통을 시도하는 과정에서 교사가 마음의 상처를 입을 수도 있고 생각보다 관계회복의 기간이 길어지거나 예상만큼 성과를 얻지 못할 수도 있다. 그런데도 교사는 학부모와 소통을 시도해야 한다. 노력해야 한다. 그 이유는 무엇일까?

학부모의 불신이 학생에게까지 이어진다면 학급경영과 교과수업 지도가 순조롭게 진행되기 어려울 것이다. 오히려 방해될 수 있다. 매일 대면해야 하는 학생이 교실에서 불편한 눈빛으로 교사를 바라보고 있다면 과연 교사는 제대로 수업을 진행하고 상담을 할 수 있을까? 그리고 학부모와 교사가 상반된 지도를 하면 학생들은 정서적 혼란을 느낄 수 있다. 학부모가 교사의 지도 방법을 신뢰하지 못하여 다른 방향으로 지도를 하거나 과제, 학교 활동에 참여하지 않아도 된다고 하면 학교와 가정 사이에서 어느 한 편을 선택하기 힘든 학생에게 큰 혼란을 끼치게 된다.

어떤 경우는 학부모가 표현하는 '불신'이 '요청'의 다른 표현일 수 있다. 학부모 중에는 교사와 소통하는 것이 익숙하지 않거나 경험이 없어 부탁하거나 궁금한 것이 있을 때 교사에게 연락을 취하기보다 부정적인 말로 돌려 말하는 이가 있다. 학부모가 표현하는 것이 정말 불만인지 아니면 교사에게 보내는 SOS인지 잘 판단해야 한다.

이해와 존중, 배려로 학부모에게 믿음 주기

학부모가 학교와 교사에 대해 불신을 가지게 된 원인과 상황은 다양하지만, 불신을 신뢰로 회복시키기 위해서는 '이해'와 '존중'으로 신뢰의 터를 닦고 '배려'를 가꾸어가는 것이 필요하다.

이해와 존중으로 신뢰의 터 닦기

학부모에게 믿음을 주기 위해서는 학부모의 다양한 상황과 마음을 이해하도록 노력해야 한다. 학교에 대한 불안, 불만, 불신, 자녀에 대한 애틋함, 걱정 등 자녀를 두고 느낄 수 있는 다양한 감정에 대해 이해하고 맞벌이나 한부모 가정 등 자녀를 양육하는 상황을 함께 살펴보고 공감할 수 있어야 한다.

또한 학부모가 표현하는 불만의 내용과 문제를 확인하는 것이 필요하다. 학부모가 불신과 불만을 표현할 때 정확히 어떤 내용, 어떤 상황에 관한 내용인지 정확하게 확인해야 한다. 꼼꼼하게 확인하는 모습만으로도 학부모에게 상황을 개선할 것이라는 교사의 의지를 보여줄 수 있다.

그리고 학부모의 의견을 먼저 물어보도록 한다. 학부모가 원하는 교육 방향 혹은 생활지도 방향에 대해 의견을 물어보고 경청한다. 현재 이루어지고 있는 방향과 일치한다면 확인을, 다르다면 설명을 통해 학부모의 이해를 돕거나 학생이 성장할 수 있는 방향으로 협의할 수 있다.

무엇보다 학교에 실망한 경험이 있는 학부모가 마음을 회복하기까지는 시간이 걸린다는 것을 기억해야 한다. 한두 번의 소통과 짧은 기간 안에 학부모가 학교에 애정을 갖기는 어렵다. 학생의 성품이나 학습에 대한 변화처럼 학부모와의 관계회복 역시 긴 시간이 걸릴 수 있으니 너무 조급하게 생각하지 말도록 하자.

배려로 신뢰 가꾸어가기

때로는 반복해서 자료를 제공해야 할 때도 있다. 오해나 정보 부족으로 인한 불만과 불신이라면 객관적인 자료를 꾸준히 제시하여 부모가 제도와 상황에 대해 바로 깨달을 수 있도록 도와주어야 한다. 학교의 기본 교육 방향, 학사 일정, 평가기준안 등을 잘 숙지하고 전달하여 학부모의 불안을 낮추도록 한다.

학생의 생활에 대해 자주 소통하는 것도 필요하다. 학생의 성장과 변화, 학교생활 전반에 관한 내용을 소재로 자주 소통하면 자연스럽게 신뢰를 쌓을 수 있다. 학생과 함께하는 시간을 많이 만들수록(학급 행사 등) 소통할 수 있는 소재가 많아질 수 있다.

그리고 오해를 불러일으킬 수 있는 말과 행동을 조심하여 교사에 대한 믿음과 존중감을 떨어뜨리지 않도록 한다. 편애(차별)로 오해할 수 있는 언행, 학생 행동이나 성취에 대해 무심코 보인 반응, 동료 교사와의 대화, 책상에 올려놓은 학생 개인 정보나 평가 결과 등이 학생이나 학부모에게 보였을 때 생각하지 못한 결과를 가져오기도 한다.

교육철학과 교육 방법을 분명하고 소신 있게 설명하고 교사로서 권위를 지키는 것도 아주 중요한 부분이다. "저의 학급 운영방침과 수업에 대한 철학은 다음(학부모 편지, 가정통신문 등)과 같습니다. 한 학기 동안 아이들도 저와 함께 지켜나가야 할 내용이고 가정에서도 함께해주시기 바랍니다."라고 정확하게 전달한다.

14장.
제가 집에서 지도할게요

제가 알아서 할게요

"초등 1학년 교사입니다. 1학기 말에 전학 온 영기는 수학 기초 학습이 많이 부족하더라고요. 곧 2학년이 되는데 따라가는 게 어려울 수도 있겠다 싶은 마음에 따로 개별 공부 과제 학습지를 만들었죠. 그걸 아이에게 보내고 학부모님에게 연락을 드렸더니 어머니 하는 말 '아이가 학습 스트레스받을 것 같네요. 집에서 알아서 시키겠습니다.' 아이 생각하는 마음에 학습지까지 만들어서 정성을 보였는데 어머니 반응에 당황스럽더라고요. 강압적으로 시킨 것도 아닌데 오해를 하신 듯도 하고…."

"초등 5학년 교사입니다. 수현이의 어머니는 친절하고, 아이를 위해 최선을 다하는 분이에요. 아는 것도 많고, 똑똑해 보였어요. 근데 아이가 친구들과의 관계에서 한 명씩 소외를 시켜서 친구들이 많이 힘들어했어요. 갈등이 더 심해지기 전에 대책이 필요하겠다 싶어서 어머니를 만났어요. 어머니는 미소를 띠며 부드러운 말투로 '우리 애가 선생님에게는 말 잘 안 하죠? 우리 애는 엄마한테만 이야기하는 게 많아요. 아마 친구에게 무슨 기분 나쁜 일이 있었을 거예요. 제가 잘 얘기해 볼게요.'라고 하시더군요. 근데 묘하게 저를 무시하는 듯한 느낌이 들어 기분이 살짝 나쁜 거예요. 소통되는 느낌이 아니라 답답해지는…. 이건 뭘까요?"

알아서 하겠다는 학부모의 심리

물론 상황에 따라 다르겠지만 학부모가 알아서 하겠다는 말은 여러 가지 의미로 해석된다.

· "나를 무시하나 싶죠."
· "'나를 신뢰하지 않는구나'라는 느낌이 들어요."
· "'상관하지 마세요'라는 말로 들려요."
· "기분 나쁘다는 표현 같기도 해요."
· "더 얘기하고 싶어 하지 않는 느낌으로도 받아져요."
· "'제가 더 잘 알아요'라는 느낌으로 들려요."
· "학급에서 다뤄야 할 문제를 회피하는 느낌이 들어요."

과연 학부모는 왜 그럴까?

방어 수단

첫째로 자녀의 문제 상황을 전달받는 것에 자존심이 상하여 하는 말인 경우가 많다. 수치에 대처하는 방법으로 방어적인 행동을 하는 것이다. 어떤 경우는 자녀에게 관심이 적어 자녀에 대한 걱정보다 수치심이 더 큰 경우도 존재한다. 이런 경우는 아이를 심하게 혼내는 결과를 보이기도 한다.

둘째로는 상황을 피하려고 이런 말을 하기도 한다. 문제를 직면하기 싫어 회피하고 싶은 마음인 것이다.

셋째는 교사가 이야기하는 대처법이나 대안이 답답하고 실천하기 어렵거나, 기분이 나빠져서 이야기하는 시간을 빨리 마무리하고 싶을 때 표현하는 말이기도 하다.

넷째는 정중한 거절의 의미로 쓰는 경우도 있다. '대답하고 싶지도 않고 할 필요도 없는 상황을 마주했을 때 "알아서 할게요"는 정중한 거절의 의미[22]로서 선을 긋는 경우도 많다.

욕구로 볼 때[23]도 "알아서 할게요"란 말을 잘 사용하는 사람들이 있다. 어찌 보면 문제가 아닌 특성이라고 볼 수 있다. 자유의 욕구가 높은 사람들은 복잡하거나, 자신에게 뭔가 지적하는 것, 혹은 심각한 이야기를 길게 하는 것 또는 꼬치꼬치 묻는 것과 길게 대답해야 하는 상황을 싫어한다. 또 가르치려 드는 것도 부담스러워한다. (물론 존경할 만한 사람의 가르침은 잘 받는다.) 이럴 때 "예, 알겠습니다.", "알아서 할게요"하고는 변하지 않는다. 이는 '그만 이야기하자', '잔소리하지 마라'의 의미가 더 큰데 예의 있게 "알아서 하겠습니다." 정도로 말을 하기 때문이다.

---

22) 정문정(2018), "무례한 사람에게 웃으며 대처하는 방법", 가나
23) 김현섭, 김성경(2018), "욕구코칭", 수업디자인연구소

공동체적 책임에 대한 개념 부족

때로는 관계 속에서 생긴 문제라면 관계에서 풀어야 하는데 "집에서 지도할게요"하고는 부모가 말로 단속하고 끝내려는 경우도 있다. 학급에서 일어난 일이면 학급 전체 차원에서 풀어야 하는데 개인이 돌이키면 된다고 생각하는 경우이다. 이런 부모들은 아이가 깨달으면 된다고 생각한다. 사실 이 부분은 학부모뿐 아니라 많은 이들에게 존재하는 문제이기도 하다. 공동체적인 문제는 공동체로 풀어야 하는데 개인 문제로 만들어 개인만 돌이키면 되는 것이라 착각하는 경우가 많다.

아이를 잘 알고 있다는 자신감

"알아서 집에서 지도할게요"라고 말하는 사람들은 자신이 아이에 대해 잘 알고 있고 모르는 것이 없다는 자신감이 있는 경우가 많다. '퍼펙트 맘'이라 불릴 정도로 아이에게 헌신적이다. 자녀 양육 관련 정보도 많아 스스로는 완벽하고 좋은 엄마라 생각한다. 그러나 관계 속 문제는 잘 인정하지 않으며 주변에 불편함을 주기도 한다.

이들은 문제에 대해 이야기를 하면 아이의 장점이나 잘하는 점을 인정해주지 않고 실수만 본다고 여긴다. 자신은 아이를 잘 키우고 있는데 문제가 있다고 지적하면 교사가 아이를 잘 모르거나 자질이 부족해서 그런 것이라 여기는 것이다. 학문적으로는 자기애성 인격 유형이라고 할 수 있다. 이를 김현수는 '헛똑똑증후군'이라 불렀고, 클라우디아 호흐브룬은 '자뻑이 또라이'로 불렀다.[24]

---

24) 김현수(2013), "교사 상처", 에듀니티
클라우디아 호흐브룬(2017), "분노 유발의 심리학", 생각의 날개

· 특징

- 자신은 힘껏 노력하고, 또 옳다고 생각하는데 아이는 물론 본인마저 불
  행하게 됨.
- 자신은 최선을 다하는데 아이들이 잘 따라오지 못하거나 교육제도나 구
  조가 받쳐주지 못한다고 생각함.
- 의견이 다르면 그 사람이 자신보다 능력이 뒤처진다고 여김.
- 문제가 생기면 책임을 자기에게 찾지 않고 다른 사람이나 세상 탓을 함.
- 관계에서 예의 바르고 친절하지만, 소통을 중요시하지 않기에 속으로는
  거리를 둠.
- 자신은 능력도 있고 평판도 좋은데 아이들이나 동료들이 자기를 싫어한
  다고 여겨 우울함을 느낌.
- 주변에서 잘못을 지적하면 배신감과 낭패감을 느끼며 감정이 감당 안 되
  어 상대를 뒤에서 헐뜯고 중상모략.
- 인정받는 곳에서는 세상 다정다감한 사람이 될 수 있음.
- 다른 사람에게 평가를 잘 받는 것이나 체면을 중시 여김.
- 불평불만 투성이인데 자기는 좋은 사람이라 착각함.
- 혼자서 할 일을 여럿에게 불편을 주면서 함.

· 원인

- 어렸을 때 공부를 잘하거나 상을 타 오지 않으면 부모가 사랑을 주지 않음.
- 성취가 있어야 존재 가치가 있다고 믿음.
- 성적 자체보다 남보다 더 잘해야만 칭찬을 받은 경우가 많음.
- 많은 인정과 사랑을 받은 듯하나 존재 자체로 사랑을 받은 경험이 없음.
- 마음속 깊은 열등감으로 인정받지 못하는 상황을 견딜 수 없음.

결국, 이들도 자세히 살펴보면 상처받기 싫은 몸부림이라는 사실이 보인다. 이해 하나를 더하면 소통도 한 뼘 더 높아질 수 있지 않을까 싶다.

소통, 아이를 믿어 주는 것으로부터 시작하라

"초등 4학년 교사입니다. 수길이는 부모님이 이혼하고 아버지와 살아요. 힘든 게 많은지 다른 아이를 계속 놀려서 울리기도 하고, 말도 거칠어요. 그러더니 어느 날 반 아이 돈이 없어졌는데 수길이 가방에서 나왔어요. 왜 그럴까 싶고 잘 대처해야겠다 싶어 아버님에게 이야기를 드렸어요. 아버님이 난감해하더니 '집에서 잘 지도하겠습니다'라고 해서 대화가 잘 마무리되었다고 생각했죠. 근데 그다음 날 아이가 풀이 푹 죽어있는 거예요. 따로 불러 물어보니 아빠에게 엄청나게 혼났다고 털어놓더라고요. 아빠가 '~하지 마라. 쪽팔린다. 그런 전화 안 오게 잘해라.'하면서 때렸다네요. 집에서 잘 지도한다는 게 때리는 거라니 너무나 난감하고 부모님에게 말을 잘못한 게 있나 싶어서 아이에게 미안하기도 하더라고요."

교사가 아이의 문제에 대해 얘기하면 "알아서 할게요."라는 말과 함께 자존심만 상해서 아이를 심하게 혼내기만 하는 학부모, 교사를 무시하거나 신뢰하지 않는 듯 행동하는 학부모, 더이상 얘기하지 않고 피하려는 학부모와의 소통, 어떻게 해야 할까?

방어적인 학부모와 소통하기
· **부모는 방어적인 것이 당연함을 기억하라**

방어적인 학부모를 대할 때 필수로 알아야 할 점은 왜 그럴까가 아니라 '부모는 대부분 방어적일 수 있음'을 기억하는 것이다. 아이의 문제를 이야기하는데 좋아할 학부모는 없다. 그러나 여기서 놓치지 말아야 할 것은 방어적인 부모도 함께 협력해야 할 대상임을 잊지 않는 것이다. 그 마음을 가졌다면 이야기를 잘 들어주고 공감할 수 있다. 방어적일수록 공감이 필수이기 때문이다.

"속상하시죠. 아이가 남의 돈에 손을 댔다는 말에 많이 놀라셨죠."

"갑자기 학습지를 보내서 당황하셨죠."

더불어 부모에게 책임을 떠미는 느낌이 들지 않게 공동체라는 느낌을 주는 것이 필요하다.

"어머니, 어떻게 하면 이 문제를 저희가 함께 잘 해결할 수 있을까요? 저희가 어떻게 협력해야 할지 이야기를 나눠보면 좋을 것 같아요."

· 사실과 함께 교사의 안타까운 감정 전달하기

지적만 받는 느낌이 들 때 누구든 자존심이 상할 수 있다. 이럴 때는 '이런 문제가 생겼어요.', '아이가 이런 잘못을 했어요.'보다는 "이런 일이 벌어져서 제 마음이 너무 속상하고 아프네요."라는 말처럼 문제와 함께 교사의 안타까운 마음이 함께 전해져야 한다. 그러면 자존심이 상하기보다 교사에게 감사하며 함께 의논하고 싶은 마음이 들 수 있다.

· 구체적 부탁하기

두루뭉술 대충 넘어가면 실제적 도움이 되지 않으니 구체적으로 집에서 할 일을 묻고 부탁하는 것이 필요하다. 이렇게 말해 보면 어떨까?

"네. 집에서 잘 지도하겠다니 감사합니다. 구체적으로 어떻게 지도하실지 이야기를 해주시면 저도 그에 맞춰서 아이를 지도하겠습니다."

알아서 하겠다고 하면서 따끔하게 혼내서라도 잡으려는 부모에게는 예방

차원의 이야기들도 필요하다.

"집에서 지도해주신다니 감사합니다. 너무 심하게 혼내거나 때리지는 마시고요. 친구들이 하지 말라고 이야기하면 멈추도록 얘기해주시고, ○○○라는 말은 하지 않도록 해 주시면 도움이 될 거예요."

또한, 구체적인 역할 분담의 이야기들도 필요하다.

"학교에서는 …할 테니, 집에서는 ~해주세요."

· 관심과 사랑을 표현함으로 신뢰 관계 쌓기

교사에 대한 신뢰는 아이의 단점에도 불구하고 강점, 좋은 점을 파악하고 말해주는 것에서부터 시작된다. 아이에게 정성을 기울인다는 느낌, 아이를 위해 고민하고 있다는 사랑이 느껴지면 교사에게 아이를 맡기고 싶다는 느낌이 든다. 이를 위해 신뢰를 깰 수 있는 말들은 조심하자. '본론부터 말하는 것, 잘못된 부분만 이야기하는 것, 부모 잘못을 지적하는 듯한 말'을 하는지 스스로 잘 살펴보자.

그 후에는 교사의 노력하는 점을 말하고 보여주는 것도 신뢰를 쌓는 데 도움이 된다.

"○○가 이런 걸 좋아하고, 이런 고민을 하고 있네요. 이번에 ○○의 새로운 면을 발견했어요. 어제 ○○이가 저를 감동시켰어요. 아이를 주의 깊게 보고 있고, 저도 노력하고 있습니다."

이를 위해서는 학교에서 여러 가지 활동 속에서 아이의 적성이나 흥미나 살펴보아야 할 점을 파악해 놓는 것이 필요하다. 아이들의 성향을 욕구로 파악하고, 독서 활동한 내용을 욕구로 분석해 보면 좋다.

· 학교 안에서 해결하고 책임질 일, 알려주기

공동체적으로 풀어야 할 일인데 알아서 혼자 해결하겠다고 한다면 학교 안에서 해결하거나 책임질 일을 학부모에게 알려주는 것이 필요하다. 만약 친구들이 있는 곳에서 다른 아이 뺨을 때렸다면 집에서 엄마가 혼내고 말아야 할 일이 아니다. 친구들이 다 보았으므로 공개적인 자리에서 사과해야 한다.

> "어머니. 학급 안에서 누군가에게 피해를 주었으면 학급 안에서 풀어야 아이가 책임지는 법을 배울 수 있습니다. 저도 아이와 이야기를 나눌 테니 어머님도 학급 안에서 잘 풀고 책임을 질 수 있도록 믿어 주고 지지해주시면서 잘 이야기해주세요."

· 문제를 숨겨 주어야 할 때도 있다는 점 명심하기

문제를 해결하기보다 더 문제를 만드는 부모인 경우는 아이의 문제를 부모에게 이야기하지 않고 학교에서 문제를 해결하는 것이 지혜일 것이다. 이런 학부모는 수치심을 주지 않고 함께 아이를 잘 돕는 관계로 만드는 대화가 더욱 필요한 부모들이다.

· 부모에게 '아이는 괜찮고 잘 클 수 있음'을 다독이기

> "아버님. 수길이는 좋은 점이 많고 리더십도 있어요. 자기 생각이 명확하게 있는 아이거든요. 그런데 이번 일이 생겨서 너무 마음이 아파요. 성장기 때는 아이들이 한 번씩 다른 친구 물건을 훔치는 일이 있어요. 어렸을 때 나쁜 짓을 하고서도 잘 커서 정직하게 잘 사는 사람도 많아요. 저는 수길이가 잘 클 거라고 믿어요. 제가 수길이에게 칭찬하면서 부탁을 할 때는 잘 듣더라고요. 집에서도 그렇게 한번 해 보시면 어떨까요? 좀 더 많이 인정해주시고 믿어 주시면 좋을 것 같아요."

카우아이섬 종단 연구[25] 사례

하와이군도 북서쪽 카우아이섬은 주민 상당수가 범죄자, 알코올 중독자, 정신질환자였다. 학자들은 그것을 보고 배운 아이들도 똑같이 자랄 것이라는 가설을 가지고 종단연구를 시작하였다. 1954년부터 신생아 833명 중 극단적으로 열악한 환경에 있는 201명이 30세가 될 때까지 그 성장 과정을 추적했다. 연구 결과는 놀라웠다.

201명 중 72명이 예상과 달리 바르게 잘 자라고 있었던 것이다. 이들이 어떻게 환경의 제약을 극복할 수 있었을까? 이유는 단순했다. 72명의 아이들이 성공한 원인은 자신을 무조건 믿어주고 공감해주고 응원해주는 어른이 최소한 한 명은 곁에 있었다는 것뿐이다. 부모든 가족이든 선생님이든 믿어 주는 한 사람이 있으면 고난을 이겨내는 회복탄력성이 생기고 누구나 꿈꾸는 삶을 살 수 있다는 것이 연구의 결론이었다.

헛똑똑 증후군으로 알아서 하겠다는 학부모와 소통법[26]

칭찬부터 하기

헛똑똑 증후군이 있는 사람들은 체면이 중요하고 지적받는 것을 참을 수 없는 사람들이다. 이들에게는 칭찬부터 해야 다음 이야기를 받을 수 있다는 점을 꼭 기억하자. "아이를 너무 과잉보호하시는 것 같아요." 등의 직설적인 표현이나 잘못된 부분을 열거하면 '안티'로 돌변하여 교사를 뒤에서 헐뜯고 모함할 수 있다.

---

25) 박상미(2016), "나를 믿어 주는 한 사람의 힘", 북스톤
    김주환(2019), "회복탄력성", 위즈덤하우스
26) 클라우디아 호흐브룬(2017), "분노 유발의 심리학", 생각의 날개

긍정적인 표현에 더하여 나아질 방법을 조심스레 제시하기

"아주 잘하고 있어요. 정말 감동적이에요. 자녀를 향한 사랑과 관심이 놀라워요. 잘못된 부분에 대해서 따끔하게 이야기하면 아이는 어머니를 더 존경할 거예요."

이와 같은 긍정적인 표현과 제안을 하면 대화에 도움이 될 것이다.

이들에게는 단어 선택이 갈등의 관건이다. "이건 아닌 것 같아요. 이 부분을 빼 먹었어요!"라고 놓친 부분을 일일이 열거하면 당신은 철천지원수가 된다. 반면 "아주 잘했어요. 정말 인상적이네요. 이 부분에서 조금만 더 손을 보면 최고의 걸작이 될 것 같아요."라고 하면 그는 혼신의 힘을 다할 것이다. 자뻑이 또라이의 야망에 불을 지르려면 그의 부모가 했던 그대로 해야 한다. '더 잘 할 수 있다'고 용기를 주는 것이다. 그러면 자뻑이는 어디서 많이 듣던 말이므로 안정감을 느끼고 자신이 원하는 완벽함을 달성하기 위해 더욱 노력할 것이다.

학부모를 바꾸려 하지 않기

이들은 어렸을 적부터 만들어진 인격 유형이기에 바뀌기가 어렵다. 교사가 바꿀 수 없다. 오랜 상담으로도 쉽지 않은 것이 이들이다. 이들은 좋은 관계를 맺지 않으면 훼방꾼이 될 수 있는 사람들이므로 최선의 대책은 갈등을 만들지 않는 것이다. 이들에게는 칭찬과 함께 변화를 플러스하도록 요구하는 지혜가 필요하다.

알아서 하겠다는 부모와의 소통은 쉬운 일이 아니다. 그러나 아이를 사랑하고 관심 가져주며 믿어 주는 교사는 어떤 부모를 만나든 신뢰를 얻을 수 있다. 이 신뢰가 소통의 시작이다.

15장.
우리 아이가 그렇게 말하지 않았어요

속상하고 황당했어요

"저는 중학교 교사입니다. 반 아이의 학부모님이 갑자기 방문하신다고 연락을 하셨어요. 반에 특별한 사건이 있었던 것도 아니고 친구들과 잘 지내는 아이였기 때문에 단순히 학교생활이나 학업성적에 관해 이야기하고 싶어 학교에 방문하시나 보다 생각했어요. 그런데 마주 앉아서 하는 말씀이 '선생님께서 우리 애를 예뻐하시지 않는 것 같아서 찾아왔어요.'였어요. 학부모님의 말에 가슴이 철렁 내려앉았어요. 아이와 학교생활 이야기를 나누던 중 '선생님이 자기에게 관심이 없고 차별하는 것 같다'라는 말을 듣고 너무 속상해서 바로 상담을 신청하셨다는 거예요. 순간 죄송하다고 해야 할지, 해명을 해야 할지 판단도 되지 않고 얼굴을 마주하는 것도 너무 힘들었어요. 조금 전까지만 해도 눈 마주치고 웃었던 아이였는데… 속상하고 황당했어요."

학부모의 오해로 속상해하는 교사들과 이야기를 나누어보면 상당히 많은 경우 '소통의 오류'가 원인이고 '오류가 일어난 경로'에 아이들이 관련되어 있을 때가 있음을 볼 수 있다.

학부모는 자녀의 학교생활을 무척 궁금해한다. 이는 학년이 높고 낮음과 상관이 없다. 학교에서 친구들과 잘 지내는지, 선생님께 혼나지는 않는지, 수업은 어렵지 않은지, 다음 날 학교에 준비해야 할 것은 없는지, 급식을 배부르게 잘 먹는지, 오고 가는 길에 불편함은 없는지 아이들에게 묻고 또 묻는다. 아이들이 친절하고 자세하게 대답하여 매번 부모의 궁금증을 풀어주면 좋겠지만 아이들도 기분이나 상황에 따라 대답을 잘해 줄 때도 있고, 아무 말도 하지 않고 방문을 닫아버리기도 한다. 때로는 앞뒤 상황은 생략하고 무심하게 대충 대답하기도 한다. 학부모는 대개 자녀의 말에 진지하고 심각하게 반응할 준비가 되어있는데 아이가 힘들었거나 부당한 대우를 받았다는 것이 포착되면 바로 방어태세를 갖춘다.

"○○야, 오늘 학교에서 잘 지냈니? 힘든 것은 없었어? 애들이랑 잘 지냈고?"
"몰라, 그냥 그랬어."
"그냥 그런 게 어딨어, 무슨 일 있구나? 무슨 일인데, 어서 말해봐."
"모른다니까. 그냥 선생님이 뭐라 해서 좀 짜증 났었어. 나한테만 그러는 것 같아."
"뭐? 선생님이 너만 혼냈어? 선생님하고 통화 좀 해봐야겠다."

아이 말에 놀란 학부모, 더 놀란 교사

학부모는 자녀가 학교에서 인정받고 평안하게 지내기를 바란다. 자녀의 말이나 행동으로부터 이러한 바람이 위협받는다고 느끼면 부모로서 자녀를 보호하고 문제를 해결하기 위해 교사를 찾아온다. 수업 중 자녀가 불평등한 대우를 받았거나, 교우관계에 문제가 생겼을 때, 학업성취 결과가 잘못되었다고 판단되었을 때, 교사와 자녀의 관계가 좋지 않다고 느꼈을 때는 매우 불편한 감정을 가지고 교사와 대면한다. 문제는 이렇게 찾아온 학부모들의 상당수가 '아이의 말만 듣고' 화가 난 상태로 교사에게 연락한다는 것이다. 이러한 상황이 생기는 이유는 무엇일까?

먼저 학교와의 소통 부족이 이유일 수 있다. 학부모가 학교 교육과정에 대한 정보가 부족하거나 제대로 이해하지 못한 경우 또는 학급경영방식이나 학생 생활 규정에 대해 제대로 전달받지 못해 오해하고 찾아오는 경우가 있다.

"저희 아이가 그러는데, 복장에 대해 저희 아이만 지적하신다면서요?"
"아이가 힘들어하는 것을 보니 수행평가와 과제가 너무 많은 것 아닌가요?"
"왜 저희 아이만 교실 청소를 계속해야 하지요?"

이러한 오해로 찾아오는 학부모는 '내 아이만 힘들어한다'라는 생각을 하고 찾아오기 때문에 차분히 대화를 시작하는 것이 중요하다. 학교, 교사와의 소통이 부족한 경우 잘못된 정보와 조언에 귀를 기울이기도 한다. SNS의 발달로 학부모들이 서로 정보를 교환하고 고민을 나눌 수 있는 범위가 넓어졌다. 개인적인 인연이 없더라도 또래의 아이를 키우고 있다는 공통점 하나로 지역과 나이를 초월한 거대한 학부모 네트워크가 형성되었고 진짜인지 가짜인지 알 수 없는 이야기들이 쉴 새 없이 게시판을 채워가고 있다. 대중매체의 보도를 비판 없이 받아들이는 학부모도 학교 교육에 대한 의심과 불안이 높을 수 있다. 매체에서 보이는 사건·사고가 자녀에게 일어날까 전전긍긍하는 학부모 역시 자녀의 말 한마디에 학교로 달려올 수 있다.

> "이 학교에서 매년 이런 일이 발생한다고 들었어요. 학교에서 아이들에게 신경을 쓰
> 지 않는군요."
> "수학 수업을 모둠 활동으로 진행하면 진도를 나가기도 힘들고 실력 향상도 되지 않
> 는다고 다른 학교에서는 하지 않는다는데, 여기는 혁신학교라서 그렇게 하는 건가
> 요?"
> "학교에 요청하면 된다던데, 왜 선생님은 요청해도 안 된다고 하시는 거죠?"

선배나 또래 학부모의 학교 참여에 대한 잘못된 코치, 확인되지 않은 학교 간
의 비교 정보, 바르지 않은 양육 상식 등이 학부모들 사이에 오가고 있으므로
학부모가 부당한 항의나 요청을 하는 경우 그 이유를 확인해야 할 필요가 있다.

자녀의 과거 경험 때문에 늘 불안한 학부모일 수도 있다. 자녀가 몸이 약하
거나 과거에 학교에서 난처한 사건을 겪은 경우, 학교폭력 피해 경험이 있거나
학교생활에 부적응하는 경우, 학업 미성취 등으로 힘들어하는 경우 항의나 요
청을 하기 위해 교사를 찾아온다.

> "수업 분위기가 어수선하다는데, 저희 아이를 제대로 살펴보고 있나요?"
> "아이들이 저희 아이만 다르게 대하는 것 같아요. 학교폭력 아닌가요?"
> "도대체 학교가 이러면 되나요? 선생님이나 친구들이 어떻게 이럴 수가 있지요?"

특별한 사건이 일어나지 않더라도 자녀가 학교생활이 자신에게 안전하고 공
정하지 못하다고 표현했을 때 학부모는 자녀가 위협받고 있다고 느낄 수 있다.
학부모는 교사가 자녀의 상황을 잘 관찰하고 있는지 적절히 보호하고 있는지
확인하고자 한다. 자녀에 관한 걱정이 많은 학부모일수록 자녀의 말 한마디, 표
정 하나를 심각하게 받아들일 수 있는데, 무심히 던진 자녀의 말을 세상 심각

하게 받아들이는 학부모, 그리고 그런 부모에게 과하게 의존하여 부모를 통해 모든 것을 해결하려고 하는 아이가 있다는 것을 알아야 한다.

> "선생님, ○○이가 선생님이 무서워서 말을 못 하겠다고 해요. 좀 친절하게 대해주시면 안 될까요?"
> "아이가 시무룩한 표정으로 집에 돌아와서 아무 말도 하지 않았어요. 요새 뉴스를 보면 학교폭력이 심하다던데 ○○이가 피해를 보고 있는 것은 아닌가요?"
> "급식이 맛이 없는 것 같아요, 집에만 오면 아이가 배고프다고 하는데 학교에서 아이들을 위해 제대로 일하고 있는지 의심스럽네요."

때로는 아이들의 '실제와 다른 말' 또는 '생각과 다른 말'[27] 때문에 학부모가 놀라 달려오기도 한다. 아이들은 자신이 불리하다고 생각될 때 위기를 모면하기 위해 둘러대거나 앞뒤 상황 없이 일부분만 부모에게 전달하기도 한다. 어린 아이들은 객관적으로 상황을 판단하는 능력이 미숙할 수 있으므로 자기중심적으로 표현하거나 기억나는 일만 말하기도 하는데 이러한 경우에도 학부모가 불안함을 느끼고 학교를 방문한다.

> "아이가 분명히 선생님이 알림장을 써주지 않으셨다고 했는데 준비물 안 가지고 왔다고 혼났다고 하네요. 알림장 안 써주셨다면서요?"
> "친구가 밀어서 넘어졌다고 하네요. 옷에 온통 흙이 묻어있던데요. 가만히 있는 저희 아이를 밀었다는 그 아이, 선생님이 혼내셨나요?"
> "예고도 없이 단원평가를 보시면 어떻게 하나요? 아이가 공부할 시간은 주셔야 하는 거 아니에요?"

아이의 말을 듣고 '학교에 가서 확인해야겠다'고 결심한 학부모는 어떤 마음일까? 자녀가 부당한 대우를 받았거나 안전하지 못하다고 느낀 학부모는 불안

---

27) 오인수 역(2016), "아동 및 청소년을 위한 학교상담", 시그마프레스
박미향 외(2018), "별별 학부모 대응 레시피", 학지사

과 걱정이 앞설 것이다. 빨리 확인하고 싶은 마음과 함께 자신이 알지 못하는 더 큰 사건이 있을지도 모른다는 생각에 화가 날 수도 있다.

반면에 이런 학부모와 갑자기 마주하는 교사의 마음은 어떠할까? 교사 역시 예상치 못한 상황에 당황할 것이다. 자신이 파악하지 못한 일이 학급에서 일어난 것은 아닌지 불안하고 걱정이 될 것이고 빨리 상황을 끝내고 싶은 마음도 있을 것이다. 동료 교사들의 시선도 신경이 쓰일 것이다. 만일 모든 사건이 오해였다는 것으로 밝혀진다면 자신을 오해한 학부모나 아이가 괘씸하게 생각될 수도 있을 것이다.

학부모의 마음		교사의 마음
화, 다급함, 불안, 걱정, 확인 요망, 부정적 예측, 부분적 정보, 높은 목소리	⟷	당황, 불안, 걱정, 괘씸, 급함, 주변 의식, 학생-학부모의 평가, 승패

벽을 넘어 소통하기

아이의 말만 듣고 확인을 위해 혹은 항의나 요청을 위해 학교에 찾아오는 학부모를 교사들은 피하고 싶어 한다. 감정적으로 상처를 받기도 하고 동료 교사나 관리자에게 어떻게 보일지도 신경 쓰이기 때문이다. 설령 오해가 있었던 부분이 잘 해결된다고 하더라도 해당 학부모나 학생을 대면하는 것에 불편함을 느끼는 교사도 있다. 하지만 일반적인 인간관계와 달리 학부모나 학생은 교사가 불편하다고 해서 만나지 않을 수 있는 대상이 아니다. 피할 수도 없고 외면

할 수도 없으므로 오해를 푸는 것을 넘어 진실한 소통을 할 수 있도록 교사가 기술을 발휘해야 할 것이다.

학부모와의 상담 시간[28]

학부모로부터 갑작스러운 상담을 요청받았을 때 무엇부터 준비하면 좋을까? 시간과 장소는 교사가 상담을 진행하기 편안한 때와 장소로 정하되, 수업에 방해가 되지 않도록 여유 있는 시간과 공적인 장소(교실, 상담실, 교무실 등)에서 상담을 하도록 한다. 상담 일자에 여유가 있다면 학부모 상담 신청 서식을 가정으로 보내 작성하여 제출하도록 권유하여 상황을 파악하는 데 도움을 받는 것도 좋다.

학부모가 즉각적인 상담을 요청하여 상담 주제에 대해 충분히 듣지 못했다면 당장 살펴볼 수 있는 학생에 대한 객관적인 자료(성적, 출결, 각종 활동, 수업 태도, 교우관계 관찰 일지 등)부터 준비한다. 상담을 준비할 시간이 충분하다면 학생과 관련 있는 동료 교사(보건 교사, 상담교사, 교과담임, 전 학년 담임 등)에게 자문을 구하도록 한다.

학부모와 만나면 어떤 표정과 어조, 인사말을 건넬 것인지 미리 연습해보는 것도 좋다. 학부모가 화가 나 있거나 흥분한 상태로 방문할 수 있다. 또는 걱정과 불안에 눈물을 흘릴 수도 있다. 감정적으로 안정되지 않은 학부모를 만났을 때 교사가 함께 언성을 높이거나 진지하지 않은 태도로 학부모를 응대한다면 학부모의 감정은 더 요동칠 것이다. 절대 언성을 높이지 말고 침착하고 진지하게 만나도록 한다.

---

28) 김혜숙 외(2017), "교사를 위한 학부모상담 길잡이", 학지사

학부모와 약속된 시간에 준비된 장소에서 만났다면 먼저 교사의 생각과 의견을 일방적으로 전달하지 말고 학부모의 말을 들어보는 것이 좋다. 과거에 학교생활에 대해 좋지 않은 경험을 한 아이의 학부모일수록 아이의 학교생활에 대한 걱정이 많고 아이가 현관문을 열고 들어오는 순간까지 노심초사 불안한 마음으로 아이를 기다리고 있었을 것이다. 학부모가 무슨 일로 달려온 것인지 짐작이 되더라도 일단은 이야기를 잘 들어야 한다. 학부모를 학교로 달려오게 한 아이의 말, 학부모가 이해하고 있는 상황, 학부모의 현재 마음을 시간이 걸리더라도 잘 들으면 대화를 어떻게 풀어가야 할지 단서를 얻을 수 있다. 학부모가 현재 집중하고 있는 내용이 무엇인지 확인하고 아이가 안전하게 학교생활을 할 방안을 함께 만들어가는 것이 좋다.

"바쁘신 중에 시간을 내어 학교를 방문해주셔서 고맙습니다. ○○이에 대해 어떤 일로 학교에 방문하신 것인지, 어떤 이야기를 나누고 싶으신지 먼저 말씀해주시겠어요? 학부모님의 말씀을 먼저 듣고 저도 준비한 내용과 궁금해하시는 내용에 대해 말씀드리겠습니다."

"○○이가 그런 어려운 일을 겪었었군요. 그래서 학부모님이 걱정이 많으시겠어요. 저도 앞으로 잘 살펴보겠습니다. 학교에서 어떻게 ○○이를 도우면 좋을까요?"

학부모의 이야기를 통해 소통과 정보의 부족이 원인이라고 판단했다면 학사 일정, 평가 기준, 학교 행사, 학급 규칙 등에 대해 평소에 자세히 안내하고 추가적인 정보를 알 수 있는 경로(학교 홈페이지, 학교알리미, 홈에듀) 또한 안내하여 학부모가 학교의 교육 활동에 대한 정확한 정보를 알 수 있도록 해야 한다. 학교 교육 과정에 대한 안내만 잘 되어도 학교에 대한 잘못된 소문에 학부모들이 반응하지 않게 하는 예방적 효과가 있다. 학교 교육 과정에 대해 잘 모르고 있거나 오해하고 학교를 방문했을 때도 객관적인 자료를 통해 꼼꼼하고 차분하게 설명한다면 학부모의 오해를 금방 풀 수 있을 것이다.

"○○이의 과제와 성적 때문에 놀라셨군요. 왜 그렇게 성적을 받았고 어떤 과제를 수행했었는지 학교 교육 과정계획을 함께 보면서 설명해드리겠습니다."

"예전의 일로도 걱정이 많으셨겠어요. 저도 앞으로 잘 살펴보겠습니다. 학교에서 어떻게 ○○이를 도우면 좋을까요? 학교에서 실시하고 있는 여러 가지 프로그램과 안전규정에 대해 먼저 설명해드릴게요."

아이의 학년(나이)에 비해 과도한 걱정을 하는 학부모에게는 발달단계에 대한 정보와 함께 해당 단계의 아이들에게 나타날 수 있는 발달상 변화와 양육 방법에 대해 안내해주는 것이 필요하다. 반면에 아이의 학년(나이)에 비해 과도한 안심을 하는 학부모에게는 발달단계에 맞는 과업과 발달 수준을 알려주고 학부모가 할 수 있는 교육적 개입을 안내해주는 것이 필요하다.

"○○이가 또래 수준에 맞게 잘 자라고 있습니다. 가끔 ~하기도 하지만 그 나이 아이들에게 흔한 모습이랍니다. 너무 걱정하지 않으셔도 됩니다."

"○○이가 또래 친구들에 비해 꼼꼼하고 성실하지만, 아직 어린아이입니다. 학부모님께서 아이를 믿고 맡기시는 모습이 보기에 좋습니다만 몇 가지만 더 도와주신다면 ○○이가 더 성장할 수 있을 것 같습니다."

아이에 대해 학부모가 알고 있는 내용과 교사가 알고 있는 내용이 다르므로 오해와 갈등이 발생했다면, 반드시 학부모와 교사 알고 있는 내용이 일치하는지 각자 파악하지 못한 내용이 있거나 오해한 내용이 있는지 확인해야 한다. 이때 객관적인 자료를 근거로 한다면 학부모의 오해가 더 빨리 해결될 수 있다. 학부모가 교사의 행동을 오해한 것이 있다면 꼭 해명하여 오해를 풀고, 아이에 대한 교사의 긍정적 태도를 표현하여 상담을 마치고 돌아가는 학부모의 발걸음이 무겁지 않도록 해야 한다.

> "제가 알고 있는 내용과 학부모님이 알고 있으신 내용에 조금 차이가 있었네요. 학교
> 에서 배부한 자료를 참고로 하여 말씀드리겠습니다. 제가 혹시 ○○이에게 소홀하
> 게 대했다고 생각하시는 부분이 있으셨나요? ○○이는 학교에서 저의 자녀입니다.
> 걱정하지 마시고 맡겨 주십시오."

상담 이후

학부모와의 상담을 잘 마쳤다고 해서 문제가 다 해결된 것은 아니다. 학부모
의 마음은 그리 쉽게 회복되지 않는다. 상담을 마치고 돌아간 학부모는 교사와
나눈 대화의 내용을 계속 생각하고 있을 것이다. 문제 해결을 약속했다면 진행
되는 상황에 대해 지속해서 학부모와 소통해야 한다. 아이를 격려하거나 지도
한 내용, 관찰한 내용, 성장-변화하는 모습에 대해 학부모에게 빠른 시일 내에
알려준다면 학교에 대한 학부모의 신뢰가 형성될 것이다.

> "○○이가 학교에서 친구들과 즐겁게 대화하고 있는 모습이 너무 보기 좋아 학부모
> 님께 메시지를 드립니다. ○○이가 요즘에는 ○○와 잘 지내고 있고 □□ 과목 시간
> 에 즐겁게 참여하고 있어요. 많이 격려해주시기 바랍니다."

또한, 학부모의 다급했던 상담이 끝나면 오해와 갈등의 상황이 다시 발생하
지 않도록 소통의 과정과 방법을 명확히 해두어야 한다. 가정통신문, 알림장,
성적표 등이 정확히 전달되는지 조회-종례 시간에 확인하고 e알리미 서비스
등을 활용하여 아이가 잘못 전달하거나 늦게 전달하지 않도록 한다. 교우관계
나 학교생활에 관련된 사건이 벌어졌을 때는 아이가 자신의 관점에서 학부모
에게 이야기하도록 하지 말고 교사가 직접 정확한 상황을 빠르게 부모에게 알
리는 것이 좋다.

16장.
선생님은 아이를 키워보시지 않아서 잘 몰라요

선생님, 아이 안 키워보셨죠?

"초등학교 5학년 담임교사입니다. 학년 초 새롭게 만난 아이들과 잘 지내고 싶어서 나름대로 학급 규칙도 정하고 학급 이벤트도 만들면서 재미난 3월을 보내고 있었어요. 아이들도 즐거워했고 저를 잘 따른다고 느껴졌습니다. 저도 신이 나서 아이들과 사진도 많이 찍고 수다도 많이 떨었지요. ○○이 학부모님이 상담을 신청하신다고 하셔서 반가운 마음으로 상담을 기다렸어요. 아이들과도 친해지고 학부모님들과도 친해지면 얼마나 좋을까… 했지요. 그런데 ○○이 학부모님께서는 저를 혼내러 오신 것 같더라고요. 학년 초에 아이들 규율로 엄하게 해야 1년 동안 사고가 나지 않을 텐데 너무 방방 뜨는 것 같다고 하시면서 갑자기 저의 나이를 물으시더군요. 결혼은 했는지 교직 생활이 몇 년째인지…. 결혼했다는 말에 덧붙여 물으셨어요."

"선생님, 아이 안 키워보셨죠?"

저경력(미혼) 교사들의 고민

학기 중반에 접어들면 교실에서 크고 작은 소동도 일어나고 평가 결과 때문에 학부모와 상담을 해야 하는 일이 생기기 시작한다. 학부모 상담 주간이나 수업 공개 기간까지 시작되면 교실도 정리하고 학생 상담자료도 준비하면서 교무실이 분주해지는데, 유독 긴장하는 교사들이 있다. 새내기 교사를 포함한 저경력 교사들이다. 아이들과 수업하는 모습, 활동하는 모습을 보면 누구보다도 열정과 자신감으로 넘치는 이들인데 유독 학부모와 만날 때만 되면 표정이 굳어져 간다. 일부러 옷을 나이 들어 보이게 입기도 하고 화장을 어둡게 하기도 한다. 아이들에게 마흔이 넘었다고 나이를 속이는 교사도 있다. 이는 모두 학부모에게 '만만해 보이지 않겠다'는 의도이다.

교사의 권위란 무엇일까? 법적인 의미에서의 교권이 아닌 전통적인 의미에서의 교권은 현대사회에 들어 그 의미가 많이 약해졌고 '교사라는 직업을 가진 사람으로서 존중받아야 하는 것' 정도로 이해되고 있다. 학생들에게 절대적인 권력을 행사하던 교수자가 아닌 퍼실리테이터, 코치의 역할이 강조되면서 교사와 학생의 관계가 수평적으로 변했기 때문이다. 문제는 동반자로서 함께 나아가야 하는 학부모에게 최소한의 권리인 '존중'을 받지 못하는 일이 종종 일어난다는 것이다.

"선생님 졸업하시고 바로 교사 생활 시작하셨어요?"
"네, 졸업하는 해 3월부터 교단에 섰습니다. 올해 4년째 근무하고 있어요."
"어머, 아직 초보시네요. 아이들 다루기 많이 힘드시죠? 결혼도 하고 아이도 키워봐야 좀 뭐가 보이실 텐데…."

교사들의 교육 활동은 업무로서 당연히 해야 하는 일이지만 '사람'을 대상으로 하고 있기에 감정적으로 힘들 때가 많다. 또한, 미성년 학생들의 인생을 안내하는 안내자이기에 일정 이상의 사명감과 책임감이 있어야 교사의 역할을 해낼 수 있다. 더 애쓴다고 더 큰 보상이 따르는 것도 아니고 제자들이 잘 자라나는 모습, 동료들 간의 격려와 지지, 학부모와 함께 아이들이 성장하는 모습을 보며 웃음 짓는 것이 교사들에게 주어지는 가장 큰 보상일 것이다.

그런데 학부모와 교사의 관계가 점점 힘들어지고 있다. 아이들이 방황하거나 힘들어할 때 서로 위로하며 함께 마음을 모았던 학부모와 교사 사이에 무슨 일이 일어나고 있는 것일까?

2018년 학부모 등에 의한 교권침해 종류

구분	상해/폭행	모욕·명예훼손	성적 굴욕감, 혐오감 일으키는 행위	공무 및 업무 방해	협박	손괴	성폭력 범죄	정신통신망 이용 불법 정보유통	정당한 교육 활동을 반복적으로 부당하게 간섭	기타	합계
학부모에 의한 교권침해	7건	82건	7건	33건	16건	1건	-	3건	35건	26건	210
	3.3%	39.0%	3.3%	15.7%	7.6%	0.5%	0%	1.4%	16.7%	12.4%	100%

연도별 교권침해 신고 건수 및 상담 건수(2015~2018)[29]

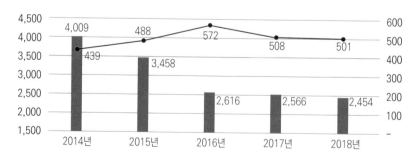

■ [교육청] 신고 건수

29) 한국교원단체총연합회(2019), 시·도교육청 제출 자료

교사의 권위를 존중해주지 않는 학부모

학부모 중에 교사의 나이와 경력, 결혼 여부, 자녀 양육 경험 등 교사의 개인적인 상황을 권위의 기준으로 판단하는 이가 있다. 이러한 학부모에게 권위 있는 교사란 '중년 이상의 나이에 자녀를 훌륭하게 양육하여 진학(취업)에 성공하고 가정생활을 잘하고 있으며 적당한 보직을 맡은 교사'이다. 당연히 새내기 교사나 저경력 교사는 학부모의 기준에 못 미치는, 권위를 세울 수 없는 교사인 것이다. 교사의 개인적인 사항을 핑계 삼아 교육 활동을 방해하거나 교사가 정한 학급경영규칙이나 교육 방법에 반대하며 자기 뜻대로 하기를 요구하는 경우, 교사의 권위를 존중하지 않고 있다고 볼 수 있다.

"선생님 교직 경험이 얼마나 되나요? 아이는 키워보셨나요?"

"선생님, 아이들 그렇게 지도하시면 큰일 나요!"

"아이가 학원에서 중요한 시험이 있으니 학교에서 시험 준비를 해도 그냥 두셨으면 해요."

"제가 좀 알아봤는데 그렇게 지도하면 안 되세요."

교사의 권위를 인정하지 않는 학부모

때로는 교육전문가로서의 교사의 권위를 인정하지 않는 때도 있다. 학급 운영을 할 때 학부모 대표를 맡은 학부모나 학교 활동에 적극적으로 참여하는 학부모는 교사와 학급 운영에 관해 이야기를 나눌 기회가 많다. 교사로서도 학급경영에 대해 상의할 대상이 있다는 것은 감사한 일이다. 하지만 교사의 학급 활동을 돕지도, 학교 활동에 참여하지도 않으면서 이것저것 맥락과 상관없는 요구를 하는 학부모가 있다. 교사의 권위를 인정하지도 않고 교육방식에 대한 신뢰도 갖고 있지 못하다고 볼 수 있다.

"다른 학교는 수업시간에 ○○ 활동도 하던데 우리도 ○○ 활동을 넣어주세요."
"이번 현장 체험학습 장소는 ○○로 해주세요. 아이들에게 좋은 곳이에요."
"요즘 ○○○ 교수법이 효과가 있다고 하는데, 선생님도 활용하시나요?"
"수행평가로 ○○○를 하신다고 들었는데, 다른 것으로 평가해주세요."

참견하는 학부모

교사는 학교에서 학생들의 보호자이지만 각종 업무를 담당해야 하는 직장인
이기도 하다. 업무로 분주한 가운데서도 교실에서 일어나는 일에 늘 신경을 곤
두세우고 있는데 그런 노력을 알아주기는커녕 더 상세히 파악하지 못한다고,
더 부지런히 챙기지 않는다고 구박 아닌 구박을 하는 학부모가 있다. 교육 활
동에 불필요한 내용까지 제공할 것을 요구하는 학부모 역시 교사의 권위를 인
정하지 않거나 신뢰하지 못한다고 볼 수 있다. 의미 없는 것을 확대하여 해석
하거나 속상해할 때는 권위나 신뢰 문제보다 학부모의 불안감이 높다고 해석
할 수도 있다. 교사의 SNS에 대해 참견하는 경우도 늘어가고 있는데 이 역시
교사 개인의 삶을 존중하지 못하고 자신과 자녀 중심으로 생각하는, 교사의 권
위보다 자신의 만족을 더 중요시하는 경우이다.

"선생님 아이들 쉬는 시간에 뭐하고 노는지 아세요? 모르시지는 않겠지요?"
"지난번에 다른 반보다 가정통신문을 늦게 주셔서, 이번에도 늦게 주실까 걱정했어요."
"아이들 배움 공책에 매번 조언을 적어주시는데, 저희 아이는 늘 짧게 적어주시는
것 같아요."
"선생님 SNS 대표 사진이 너무 권위가 없어 보여요. 진지한 사진으로 바꾸시면 좋겠
네요."

지금까지 참견, 불평, 불만으로 교사를 불편하게 하는 학부모의 유형에 대해
살펴보았다. 학부모가 교사를 이토록 불편하게 하는 이유는 무엇일까? 의도적
으로 자신을 궁지에 빠뜨리려는 것은 아닌지 생각하다가 정말 자신이 교사로

서 권위가 없고 인정받을 만한 자질이 없는지로 우울해하는 교사들도 있다.

학부모 한 명 한 명의 마음을 정확히 모두 진단할 수는 없고 학부모로서 기대와 불만을 가질 수 있다는 것을 충분히 고려해도 학부모들의 위와 같은 태도는 모두 '과하다'라는 인상을 준다. 교사들이 볼 때 기대도, 불만도, 그것을 표현하는 방법도 보통보다 더한 것이다.

"저의 나이, 짧은 경력, 미혼인 것과 주요 과목 담당이 아닌 것 때문에 걱정하고 역량이 높지 않으리라 생각하시는데, 과도하고 잘못된 평가입니다."
⇒ 교사의 나이, 성별, 경력, 담임 교과 등에 따라 능력을 예측하는 과잉평가

"제가 초등학생 자녀를 두고 있다고 해서 중고등학생을 잘 가르치지 못한다고 생각하시는 것 같습니다. 학부모 본인의 경험과 비법, 보고 들은 지식을 저에게 알려주려고 애쓰시는 학부모가 있어요. 지나친 친절, 사양하고 싶습니다."
⇒ 연륜과 경험이 많은 학부모가 젊은 교사에게 경험을 전달해야 한다는 과잉친절

"일주일에 서너 번은 등교 전에 메시지를 보내는 분들이 있어요. 아이의 기분, 건강 상태, 가정에서 칭찬받은 일까지…. 아이의 심리적 문제나 신체적 건강에 직결된 문제가 아니라면 저는 학교에서의 모습 그대로 아이를 바라보고 싶은데, 아마 저보고 더 칭찬해주라는 뜻인가 봅니다."
⇒ 자기 자녀에 대해 더 많이 알려주고 더 사랑받게 하고 싶은 과잉보호

"밥은 잘 먹었는지, 학교에서 친구들과 잘 지내고 있는지, 혹시 학사 일정에 변동이 없는지 끊임없이 물어보는 학부모님 때문에 온종일 휴대전화를 손에서 놓지 못할 때가 있어요. 아이를 못 믿는 것인지 저를 못 믿는 것인지 모르겠네요."
⇒ 학교 교육이 잘 이루어지고 있는지 불안하고 쉽게 신뢰하지 못하는 과잉불신

"다른 학교의 우수 사례나 교육부의 보도자료를 보내주시면서 '우리 학교도 잘하고 있지요?'라고 질문하는 학부모가 있습니다. 처음에는 궁금해서 그러시나 보다 했는데, 자꾸 보내주시는 것을 보니 뭔가 가르쳐주고 싶으신가 봐요. 평가 기준에 관해서도 재확인하려고 하시는 것을 보면 제가 업무를 제대로 하는지 감시당하는 기분이 들기도 해요."

⇒ 학교 교육에 대해 잘 알고 있음을 표현하여 교사가 긴장감을 느끼게 하고 싶은 과잉의욕

이러한 '과잉'을 부른 원인은 '자녀에 대한 사랑과 관심'이다. 세상에 악역을 맡고 싶은 사람은 많지 않다, 다만 다른 목적이 있을 때 악역을 하게 되는 것일 뿐이다. 그 목적에 바로 자녀가 있기에 학부모들은 끊임없이 교사를 흔들어 놓고 있다.

평가를 평안으로, 참견을 참가로 바꾸기[30]

이해와 배려로 소통하기

학교와 교사의 권위에 도전하는 듯한 태도를 보이는 학부모일수록 이해와 배려로 소통해야 한다. 권위를 중요시하는 만큼 자신이 존중받는다는 것을 알아챌 때 교사 또한 존중해줄 것이다. 교사의 이해와 배려가 담긴 소통은 평가와 판단을 위해 분주하던 학부모의 마음을 평안하게 한다. 도전과 참견으로 바쁘던 학부모의 일상을 학교 교육 과정 참가를 통한 보람 가득한 일상으로 바꾸어줄 것이다.

---

30) 박미향 외(2018), "별별 학부모 대응 레시피", 학지사

먼저 학부모의 불편한 마음을 이해하도록 노력하는 것이 필요하다. 학교나 교사의 교육방침이나 교육방식에 불신감이 클수록 학교 상담, 교사와의 만남을 꺼릴 수 있다는 점과 그렇게 된다면 학교 방문이나 상담 자체가 불편할 수 있음을 예측해야 한다. 또한, 전화 통화나 면담 시 학부모의 표정이나 말투가 무례하거나 경직되어 보일 수 있으므로 감정적으로 대처하지 않도록 한다.

교사의 감정 조절

교사의 감정 조절이 필요하다. 침착하고 진지한 표정과 말투로 학부모와 만나도록 한다. 학생의 긍정적인 측면을 먼저 전달하여 학부모의 마음을 최대한 편안하게 하고 학부모의 말을 끝까지 들어주어야 한다.

경청하기

학부모의 의견을 끝까지 들어주어야 한다. 학부모로서 당연한 관심과 의견을 제시했으나 학교(교사)에서 잘 들어주지 않아 마음이 상했던 경험이 있을 때 학교와 교사의 권위를 인정하지 않을 수 있다. 그리고 자녀교육에 있어서 해결하기 어려운 문제를 돌려서(자녀교육에 서투르다는 것을 드러내고 싶지 않아서) 학교에 대한 불만으로 표현할 수도 있다. 학부모의 의견을 통해 교사가 상세히 알지 못했던 학급과 학교의 상황에 대해 알 수도 있으므로 학부모의 의견을 끝까지 잘 들어주어야 한다.

학부모가 하고 싶은 말을 함으로써 불만과 불신을 해소하는 효과가 있으며 이야기 속에서 학부모와 교사가 함께 풀어가야 할 문제의 핵심이나 단서를 파악할 수 있다. 또한, 학부모가 대화 초반에는 감추고 있던 진짜 하고 싶은 이야기를 들을 수도 있으므로 경청이 필요하다.

구체적인 정보 전달

교사가 의견을 전달할 때에는 자연스럽게 권위를 세울 수 있도록 정확한 정보를 명확하게, 가시적이고 객관적인 사실을 기반으로 전달하도록 한다. 학부모가 교육과정이나 평가 기준에 대한 정보와 이해 부족으로 불안하면 자녀의 학교생활에 대해 잘 알지 못해 과민하게 반응하거나 교사에게 지나친 요청을 할 수 있다.

학사일정, 학급경영규칙, 교과평가 기준안 등이 잘 전달될 수 있도록 하고 학생에 대한 정보를 전달할 때에는 교사의 의견을 뒷받침해 줄 수 있는 구체적인 실례를 함께 전달하는 것이 좋다. 학교에서 맡은 일반 업무에 관해서도 소개하여 학부모가 교사에 대해 오해하거나 넘겨짚지 않도록 한다.

학교 교육에 참여할 기회 제공

때로는 학교 교육에 참여할 기회를 제공하는 것도 좋다. 학부모가 특히 불만과 불신, 의견을 많이 표현하는 부분은 학부모가 현재 가장 관심이 있는 분야라는 것을 추측해볼 수 있다. 다양한 정보를 교사에게 제안했던 학부모라면 학부모회 참여를 통해 욕구를 충족할 수 있을 것이다.

학부모회, 학교운영위원회, 자유 학년제 지원단, 학부모 코치 등 학교 교육과정을 감시하고 참여하여 의견을 제시할 기회를 제공한다. 직접 학교 교육을 확인하고 만들어갈 수 있도록 하여 욕구를 해소하고 보람을 얻을 수 있도록 도울 수 있다.

17장.
집에서는 그렇게 행동하지 않아요

집과 학교에서 아이 모습이 달라요

"초등학교 3학년 교사입니다. 지명이는 말을 잘 듣지 않고, 뭘 하라고 하면 딴짓을 합니다. 외부에 나가게 될 때도 혼자 늦어져 매번 따로 챙겨줘야 하는 아이인데, 제가 이 아이만 계속 보고 있을 수는 없고⋯ 그래서 지난번 학부모 상담 때 아이 부모님께 이러한 고민을 얘기했어요. 그랬는데⋯ 학부모님이 '집에서는 안 그래요!'라고 신경질적으로 얘기하는 거예요. 그럼 학교에서 제가 잘못 지도해서 그렇다는 뜻인가 싶고, 저도 기분이 많이 상했습니다."

부모님의 협조를 요청하는 상황에서 집에서는 그렇지 않다고 이야기를 하면 교사는 난감해진다. 부모의 협조를 요청하기가 불가능한 상황이 되기 때문이다. 교사 마음도 복잡해진다. 교사 탓을 하는 것 같기도 하고, 그냥 기분이 나쁘다는 이야기인 것 같기도 하다. 왜 그런지, 이런 학부모에 대한 해석이 필요하다.

방어적인 학부모 심리

아이에게 부정적 선입견이 생길까 두려움

교사가 이야기한 부정적인 이야기를 그대로 인정하면 나쁜 아이, 혹은 문제아로 찍힐까 봐 집에서는 잘한다고 이야기할 수 있다. 아니면 교사가 잘못 봤거나, 잘못 지도한 것처럼 이야기하고 싶은 방어적인 마음이 생기기도 한다. 여기서 중요한 것은 이 모든 것 속에는 아이가 잘 할 수 있음을 믿어 주길 바라는 속뜻이 있다는 것이다.

부모와 아이는 동일한 존재라 느끼기 때문

대다수 부모는 아이를 지적하는 것을 자신을 지적하는 것으로 느낀다. 아이의 잘못이 자신의 잘못인 듯 여기는 부모의 마음을 이해하는 것이 중요하다. 실제로는 학부모가 교사에게 아이의 단점, 잘못을 듣는 것이 자기 단점을 듣는 것보다 더한 수치심을 느낄 수도 있다. 아이 잘못이 내 탓처럼 느껴져 아이에 대한 미안함과 책임감, 부담감을 느낄 수도 있다.

2011년 고려대학교 뇌 영상센터에서 중학생 아이가 있는 한국 엄마 11명과 미국 엄마 11명을 대상으로 실험을 했다.[31] 22명의 실험자에게 성격과 감정의 형용사들을 보여주고, 그 단어가 자신이나 자녀 또는 타인과 관련이 있을 때 뇌의 반응을 살펴보는 실험이었다. 실험자들은 MRI에 들어가 10분 동안 눈앞에 표시된 화면을 보고 자신에게 해당하는 버튼을 눌렀다. 예를 들어 화면에 제시되는 단어가 자신에게 해당한다고 생각하면 YES를 누르고, 아니라고 생각하면 NO를 누르는 것이다. '자신', '자녀', '타인'이 판단대상으로 제시되었다.

실험자의 뇌는 판단대상에 따라 어떻게 달라졌을까? MRI를 통해 실험자의 뇌를 촬영한 사진을 보면, 자신에 관한 단어를 판단할 때는 내측전전두엽이 활성화되었고, 타인을 판단할 때는 등측전전두엽이 활성화되었다. 그런데 자녀를 판단할 때는 내측전전두엽이 활성화되었다. 자신을 판단할 때와 자녀를 판단할 때 활성화 부위가 정확히 일치했다. 김학진은 이 실험의 결과에 대해 '실험자는 자신을 판단할 때 주로 사용되었던 내측전전두엽이, 자녀를 판단할 때도 높은 반응을 보인 것은, 어머니들이 자신을 아이와 동일시하는 정도를 반영한 신경학적 증거라고 볼 수 있습니다.'라고 말했다.

학부모 자신의 문제는 방어하거나 뭐라도 가릴 수 있지만, 아이가 드러내는 문제 행동은 부모가 방어할 수가 없기에 더 큰 수치심으로 드러난다. 그러므로 아이의 문제에 객관적이거나 이성적으로 반응할 수 없음을 기억하는 것이 필요하다.

실제로 집에서 그렇게 행동하지 않는 경우도 많다

집에서는 잘하는데 학교에서는 문제를 일으키는 아이가 있고 반대로 집에서는 문제를 일으키나 학교에서는 잘하는 아이도 있다. 당황해하거나 화를 내기보다 궁금함으로 접근하는 것이 필요하다. 학부모와 함께 왜 다른 행동을 하는

---

31) EBS 마더쇼크제작팀(2012), "마더쇼크", 중앙북스

지 탐구해 볼 수 있는 좋은 기회로 삼을 수 있다면 좋겠다.

아이의 문제 행동을 대할 때 교사가 어렵다면 자기와 동일시되는 부모 심정은 어떨까? 아이의 행동은, 부모도 맘대로 할 수 없기 때문에 더 어렵다. 사실 애쓰지 않는 부모는 없다. 그런데도 잘 안 된다는 것을 아는 마음! 거기서 부모와 소통이 시작될 수 있을 것이다.

학교와 집에서 행동이 다른 아이 심리

학교와 집에서 행동이 다른 경우는 실제로 많다. 어찌 보면 역할에 따라 다른 행동과 다양한 모습은 당연하다. 교사들도 학교에 있을 때와 밖에서 친구를 만날 때는 말투뿐 아니라 행동도 다르지 않은가? 이처럼 모든 인간은 역할에 따라 다른 모습을 보인다. 이를 '페르소나'라고 하는데 '가면을 쓴 인격'이란 뜻이다. 일종의 가면으로 집단사회의 행동 규범 또는 역할을 수행함을 뜻한다. 칼 융은 '건강한 자아를 가진 사람이라면 상황에 따라 각각 다른 페르소나를 가지고 균형적으로 발달할 수 있다.'고 말했다. 그러므로 부모와 교사가 만나 전혀 다른 모습의 아이를 듣게 되더라도 이상하게만 여길 필요는 없는 것이다.

집에서는 잘하는데 학교에서는 반대인 경우

"초등 2학년 민이는 교실에서 조금만 마음에 안 들면 소리를 지르거나 물건을 던지고 친구를 때려요. 분노조절 장애 같은 느낌이 들 정도였죠. 친구들은 아직 어려서 같이 놀지만 이런 행동이 반복되니 이대로 크면 문제가 심각해질까 걱정되더라고요. 그래서 부모님과 이야기를 나눴는데 '왜 또 우리 애만 가지고 그래요. 애가 집에서 얼마나 말 잘 듣고 착한 아인데요. 도대체 왜 그래요?' 하면서 따져 들지 뭐예요. 사실 이럴 때가 교사로서 제일 난감해요. 우리 학교에 이런 경우가 또 있었는데 부모가 협조를 안 하니, 결국은 학교에서 할 수 있는 것만 하고 포기했었거든요. 포기하는 상황이 되지 말아야 할 텐데 걱정입니다."

"초등 4학년 슬이는 학교에서 문제 되는 행동을 많이 해요. 너무 장난이 심해서 엄마와 상담을 해야겠다고 아이에게 말했더니 '혼나니 절대 이야기하지 말아 달라'고 하더라고요. 그리고 보니 아이는 집에서 한 숙제나 일기 등은 글씨가 반듯한데 학교에서는 글씨가 늘 삐뚤빼뚤이에요. 집과 학교가 참 많이 달라요. 부모님과 만나서 이야기를 해봤더니 엄마가 기준이 높아서 강압적으로 많이 한다고 하더라고요. 아이가 정신이 없이 움직이니 태도를 잡으려고 용돈을 안 준다거나, 휴대폰을 뺏어서 게임 금지를 시키는 등으로 아이를 통제하고 있었어요. 어찌 보면 집에서 못 푼 걸 학교 와서 다 풀고 가는 느낌이 들더라고요."

· 원인 : **집에서 억압된 욕구가 학교에서 터져 나옴**

집에서는 잘하지만 학교에서는 반대인 경우는 대부분 부모가 무서운 경우가 많다. 집에서는 거역할 수 없어서 순종하지만, 부모가 없는 곳에서는 마음대로 해보고 싶은 마음이 발동하는 것이다. 억압되어 있던 욕구가 바깥에서는 터져 나오는 것이라고 볼 수 있을 것이다. 욕구로 보면[32] 힘의 욕구는 인정받고 싶고, 잘하고 싶고, 이기고 싶은 마음이 많다. 그러나 자신보다 센 사람 앞에서는 눌린다. 부모는 아이가 눌러지니 자신이 바꾸어 놓았다고 착각을 한다. 그러나 욕구는 에너지이기에 누른다고 없어지는 것은 아니다. 풍선을 누르면 눌러지지만, 옆에서 불룩 튀어나오는 것과 같다. 집에서 어쩔 수 없이 눌렸으면 약해 보이는 친구들이나, 만만해 보이는 선생님 등에게 왜곡된 모습으로 터져 나온다.

---

32) 김현섭, 김성경(2018), "욕구코칭", 수업디자인연구소

학교에서는 잘하는데 집에서는 투덜대는 경우

초등 1학년 명훈이는 수업 시간이면 허리를 바로 펴고 앉아 절대 딴짓을 하지 않는다. 다른 친구들은 장난치고, 옆 친구와 이야기를 하고, 몸이 거의 누워 있듯 하는 아이도 있지만 명훈이는 절대 그런 법이 없다. 물놀이를 간 날도 아주 재미있게 잘 노는 것으로 보였다. 힘들어하는 기색도 없다. 그런데 집에 가서는 엄마에게 학교에서 힘들었다는 이야기를 많이 한다. 다른 친구들이 장난쳤던 것, 추운 날씨에 선생님이 시켜서 억지로 체육 활동을 했다는 등 불편한 이야기를 한참 동안 한다.

교사가 보기에는 모범적인 아이, 그러나 엄마가 보기에는 부적응아 같은 이런 아이는 왜 그럴까? 명훈이의 부모와 교사가 만난다면 어떨까?

· 특징

이 아이들은 수업 시간에 잘 집중한다. 교사의 말도 잘 듣고, 친구들 사이에도 착하다는 말을 듣는다. 그러나 집에서는 짜증 내고 고집 피우고 자기 멋대로 하는 아이이다. 밖에서는 잘하기에 큰 문제가 없을 수도 있으나 집에서 투덜거림과 짜증이 많으면 부모를 힘들게 하기도 한다. 사실 이런 아이들은 내면의 불편함이 있는데 학교에서 표현을 못 한다고 하는 것이 더 정확할 수 있다.

· 원인

집에서는 짜증을 내고 자기 멋대로 행동하는데 밖에서는 착하다고 칭찬을 받는 아이의 원인은 첫째, 부정적 감정은 나쁜 것이라고 배워 감정을 억압하고 타인에게 숨기는 경우라고 할 수 있다. 이 경우는 밖에서는 감정을 억압하다가, 집에서는 긴장이 덜하니 감정이 드러나거나 폭발한다. 또는 사랑과 인정, 관심을 받고 싶은 아이들의 사랑받는 방법일 수도 있다. 밖에서는 모범적으로 행동해 인정을 받고, 집에서는 말썽을 피워 부모의 관심을 끄는 것이다.

둘째는 부모에 대한 반항심의 표현일 수 있다. 잘할 수 있는 아이라서 학교에서는 잘하는데, 부모에게 억울함이나 불공평함을 느낄 때 행동이 반항적이 될 수 있다.

셋째는 낯가림의 연장일 가능성도 크다. 내성적인 아이들이 밖에서는 조심하지만, 집에서는 편안하게 표현하는 경우가 많다.

넷째는 다양한 욕구의 내적 갈등으로 예민한데 다른 사람에게 표현하기에는 안전하지 않으니 집에서 표현하기도 한다. 이것을 '욕구 딜레마'라고 표현할 수 있다.[33]

때로, 집에 가서는 불편하고 힘들었던 이야기만 하는 아이들도 있다. 이 아이들은 왜 그럴까? 차승민 교사[34]는 '아이는 부모의 걱정대로 답한다'라고 말을 한다. "학교에서 무슨 일이 있었니?"라고 묻는 부모의 표정, 뉘앙스, 목소리의 높낮음에 따라 아이는 부모가 어떤 걸 물어보는지 알 수 있다. 부모는 걱정이 앞서면 부정적인 생각을 하고, 믿음이 앞서면 긍정적인 생각을 한다. 아이는 부모가 원하는 답을 한다. 거짓말을 하는 것이 아니라 좋은 순간도 나쁜 순간도 있기 때문이다. 결국, 부모의 걱정은 아이가 부정적 감정을 떠올리게 하고 나아가 학교에서 적응을 더 어렵게 한다.

---

33) 김현섭, 김성경(2018), "욕구코칭", 수업디자인연구소
　잘하고 싶은 마음과 자유롭고 싶은 마음이 함께 공존할 때 욕구 딜레마 상황이 된다. 규칙을 지키고 싶은 생존 안정 욕구와, 규칙에서 벗어나고 싶은 자유의 욕구가 내적 갈등을 겪는 경우인 것이다. 아이의 내면에 두 가지 마음이 함께 있어 한 가지를 선택하지만 선택하지 못한 것으로 인한 불편함에 투덜댄다. 투덜대는 이유 중 중요한 부분은 나는 자유롭고 싶어도 참고 인내하는데 그렇지 못한 아이들이 불편하게 느껴지는 것이다. 그러나 불편한 마음을 직접 표현하기는 어렵기에 편안한 집에서 이야기하는 것이다. 실제로는 자유로운 아이들이 불편하지만 내심 부럽기도 한 두 가지 마음이 함께 있다고 할 수 있겠다.
34) 차승민(2018), "초등부모교실", 서유재

소통으로 학부모와 손잡기

교사의 대화법 돌아보기

소통이 되지 않을 때는 나를 먼저 돌아보는 것이 가장 빠른 방법이다. 혹시 아이에 대해 부정적으로만 이야기하지 않았는지 돌아보면 좋겠다. 자신의 아이를 나쁘게 보는 느낌이 들면 방어적인 자세를 취할 수 있다. 부모를 탓하는 듯한 느낌을 주었을 경우나 결론과 문제만 이야기하는 경우도 방어적으로 될 수 있다. 이럴 경우 교사의 마음을 표현하고 대화를 통해 원하는 것을 이야기하면 마음이 열릴 수 있다.

교사가 원하는 것을 이야기하기

교사가 부모와 대화를 통해 얻고 싶은 것을 말하는 것은 마음과 마음을 연결하며, 현재가 아닌 미래를 꿈꾸게 한다.

"저는 ○○를 잘 돕고 싶어요."
"저는 어머니와 ○○를 잘 돕는 협력자가 되고 싶어요."

아이와 부모에 대한 수용과 긍정의 마음 표현하기

집에서는 안 그런다고 할 때도 수용하는 것이 필요하다.

"그렇죠. ○○는 좋은 면이 많아요."

무엇보다 문제에 대해 이야기를 하기 전 먼저 긍정의 마음을 표현하면 학부모도 문제를 수용하기 쉬워진다.

"제가 ○○이를 예뻐하고 사랑해요. 좋은 점도 많고요."
"어머니, ○○이는 한번도 지각을 안 했어요. 성실한 것 같아요."
"어머니, 아이 잘 키우려고 애쓰는 마음이 정말 크게 느껴져요."

근거 제시하기(아이 행동을 인정하지 않을 경우)

때로는 학부모가 인정하기 싫어서 집에서는 그렇지 않다고 할 경우도 있다. 이럴 때는 근거를 제시하면 대부분 수용한다. 이를 위해 미리 아이의 행동에 대한 상세한 기록이 필요하다. 일시, 장소, 한 행동, 말, 피해받은 아이 등의 사례를 모아 놓으면 좋다.

때로는 단호함으로 교사의 안타까운 마음 전달하기

학부모가 방어하는 태도를 보여도 교사의 아이를 향한 마음을 믿고 당당하게 나아가야 할 때도 있다. 이럴 때는 단호하게 말하자.

"인정 안 하시면 저도 어쩔 수 없습니다. 아이를 사랑하는 만큼 앞으로가 걱정되어서 하는 말입니다."

앞의 민이 사례에 대해 대화법을 정리해 보면 다음과 같다.

"집에서는 안 그럴 수도 있지요. 저도 민이의 장점과 좋은 점을 알고 있습니다. 하지만 도와주어야 할 부분도 분명히 존재합니다. 지금은 어려서 친구들이 힘들어도 같이 놀고 있지만 이대로 더 자라면 갈등이 심해져서 관계가 더 어려워질까 걱정됩니다. 민이의 이런 행동 때문에 좋은 장점들이 보이지 않을까 봐요. 민이가 친구들과 행복하게 서로 도우며 친밀하게 지낼 수 있도록 돕고 싶어요. 민이를 위해 어머니와 제가 함께 잘 협력하고 싶은 맘을 이해해주셨으면 합니다. …
어머니! 아이가 집과 학교에서 다른 이유는 뭘까요? 어머니가 민이를 가장 잘 알고 계시니 많은 이야기를 들려주시면 좋겠습니다. 혹시 뭔가 하고 싶은 것을 못 하거나 스트레스받는 면이 있을까요?"

학교와 집에서 행동이 다른 아이의 부모와 소통하는 방법

궁금함으로 나아가기

실제로 집에서는 안 그럴 때는 이유를 알아야 한다. 그러므로 솔직하게 질문하자.

"아, 그래요? 집에서는 안 그래요? 집에서는 어떻게 행동하나요?… 그렇군요… 집과 학교가 다른 이유는 무엇일 것 같으세요?"

정보 나누기

부모가 이유를 잘 모를 때는 집과 학교에서 행동이 다른 이유에 대한 이론적인 정보를 나누며 원인을 찾아볼 수도 있을 것이다.

함께 대책 만들기

그 후에는 함께 방법을 찾아보자.

"저희가 잘 소통해야 아이를 잘 도울 수 있을 것 같아요. 어머님이 아이를 가장 잘 아시니 아이에 대해 많이 이야기해주시고 통했던 방법이 있다면 이야기해주세요. 저도 학교에서 통했던 방법이 있다면 함께 나누겠습니다."

부모의 걱정이 아이를 투덜대게 만들었다면 아이의 긍정적인 면을 리스트로 만들어 부모가 자주 확인하도록 하는 것도 방법이다. "오늘 무슨 일 있었니?" 등으로 부정적인 느낌이 드는 질문이 아니라 "오늘 행복했던 일 하나만 이야기해 줄래?"와 같은 질문으로 바꾸는 것도 방법이다.

욕구 딜레마로 불편한 아이의 경우

아이 스스로 불편한 이유를 파악하는 것도 도움이 된다. 욕구 딜레마가 있음을 알면 자신이 이상한 사람이 아니라는 것 때문에 위로가 된다.

또 하나는 두 가지 욕구로 인한 선택의 장단점을 나눠보고 그중에 아이가 하나의 욕구를 선택한다. 선택하지 않은 다른 욕구를 채울 수 있는 방법을 찾아보는 것도 좋다. '생존'을 선택했으면 자유롭게 할 수 있는 영역이나 공간을 정해서 자유를 누려보는 것이다. 사실 '자유'는 선택해서 누리면 더 많이 자유로움을 느낄 수 있다.

방어적으로 "집에서는 안 그래요"하는 학부모를 만날 때, 답답해하고 이상하게 여기기보다 왜 그럴까 궁금함으로 만나 보는 것이 좋다. 아이를 걱정하는 마음, 돕고 싶은 마음 가득 안고 만나보면 학부모와 손잡고 아이를 위한 발걸음을 내디딜 수 있을 것이다.

18장.
우리 아이가 꿈이 없대요

아이의 꿈?

"중학교 3학년 담임이에요. 우리나라가 요즘 진로 교육에 신경을 많이 쓰고 있잖아요. TV를 켜도 꿈과 미래 이야기, 유튜브를 봐도 꿈을 이룬 사람들 이야기…. 그러다 보니 학부모 상담을 하다 보면 '꿈'에 대한 이야기가 꼭 나온답니다. 꼭 다루어야 하는 내용인 것은 맞는데 난감할 때가 많아요. '진학'이라는 주제보다 '꿈'은 추상적인 개념이잖아요. 그리고 저도 경험의 한계가 있으므로 모든 직업에 대해 다 꿰뚫고 있는 것은 아닌데 생소한 분야에 대해 계속 질문하시면 모른다고 말할 수도 없고 안다고 말할 수도 없는 상황이 꽤 있었어요. 그중에서도 '우리 아이가 꿈이 없어요'라면서 상담을 신청하시면 정말 어떻게 접근해야 할지 고민입니다. 꿈을 제가 찾아줘야 하나요?"

자녀교육에 있어서 학부모들의 관심 1순위는 학업성취도일 것이다. 2월이 되면 서울대학교 진학률이 높은 고등학교들의 순위가 신문마다 실리고 수능 만점자의 공부비법을 따라 하느라 학습플래너가 불티나게 팔려나간다. 학업성취도, 점수는 진학과 취업의 방향과 가능 여부를 결정하는 데 결정적인 요소 중 하나이기 때문이다. 그런데 이렇게 중요한 학업성취도 못지않게 학부모들이 주의를 집중시키는 것이 하나 더 있다. 진학과 취업의 방향이자 목표가 되는 꿈, 진로이다.

　중학교의 자유학기제, 고등학교의 고교학점제가 본격화되면서 우리 사회는 학생 한명 한명의 적성과 흥미, 역량에 관심을 가지기 시작했다. 일제히 따라 하고 외워서 높은 점수를 받기 위한 공부보다 학생이 스스로 선택한 목표와 계

열에 따라 '자신만의 길'을 개척하는 공부가 중요시되고 있다. 그러다 보니 학부모들은 학생이 스스로 선택해야 하는 '길'의 도착지를 빨리 알아내고 싶어지는 것이다.

> 학부모 : "선생님, 저희 아이가 꿈이 없는 것 같아서 걱정이에요, 좀 도와주세요."
>
> 교사 : "지난 상담 때 사회복지사가 되고 싶다고 했었는데, 모르셨어요?"
>
> 학부모 : "그랬는데 또 바뀐 것 같아요. 자꾸 꿈이 바뀌는 것을 보니 진짜 하고 싶은 것이 뭔지 모르는 것 같아서 선생님께 상의드리는 거예요."
>
> 교사 : "아직 중학생이니 꿈이 바뀔 수도 있고 좀 천천히 찾아지기도 한답니다, 걱정하지 마세요."
>
> 학부모 : "아이고, 선생님. 일찍 일어나는 새가 벌레를 많이 잡는다고, 빨리 정해야 준비해서 성공하지요. 아이하고 상담 좀 해주세요, 부탁입니다."

학부모가 찾고 싶은 자녀의 꿈

꿈이라는 단어가 학교에서 언급될 때에는 '실현하고 싶은 희망이나 이상'이라는 사전적 의미에 현실적인 상황이 더해지면서 '진학, 취업, 진로'로 이해하고 사용된다.

진로 진학 설계의 기본 개념

학부모가 말하는 자녀의 꿈은 진로 진학 설계의 기본 개념인 '흥미', '능력', '적성'으로 구분하여 이해할 수도 있다.

· 흥미

 자녀의 학년이 낮을수록 자녀가 좋아하는 것, 관심을 보이는 것을 꿈(진로)
과 연결하고자 하는 학부모들이 있다. 수업 중 어떤 과목에 몰입하는지, 어
떤 활동을 재미있어하는지, 무엇을 할 때 즐거워하는지, 어떤 직업을 가지고
싶다고 말했는지 교사를 통해 알려고 한다.

· 능력

 자녀의 학년이 올라가면서 시험, 대회 등을 통해 '좋아하는 것을 다 잘하
지는 못한다'는 것을 경험한 학부모들은 자녀의 '능력'으로 관심을 옮긴다.
성적이 잘 나오는 과목, 다른 아이들보다 뛰어난 활동, 재능있어 보이는 분
야에 대해 교사에게 물어보며 어떤 방향으로 진로를 정하면 좋을지 조언을
구한다.

· 적성

 적성은 '성공 가능성'이라는 미래지향적인 의미를 지니고 있다. 자녀가 어
느 정도 능력도 갖추고 있고 흥미도 파악이 된 경우 혹은 다양한 분야에 능력
과 흥미를 보이는 경우, 학부모는 그 중 '가장 나은 것'을 추천받기를 원한다.
이는 전공 학과나 상급 학교, 취업에 대해 상담하는 경우 활용한다.

학부모가 자녀의 진로에 대해 상담을 요청하는 이유[35]

 학부모가 자녀의 진로에 대해 상담을 요청하는 이유에 대해서 다양한 이론
과 연구 결과가 있지만 대략 세 가지 정도로 구분해볼 수 있다.

---

35) 박미향 외(2018), "별별 학부모 대응 레시피", 학지사 / 김봉환(2019), "진로상담의 이론과 실제",
    학지사

· **"진로를 결정했어요, 그런데….."**

진로를 이미 결정했다고 하면서 상담을 요청하는 학부모가 있다면 대부분 교사가 '이미 결정했는데 왜 상담을 신청하셨지?'라고 생각할 수 있다. 결정했지만 교사의 도움이 필요하다는 학부모의 경우 결정한 것에 대한 명료화를 원하거나, 실천을 위해 도움이 필요한 경우일 수 있다. 간혹 실제로는 결정하지 못했으나 상담을 할 때 적당한 방어를 위해 결정했다고 말하는 예도 있다. 그리고 진로에 대해 어느 정도 결정을 내린 상태에서 결정한 내용을 이행하는 데 장애 요소(능력 부족, 준비에 대한 부담, 결정에 따른 갈등)가 있거나 전망이나 가치에 대한 뚜렷한 확신을 갖지 못했기 때문에 불안함을 해소하기 위해 교사를 찾아오는 때도 있다.

· **"진로를 결정하지 못했어요, 그 이유는….."**

진로를 결정하지 못하여 교사의 도움을 구하는 경우 대표적인 이유는 자녀의 특성에 대한 이해가 부족하거나 능력이 너무 다양하여 선택이 어렵기 때문이다. 때로는 자녀의 흥미나 능력에 대해 제대로 이해하고 있으나 결정을 하기 위한 지식이나 정보가 부족하여 교사에게 도움을 요청하기도 한다. 진로 결정에 대한 필요는 느끼고 있으나 자녀가 무엇을 하고 싶은지 혹은 하고 싶지 않은지, 무엇을 잘하는지 혹은 못 하는지, 중요하게 생각하는 가치가 무엇인지 이해가 명료하지 못한 경우도 학부모는 교사가 관찰한 것에 대해 조언을 구한다.

학생이나 학부모가 진로의 선택과 결정에 대한 필요성을 자각하지 못하거나 피상적인 수준에서 이해하고 있어서 당장 결정할 필요가 없다고 생각하는 때도 있다. 또는, 결정이 필요한 시기(진학 상담, 취업 상담)가 되어도 결정을 해야 한다는 권유를 받아들이지 않을 수 있다.

자녀의 흥미나 특성, 진로와 관련한 정보에 대해 '모르겠다'로 일관하며 결정을 못 하는 경우, 그 말 이면에 다른 원인을 숨기고 있을 수 있다. 진로 결정 이외에 다른 문제(성격, 건강, 가정환경 등)가 있어 자녀의 진로에 신경을 쓸 수 없거나 감추려고 하는 만성적 미결정 상태일 수 있다. 그렇지 않으면 직업에 대한 정보(직무, 조건, 작업환경, 발전 가능성, 위험 요소 등)가 전혀 없을 때도 이렇게 말할 수 있다.

· **"선생님께 다 맡길게요, 도와주세요."**

자녀의 특성과 흥미, 직업에 관한 정보가 충분한데 결단성이 부족하여 의사결정을 내리기 어려운 경우, 미래에 대한 불안이나 직업이 가지는 가치에 대해 혼동과 갈등이 있는 경우 교사에게 결정을 부탁할 수 있다. 자녀교육에 대한 정보가 부족하다고 생각하거나 앞선 자녀의 진로 결정에 대한 시행착오의 경험이 있는 학부모도 교사에게 의존하려는 때가 있으며 자녀교육에 무관심하거나 자녀와 갈등이 있거나 소통이 어려울 때, 자녀가 부모보다 교사의 지도에 잘 따를 때도 교사에게 부탁하고 의존하게 된다. 이 외에도 가정형편(불화, 파산 등) 때문에 자녀 문제를 부탁할 곳이 필요하거나 다른 학부모로부터 교사의 유능함에 대해 듣게 된 경우도 교사에게 자녀의 진로 결정을 맡기는 부탁을 할 수 있다.

학부모와 함께하는 꿈(진로) 찾기

학부모가 교사에게 진로 상담을 신청했다면 자녀를 믿고 맡길 수 있고 '불안'이라는 문제를 해결해줄 수 있는 분이라는, 기본적인 신뢰와 기대를 가지고 있기 때문일 것이다. 교사는 일정한 기간 동안 학생들을 가르치고 지도하는 데 비해 학부모는 평생 자녀의 인생을 지켜보고 도와준다. 진학, 진로 선택은 인생의 방향을 결정짓는 중요한 일이기 때문에 반드시 학부모가 관심을 가지고 개입할 수 있도록 교사가 도울 수 있어야 한다.

교사의 사전 준비

자녀의 꿈을 찾는 데 도움을 받기 위해 교사를 찾은 학부모는 교사에 대해 신뢰와 기대를 갖고 있다. 이러한 신뢰와 기대는 향후 진로에 관한 내용이 아닐지라도 학부모와의 소통과 신뢰에 큰 도움이 되기 때문에 적극적이고 명확한 태도로 소통하는 것이 필요하다. 미리 생각해 둔 아이의 적성과 진로에 대해 제시하지 말고, 적절한 질문을 통해 학부모의 필요와 기대를 정확히 파악하고 그에 따라 소통해야 한다.

"○○이의 진로 결정 문제를 저와 상의해주셔서 정말 고맙습니다. 학부모님께서 저와 상의하고 싶은 문제가 무엇인지, 관련하여 궁금한 것은 무엇이고 ○○이가 어떤 결과를 얻기를 기대하시나요?"

또한, 학부모와 교사의 정보와 자료, 학생에 대한 주관적인 평가를 종합하여 함께 노력해야 할 기본 방향을 설정해야 하므로 가정에서 파악한 학생에 대한 정보를 교사가 가진 정보와 종합하여 진로 탐색에 활용해야 한다. 흥미와 적성, 능력은 학생의 행동과 과제 결과물(산출물) 등을 통해 드러나기 때문에 학교생활을 확인할 수 있는 자료를 통해 대화를 이어가는 것도 좋다.

- 일반적 정보 : 성적, 적성, 흥미, 직업 가치관, 준비 수준, 상담 내용, 학습 태도 등
- 학부모의 자녀에 대한 계획과 정보 : 진로 신화 혹은 편견, 결정에 대한 압

력, 일과 진학에 대한 지식수준, 진로 방해 요소, 가정의 생활 양식 등

"○○이의 진로를 결정할 때 학부모님이나 저의 단편적이고 직관적인 판단보다는 구체적이고 객관적인 자료나 ○○이의 특성을 고려하는 것이 중요합니다. 저는 학교에서 관찰한 것과 학습 결과물, 상담했던 내용을 기초로 진로에 대해 말씀드리려고 합니다. 학부모님께서도 가정에서 ○○이가 하는 말과 행동, 가정에서 어떤 방향으로 지도하시는지 어려움은 없으신지 자세히 말씀해주시면 도움이 되겠습니다."

학부모와의 소통 방법

학부모의 의견을 듣고 학생에 대한 정보를 서로 나누었다면 학부모의 요청 내용, 진로 결정 형태에 따라 소통하도록 한다. 진로를 결정했다고 말하는 학부모도 이야기를 나누다 보면 한걸음 물러서는 경우가 있다. 자녀와 진로 문제로 갈등을 겪는 학부모도 있고 정보가 없어서 결정을 미루고 있는 때도 있다. 학부모와 꿈(진로)에 관해 이야기할 때 교사는 '결정을 해주는 사람'이 아닌 '결정을 도와주는 사람', '결정을 안내하는 사람'이기 때문에 학부모의 진로 결정 상태를 잘 파악하여 유형에 따라 소통하는 것이 필요하다.

"진로를 결정했어요, 그런데…."

진로를 결정한 학부모와 학생에게는 확인과 격려로 소통하는 것이 필요하다. 확인의 과정에서 실제 결정하지 못한 것으로 판단될 때는 점검부터 시작해야 하며, 결정에 대한 확신이 있을 때는 결정을 수행하기 위한 과정과 방법에 대해 안내하고 격려하는 것이 필요하다.

· 진로 결정의 과정에 대한 탐색과 확인

　⇒ "어떤 경로와 정보를 토대로 결정을 하셨나요?"

· 진로 정보 활용 여부 확인

· 합리적으로 명백하게 내린 결론인지 확인

  ⇒ "결정에 대해 마음이 편안하신가요?"

· 실행계획을 세워 실천할 수 있도록 격려

  ⇒ "결정한 내용을 실천하기 위해 앞으로 어떤 계획을 세우고 있나요?"

· 학생의 잠재된 가능성 확인

· 결정된 과정에서 예상되는 문제 상황에 대한 예측과 조언

"진로를 결정하지 못했어요, 그 이유는….''

  진로를 결정하지 못한 학부모, 학생과 소통할 때에는 진로를 결정하지 못했다는 것에 대해 죄책감을 느끼지 않도록 도와야 한다. 청소년 시기의 진로결정은 한 번에 끝나지 않고 끊임없이 반복될 수 있기 때문이다. 또한, 죄책감을 느끼고 상담하면 가정의 상황을 감추거나 상황에서 벗어나기 위한 거짓말을 할 수도 있다.

[진로를 결정하지 못했을 때]

· 진로에 대한 탐색 활동을 했는지 점검

· 구체적인 직업정보를 활용할 수 있도록 도움

· 자녀의 능력에 대해 잘 이해하고 있는지 확인

  ⇒ "아이가 무엇을 잘하고 무엇에 몰입하는지 알고 있으세요?"

· 자녀와의 의사결정 과정을 잘 수행할 수 있도록 연습

  ⇒ "진로나 직업에 대해 충분히 대화를 나누어 본 적 있으세요?"

· 정보 수집을 통해 결정의 범위를 좁혀서 부모와 학생이 선택할 수 있도록 유도

  ⇒ "혹시 너무 많은 분야에 관심이 있어서 결정이 어려운가요?"

자녀의 특성만 제대로 이해하고 있어도 어떤 정보를 수집해야 하고 어떤 분야에 대해 깊이 알아보아야 하는지 판단하는 데 도움이 되기 때문에 자녀의 능력에 대해 잘 이해하고 있는지 반드시 확인해야 한다. 그리고 진로를 결정하지 못한 원인이 우유부단함인지, 정보 부족인지, 진로와 직접 관련이 없는 다른 문제가 있는지 판단하는 것도 중요하다. 판단 결과에 따라 전문상담가에게 의뢰해야 하는 일도 있다.

[혼란, 우유부단, 장기적 미결정 상태일 때]

· 불안감과 우울을 가지고 있는지 확인

　⇒ "아이의 꿈에 관해 이야기할 때 어떤 것이 가장 불편하게 떠오르나요?"

· 불확실감에 대한 불안함 감소

　⇒ "아이가 진로를 결정하면서 가장 큰 걸림돌이 되는 것이 무엇이라고
　　생각하세요?"

· 동기 계발할 수 있도록 유도

· 생활 습관 변화

· 가족의 기대와 학생의 바람 간 차이가 있는지 확인

　⇒ "혹시 부모님과 아이가 진로 문제로 생각이 다른가요?"

· 가족 간 갈등이 있는지 객관적으로 이해

"선생님께 다 맡길게요, 도와주세요."

　정보가 부족해서 자녀의 진로 탐색과 진학 결정에 어려움을 겪고 있는 학부모에게는 정보를 제공하는 것이 기본이다. 그러나 진로·진학에 대한 정보는 지속해서 찾아보고 취사선택해야 하는 것이기 때문에 정보를 모두 제공해주기보다 학부모의 상황에 맞게 정보를 찾을 방법을 알려주는 것이 좋다.

학생이나 학부모가 기본적으로 알고 있어야 하는 정보가 있다면 모두에게 빠짐없이 전달되도록 신경 써야 한다. 교사에 대한 의존도가 높은 학부모가 정보를 부족하게 받았다고 생각하는 순간 의존성이 더 높아질 것이다. 또한, 개인적인 사정으로 남들보다 진로 탐색의 시작이 늦었거나 정보 수집이 어려운 경우에는 다른 학생과 학부모가 알고 있는 기본 정보를 가지고 진로 탐색을 시작할 수 있도록 도와야 한다.

평소에 도움을 받을 수 있는 기관을 소개하는 것도 좋다. 지역마다 진로·진학지원센터가 마련되어 있다. 방과 후나 주말, 방학 등에는 교사에게 도와달라고 요청할 수 없으므로 필요할 때 도움을 받을 수 있는 기관을 소개해주도록 한다. 특히 특별한 상황(장애우, 특수교육대상자, 새터민 등)을 두고 있는 학생과 학부모에게는 전문 기관에서 진학과 취업에 대해 지원해주는 사업이 많으므로 꼭 담당자와 만나볼 수 있도록 한다.

직·간접적으로 진로·진학에 대해 성공하거나 실패한 경험이 있는 학부모는 '같은 실수'를 반복할까 두려워한다. 이때는 학부모의 경험에 대해 이야기 나누며 잘못된 해석을 하고 있지 않은지 알아보고 다양한 진로 진학의 사례, 상급 학교의 다양한 교육과정을 소개하고 자녀와의 의사결정 과정을 도움으로써 학부모가 자신감을 느끼고 자녀의 진로 진학에 나설 수 있도록 해야 한다.

자녀교육에 무관심한 학부모의 경우, 자녀에게 무관심한지 자녀의 교육적 측면에만 무관심한지 판단한 후 적절한 방향으로 학부모를 유도해야 한다. 자녀의 교육적 측면에만 무관심하다면 자녀의 전인적 발달과 성장을 위해 교육에 관심을 둘 것을 부탁해야 하고 자녀에게 무관심한 학부모는 학생의 강점과 성장 가능성을 알려주고 부모 양육 태도 점검표 등을 통해 스스로 자녀를 돌보는 것에 관심을 가지도록 도와야 한다.

자녀와 소통이 어려운 학부모는 아무리 중요한 진학에 관한 이야기라도 직접 자녀와 이야기 나누는 것을 꺼릴 수 있다. 반대로 자녀가 부모와의 소통을 거부하는 때도 있다. 이런 경우 진로 진학에 대한 안내에 앞서 부모·자녀의 회복을 도울 수 있는 안내를 하는 것이 좋다. 부모교육 자료를 제공하거나 부모와 교사의 협의를 통해 학생에 대한 지도 방법과 방향을 정하고 역할을 분담하는 것도 좋다. 부모에게 적대적인 태도를 보이는 학생의 경우 상담(문제 행동 수정, 갈등 해소 등)을 병행할 수 있으며 이때 다른 문제(학교폭력, 중독 등)가 동반되지 않았는지 반드시 점검하도록 한다.

학부모와 함께 학생의 '꿈'을 이야기한다는 것은 교사로서 즐거운 경험이다. 진로에 대해 학부모와 소통하고 학생을 지도할 때 다음을 꼭 기억하자. 첫째, 진로에 대해 학부모와 소통할 때에는 학생 한 명 한 명을 개별적으로 바라보되 차별(특별히 누구는 더 챙겨준다 등)을 느끼게 해서는 안 된다. 둘째, 학생의 개별적인 특성과 상황에 따라 지도 방향이 달라지기 때문에 꾸준한 관찰과 기록이 병행되어야 하며 마지막으로 교사가 잘 모르는 내용을 상담하게 되면 다른 교사나 전문가에게 상담을 의뢰할 수 있지만, 학부모와 학생의 신뢰가 흔들릴 수 있으므로 의뢰하는 과정에서 학부모와 학생의 이해와 동의를 구해야 한다.

19장.
말은 하지만 잘 안되네요
(방임과 포기 사이)

방임과 포기 사이에서

"학기 초 희명이(초등 4학년)는 살짝 문제가 생겨도 큰소리를 질러서 모든 문제 상황을 모르는 아이가 없을 정도예요. 친구 물건을 뺏기도 하고, 욕을 하고 때리며 겁을 주기도 해요. 이러다 큰 문제가 생길 수 있을 것 같아 부모님에게 전화했더니 '왜 우리 애한테만 그래요. 고만 좀 하세요!'라며 전화를 끊지 뭐예요. 깜짝 놀라서 다른 선생님들에게 물었더니 해마다 문제가 있다고 전화를 받으니 지쳐서 그런 것 같다고 하시더라고요. 해결할 의지가 없어 보이는 이 부모님, 어떻게 해야 할까요?"

"아이 성적이 좋지 않아 부모님께서 조금만 도와주면 될 것 같아서 전화를 드렸더니 '선생님, 저 직장 다니는 것 아시죠? 서영이 때문에 집에서도 스트레스가 많습니다. 공부하라고 말은 하죠. 하지만 일반 주부처럼 애 공부를 붙잡고 있을 수가 없어요. 저도 답답해요. 선생님이 도와주시든지 아니면 그냥 두시면 안 되나요?'라고 하시는데 할 말이 턱 막히더라고요. 어떤 부모님은 '기초학습 부진이라니요? 아니, 아직 어린아이한테 그런 낙인을 찍으셔도 되는 겁니까? 나중에 철들면 다 돼요.'라고 하시더라고요. 부모님이 이렇게 말하면 어떻게 해야 할까요?"

"걔는 안 돼요", "아무리 말을 해도 안 들어요", "그만 이야기하세요. 나도 힘들어요", "그냥 놔두시면 안 되나요" 등등 아이에 대해 포기한 것 같기도 하고, 방임하는 것 같기도 한 학부모는 대하기가 쉽지 않다. 먼저 이들이 왜 그런지를 파악하는 것이 필요하다. 드러나는 현상은 비슷해 보이지만 방임과 포기는 학부모의 마음 자세부터가 다르다.

포기하거나 지친 학부모는 왜 그럴까?

부모의 잘못된 양육방식과 반항의 악순환

적절한 양육방식을 모르는 부모들도 많다. 부모 자신도 자율권 없이 시키는 대로 하며 자랐을 수 있다. 가부장적인 분위기 속에서 억압하고 강제하는 방법 외에는 본 적도 없이 자란 것이다. 그러다 보니 아이를 사랑하지만 자녀의 문제 행동에 소리 지르고, 때리고, 엄하게만 대하고 잔소리만 한다. 아이는 부모의 무서움에 순응하지만, 나이가 들수록 반항을 하게 된다.

그러나 아이 입장에서는 힘이 좀 생겨 반항했더니 부모는 문제 행동을 원천

봉쇄하려고 한다. 없던 학원 스케줄까지 만들어 옥죈다. 문제 행동을 일으킬 때마다 더 심해지는 잔소리로 인해 아이는 끝없이 저항한다. 결국은 부모가 억제하려 할수록 반항은 더 심해지는 것이다.

부모의 잔소리가 뇌에 미치는 영향 [36]

부모의 잔소리를 들을 때 아이의 뇌는 멈춘다. 미국 피츠버그의대와 UC버클리, 하버드대의 공동 연구팀이 평균 연령 14세의 청소년 32명에게 자신들 어머니의 잔소리를 녹음한 음성을 30초 정도 들려주고 뇌의 활성도를 측정하는 실험을 시행했다.

연구 결과 잔소리를 듣는 동안은 부정적인 감정을 처리하는 것과 관련한 대뇌변연계 등의 활성도가 증가했다. 반면, 감정을 조절하는 전두엽과 상대방의 관점을 이해하는 데 관여하는 두정엽과 측두엽 접합부의 활성도가 떨어지는 것을 확인했다. 부모의 잔소리는 이성적 사고를 멈추게 한다. 아무리 좋은 의도로 말해도 좋은 의도를 받을 수 없는 상태가 된다. 들리지 않는 것이다.

아이를 이길 수 없음

지치고 포기하는 듯한 학부모 중에는 아이를 이길 수 없는 경우도 꽤 있다. 아이를 혼내거나 통제하고, 제한하는데 그것이 전혀 통하지 않는 것이다. 부모에게 권위가 없는 경우도 꽤 있다. 부모가 훈육할 때 자녀가 맞서서 부모를 이겨 먹기도 한다. 권위가 없는 경우[37]를 살펴보면 신체적으로 약한 아이라 아이에게 비위 맞추는 것이 습관이 된 경우에도 그런 경향이 나타난다. 또 어렵게 태어났거나 하나밖에 없는 아이라 잘못하는 줄 알지만 내버려 둔 경우에도 그렇다. 어떤 경우는 어떻게 할지 몰라 화를 버럭 냈다가 미안해하는 패턴의 반복으로 부모 권위가 상실되기도 한다. 이런 경우, 아이가 변화하려면 학부모의

---

36) 박재원(2016), "대한민국 엄마 구하기", 김영사
37) 김혜숙, 최동욱(2017), "교사를 위한 학부모 상담 길잡이", 학지사

변화가 먼저 되어야 한다. 관계 재정립이 필요한 것이다.

노력했으나 잘 안됨

　노력하지 않는 부모는 없다. 나름대로 최선을 다하고 있다. 그 최선을 다른 사람이 판단할 수는 없는 것이다. 교사가 아무리 아이 때문에 힘들다 해도 가장 힘든 사람도 학부모다.

　아이를 혼내기도 하고, 어르기도 하고, 이것저것 여러 가지 방법을 다 써봐도 안 돼서 지치거나 포기한다. 문제 상황이 반복되면 전화가 오는 것이 두렵고, 그 두려움은 교사를 쏘아붙이거나, 탓을 하거나, 아이를 미워하는 거냐며 따지는 상황으로까지 나아가기도 한다. 포기한 것처럼 보인다 해도 부모 마음은 결코 편하지 않다. 가슴속에 돌덩이 하나 얹어 놓은 것처럼 마음이 늘 무겁고 아프다. 가장 마음이 아픈 사람도, 노력하는 사람도 부모라는 것이다.

문제아도 이유가 있다.

　부모가 지치고 포기하고 싶을 정도라면 아이의 문제는 심각할 것이다. 그러나 한편 생각해 보면 아이도 그럴만한 이유가 있다. 상처 없는 문제는 없다. 그 상처를 바라볼 수 있어야 아이를 수용할 수 있고, 학부모와도 소통의 기반을 다질 수 있다.

아이의 상처 바라보기

아이의 좌절과 분노

　모든 인간은 소속되고 싶고 인정받고 싶어 하는 욕구가 있다. 아이들도 자기가 원하는 욕구를 채우기 위해 노력하는데 잘 이루어지지 않고 사람들이 자신을 수용해주지 않는다고 느낄 때 문제 행동을 한다. 루돌프 드라이커스도 '자신이 어디에도 속하지 못했다고 생각할 때 아이는 좌절한다. 그런 좌절 속에서 문제 행동으로 이어지는 어긋난 목표를 세운다.'[38]라고 했다. 좌절이 쌓이면 어긋난 목표를 세워 문제 행동으로 나타날 수 있는 것이다.

자신을 믿어 주는 사람이 한 사람도 없다면 아이는 자신을 부족하고 사랑받을 수 없는 존재로 느낀다. 그러면서 억울함이 쌓이거나, 불공평하거나 무시당한다고 느끼면 분노가 쌓인다.

아이가 처음부터 그러지 않았다는 것 이해하기

처음부터 문제아인 사람은 없다. 문제 행동이 심해져 부모가 포기한 아이도 처음에는 애교나 도움을 주는 일들로 소속감을 얻거나 인정을 얻으려 노력했을 것이다. 그런데도 소속감이나 인정의 욕구가 채워지지 않을 때는 문제 행동을 통해서라도 채우려고 한다.

'좌절한 아이에게는 소리치고 싸우는 것과 쫓겨나는 것이, 하찮고 눈에 띄지 않고 힘이 없다고 느끼는 것보다 나을지 모른다'는 루돌프 드라이커스의 말처럼 아이들은 눈에 띄지 않고 하찮은 상태로 취급받는 것보다 오히려 소리치고 싸우며 문제가 터지는 상황을 더 낫게 여길 수 있다.

동생이 태어난 아이의 예를 보자. 동생의 출산으로 충격이 크지만 아이는 사랑받는다는 느낌을 잃지 않기 위해 기저귀도 가져다주고 동생을 예뻐하기도 한다. 그러나 엄마는 이를 당연하게 여기고 동생만 예뻐하는 것 같다. 어느 날 너무 속상해서 동생을 꼬집고, 바지에 오줌을 쌌더니 엄마가 놀라 "○○가 질

---

38) 제인넬슨 공저(2013), "긍정의 훈육", 에듀니티
김현섭, 김성경(2018), "욕구코칭", 수업디자인연구소

248

투하는구나!"라면서 사랑한다고 이야기해주고 관심을 쏟기 시작한다. 이때 아이는 '문제 행동을 해야 나를 보는구나'라는 잘못된 방법을 배운다.

이처럼 '문제아는 나쁜 아이가 아니라 내적 갈등을 겪고 있는 아이일 뿐이다.' 포기한 학부모에게 이 말을 해준다면 학부모는 자신과 자녀의 존재가 받아들여진다는 느낌을 받을 것이다.

방임하는 학부모의 특징과 원인

행동 특징

맞벌이가 많아서일까 요즘 들어 무관심해 보이거나 방임하는 학부모들이 늘어났다. 이들의 행동 특징[39]을 먼저 살펴보자.

맞벌이 가정의 초등 저학년 학생들은 부모님이 살피지 않아서 준비물을 못 챙겨오기도 한다. 수업에 지장이 생김은 물론이고 친구들이 불편해하는 대상이 될 때도 있다. 또한, 알림장을 확인하지 않아서 필요한 복장을 공지했는데도 혼자서만 평상복을 입고 오는 아이도 있고, 부모님께 상담 날짜를 알려주었는데도 상담은 언제 하냐면서 문의하기도 한다.

때로는 시간이 없다고 하면서 교사와의 상담을 회피하는 부모도 있다. 자녀의 학교생활 문제로 드릴 말씀이 있다고 하여도 바쁘다는 이유로 학교에 가기 힘들다고 한다. 그럼 전화 통화로 말씀드리겠다고 해도 지금은 회의 중이니 잠시 후에 전화하시겠다고 하고서는 묵묵부답이다.

자녀의 문제 행동에 대해 대수롭지 않게 생각하거나 별다른 반응을 보이지 않기도 한다. 수학 구구단은 이번 학년이 끝나기 전에는 외웠으면 좋겠다고 말

---

39) 김혜숙, 최동옥(2015), "교사를 위한 학부모상담 길라잡이", 학지사

씀드려도 자기가 필요하면 외울 것이라면서 그냥 두라고 대수롭지 않게 넘기는 경우도 있다.

최근에는 자녀에게 기대는 하지만 직장 등의 이유로 소홀할 수밖에 없다고 자신 있게 말하는 학부모들이 증가하고 있다.

이런 유형의 학부모를 만났을 때 '부모가 연락도 없고 그다지 관심도 없으니 나도 손 떼겠다'는 심정으로 그 아이를 교실 한편으로 치워둔다 한들 뭐라 할 사람도 없을 것이다. 오히려 소극적인 성향으로 민원도 없을 것이기에 교사로서 편안하기까지 한 유형이다. 단지 그 아이만 집에서도 무관심, 학교에서도 무관심한 아이로 가엾게 성장할 뿐이다. 아니, 성장의 기회를 어른들에 의해 잃어버릴 뿐이다.

원인

무관심해 보이거나 방임하는 학부모들도 들여다보면 여러 가지 이유가 있다.

먼저 정서적으로 어려움을 겪는 중이어서 실제 자녀를 돌볼 여력이 없는 분들이 있다. 우울증을 앓는 어머니, 직장 내에서의 갈등이나 이직 문제 등으로 힘들어하는 아버지, 알코올에 의존할 수밖에 없는 부모님, 불안증, 외상 후 스트레스장애, 섭식장애 등의 증상까지…. 이런 학부모의 자녀가 우리 반인데 "이 학부모는 왜 신경도 안 쓰냐"고 볼멘소리만 하고 있지는 않은가?

둘째는 경제적 어려움이 심해서 자녀의 학교생활까지 신경 쓸 여력이 없는 가정이다. 교육보다는 생존의 욕구가 가장 기본적인 욕구이다. 아버지가 투잡으로 새벽에 나가 새벽에 들어오시고 어머니는 야간업소에서 일하시는 바람에 초등학생 남매끼리 밥 먹고 씻고 아침에 일어나 학교에 오는 아이를 만난 적이 있다. 부모와는 전화로만 소통했고 당연히 아이들의 성장을 부모와 의논하기 어려웠다.

셋째는 맞벌이 가정, 혹은 사회적 성취에 주력하여 자녀에게 내어줄 시간이 도무지 나지 않는 가정이다. 그중에는 자녀교육보다는 자기계발과 직장에서의 거취 문제 등이 더욱 소중한 경우도 있다. 직장 일도 바쁜데 학교가 자녀교육을 책임져 주지 않고 자꾸 신경 쓰게 하니까 학교에 짜증을 부리는 학부모도 있다. 이른 새벽에 출근하고 늦은 밤에 퇴근해서 실제로 자녀 얼굴을 잘 때만 보고 사는 학부모도 있고, 직장 때문에 주중에는 자녀를 연로하신 노부모에게 맡기고 주말에만 얼굴을 보다가 놀이공원과 외식 센터로 미안함을 보상하는 학부모도 있다.

넷째는 자녀와 관계가 좋지 않아 '어디 네가 알아서 해봐라. 흥, 어디 한번 선생님께 혼나봐라'의 심정으로 소극적인 학부모로 돌아서는 경우도 있다.

그 외에도 가족 간에 심각한 갈등이나 사건이 터졌을 때, 학교 교육은 학교에 전적으로 맡기고 부모는 뒤로 빠진다. 부부 갈등이 심해서 이혼 문제를 고민한다든지, 암 선고를 받고 자녀만 보면 눈물을 흘리는 학부모도 있다. 하던 사업이 실패해서 집을 줄여 이사 가야 한다면서 다 포기하고 싶다던 학부모도 만난 적이 있었다.

자세히 살펴보면 단절되어도 괜찮은 관계가 아니라, 아픈 우리의 이웃이고 우리의 도움이 필요한 또 우리가 도울 수 있는 학급 아이의 보호자들이다. 우리 학급의 모든 친구가 한 명도 소외되지 않고 잘 성장할 수 있도록 이분들도 학부모의 역할로 초청해야 한다.

지쳤거나 방임하는 학부모와 어떻게 만날까?

지치고 포기한 학부모도 좋은 부모가 되고 싶다

학부모가 포기한 아이를 교사가 어떻게 도와줄 수 있을까 싶지만, 교사의 행동은 무너져가는 가정에 심폐소생술이 될 수 있다. 먼저 가장 힘든 사람은 학부모라는 것을 알고 말로 표현하는 것도 좋은 방법이다.

진심 어린 걱정 표현하기

자녀 문제로 때마다 연락받는 것은 학부모에게도 두렵고 떨리며 지치는 일임을 이해하자. 포기할 만한 그동안의 상황을 충분히 묻고 듣고 공감해주자. 그런 상황에서 지쳐서 다시 떠올리기도 힘든 이야기들을 하거나 들어준 것에 대해 감사를 표현하는 것도 한 방법이다.[40]

마음을 담아 학부모를 걱정하는 것은 존재를 환대한다는 느낌을 주는 일이 되기도 한다.

"이런 전화 받을 때마다 불편하셨죠? 오랫동안 노력해도 변하는 느낌이 안 들어 답답하실 것 같아요. 매번 아이 문제로 연락받는 것이 쉬운 일이 아니죠. 저야 올해 처음 만났지만, 어머니가 이런 이야기를 하기까지 얼마나 많은 일이 있었겠습니까? 오늘도 아이에 관한 힘든 이야기 들어주셔서(해주셔서) 감사합니다."

학부모 상처 어루만지기

학부모도 상처를 받는다. 아이 문제에 대해서는 들을 때마다 상처가 된다. 특히 지속적인 문제가 있었다면 낙인에 대한 상처도 만만치 않을 것이다. 더불어

---

40) 김현수(2013), "무기력의 비밀", 에듀니티

그렇게 되기까지 부모 역할에 대해 자책하기도 한다. 우리는 그 낙인과 상처에 공감하고 머물러 줄 필요가 있다.

> "아이 때문에 주변 사람들과 관계 속에서 힘든 말도 많이 들으셨죠. 가능성이 있는데 문제아로 치부해 버리는 사람들 때문에 상처가 되셨을 것 같아요…"

이야기하다 보면 부모로서 잘못한 부분에 대해 고백을 했을 때에도 존중이 중요하다. 특히 그럴 만한 이유가 있었을 것이라는 말은 엄청난 존중의 말이 된다.[41] 꼭 이 말을 써 보자.

> "지나고 나서도 이리 속상할 만한 일을 아이에게 하셨다면 그럴만한 이유가 있었을 것이라고 생각합니다."

정혜신 박사의 말처럼 '그런 마음이 들 때는 그럴 만한 이유가 있었을 거라고' 이야기해주자. 무엇을 묻느냐보다 나에게 집중하고 나의 마음을 궁금해하는 사람이 존재하는 것 자체가 치유가 된다.

학부모의 노력했던 부분 보게 하기

부모도 최선을 다한다. 나름대로 최선을 다했지만 잘 안 되었던 이유를 알아주는 것은 인간에 대한 최대의 수용이 될 수 있다. 방법을 몰랐을 수도 있고, 자신의 상처 때문일 수도 있고, 아이를 잘 이해하기 어려웠기에 잘되지 않았음을 알아주어야 한다.

나아가 도움이 되었던 방법을 찾아내는 것이 필요하다. 포기한 학부모도 잘 대처했던 적이나 어떤 방법이 통했던 부분도 분명히 있을 것이다. 이 부분을 되새기게 해서 부모가 자신에 대해 조금이라도 희망을 갖도록 도울 수 있다.

---

41) 정혜신(2018), "당신이 옳다", 해냄

"아이가 문제가 생길 때 어떻게 대처를 해 오셨나요"

"잘 대처했다고 생각했던 방법이 있지 않았나요?"

"잠깐이었어도 도움이 되었던 방법은 없었나요?"

"아, 그런 방법이 아이에게 도움이 되는군요…… 노력을 많이 하셨네요."

아이의 긍정적인 면을 보게 하기

포기하고 좌절한 부모에게 아이의 긍정적인 면을 알려주는 것은 희망의 빛줄기가 될 수 있다. 문제 행동이 그 아이의 전체인 것처럼 여겨지는 느낌에 반전을 주는 것이다. 학교에서 사소한 것이라도 얼마나 잘하는지 얘기해주자.

"어머니, 생각만큼 그렇게 나쁘지 않아요. 그것만 잘못한 거지 그 외에는 괜찮아요. 오늘 만나자고 한 것은 이 문제에 대해 얘기하는 거지 아이 전체가 문제가 있다고 하는 것이 아니에요."

"어머님이 학교에서 알아서 하라고 이야기를 하시면 아이를 잘 도울 수 없어요. 함께 하려는 거지 어머니를 탓하려고 하는 것이 아니에요. 요즘 아이가 (잘 관찰했다가 한 가지라도) 수업시간에 자지 않고 집중하려 노력하는 모습에 감동받았어요. 이렇게 노력하고 있는데 이런 일이 생겨서 너무 속상하고 안타까워요."

학부모와 협력적인 관계 만들기

학부모에게 교사는 문제에 대해 추궁하는 사람으로 인식되는 경우가 많다. 교사 앞에서 죄인이 되는 것이다. 그럴 때 '교사와 학부모는 협력 관계'라는 말은 학부모와 교사 간에 신뢰를 쌓는 데 중요한 역할을 한다.[42] '학부모인 당신이 해결해야 문제'라는 느낌이 들지 않게 함께를 강조하는 것이다. 함께 하는 사람이 있다는 것은 학부모에게 위안과 힘이 될 수 있다. 실제로 문제를 해결하는 데도 큰 도움이 된다.

---

42) 수잔C 팅글리(2017), "피노키오 엄마와 헬레콥터 엄마", 샘앤파커스

"제가 오늘 만나 뵙자고 한 건 어머님과 제가 함께 협력하는 방법을 찾기 위해서예요. 아이를 돕기 위해 저희가 함께 머리를 맞대면 좋은 방법이 나오지 않을까요? 부모님과 저는 아이의 함께 뛰고 있는 팀이라고 생각합니다. 저와 부모님이 좋은 팀이 되면 가장 큰 도움을 받는 건 아이일 거예요."

격려로 무기력에서 벗어나도록 돕기[43]

지치고 포기하는 마음으로 무기력해진 학부모를 돕는 방법은 격려이다. 격려는 낙담하지 않게 하고 다시 도전할 마음을 가지도록 돕는 역할을 한다. 그렇다면 격려는 어떻게 할 것인가? 우선 긍정적인 면을 봐주는 것이 격려가 된다. 학부모나 아이에게서 조금이라도 긍정적인 면을 포착할 경우 다음과 같이 표현을 해보면 좋을 것이다.

"어머니 정말 많이 노력하시는 것 같아요. 많이 달라지셨어요."
"애쓰시는 모습이 느껴져요. 이렇게 노력하는 모습을 언젠가 아이도 알 거예요."
"어머니는 아이에게 정말 소중한 존재에요. 좋은 부모님이 되실 거라고 믿어요."
"어머님이 계셔서 저에게 얼마나 힘이 되는지 몰라요."

학부모의 성장을 돕기

· 부모의 권위를 세우기

포기하고 무기력해지는 가장 큰 이유는 아이를 변화시키고 싶었으나 안 되니, 해야 할 일이나 할 수 있는 일이 없다고 생각하기 때문이다. 말의 변화, 대하는 법 등 무엇이든 새롭게 할 수 있는 일이 도움이 된다. 또 하나 권위가 세워지지 않은 경우에는 제대로 된 권위를 세우도록 돕는 것이 필요하다.

---

43) 김현수(2013), "무기력의 비밀", 에듀니티
김현섭, 김성경(2018), "욕구코칭", 수업디자인연구소

"무엇이든 도움이 된다면 기꺼이 돕겠습니다. 아이에게 안 되는 건 안 된다고 부드럽게 말해주세요. 친절하면서 단호하게 하실 필요가 있습니다. 아이가 반항하거나 거부하더라도 화내지 마시고, 차분하게 다시 한번 안 된다고 이야기해주세요."

· 부모 말의 변화를 돕기

성장은 말에서 시작된다. 양육의 잘잘못도 대부분 말에서 시작된다. 그러므로 구체적인 질문으로 말을 돌아보게 하는 것이 필요하다.

"아이를 혼낼 때 어떻게 말씀을 하시나요?"
"칭찬은 얼마나 하시나요? 칭찬은 어떻게 하시나요?"
"저는 학교에서 칭찬해주면서 '~해주겠니?' 하면 듣더라고요."

이때 어떤 말로 바꾸어야 하는지 알 수 있도록 제안을 하면 좋다. 부모 대부분은 자신이 한 말에 대해 후회를 하기도 하지만 그 말이 아이에게 어떤 영향을 미치는지 잘 모르는 경우가 훨씬 많다. 그러므로 아이들에게 상처가 되는 말을 알려줄 필요가 있다. 특히 존재를 부정하는 말은 깊은 상처를 준다. 이때는 도리를 가르치는 훈육의 말[44]로 전환이 필요하다. 폭언이 습관으로 굳어지면 당사자는 무감각해져서 잘 모르니 일깨워줄 필요가 있다.

예를 들면 아이가 물건을 던질 때 "그러니까 넌 안 되는 거야. 사람을 향해 물건을 던지다니 넌 글러 먹었어." 이런 말은 존재가 부정당하는 느낌이 든다. 도리를 가르치는 훈육은 "사람이 다칠 수 있으니 그런 행동을 하면 안 된다." 와 같은 말이다.

---

44) 도모다아케미(2017), "아이의 뇌에 상처 입히는 부모들", 북라이프

· 작은 목표, 작은 성공에 함께 축하하며 기뻐하기

부모의 성장을 돕기 위해서 학부모의 변화에 초점을 둘 필요가 있다. 학부모는 아이나 자신이 완전히 변화되었을 때만 만족하려 하는 경향을 보이기도 한다. 그러나 목표가 크면 쉽게 포기하게 된다. 작은 목표에 성공을 경험하도록 하고 그 성공을 귀하게 여겨야 진정한 변화로 이어질 수 있다.

이를 위해 아이와 부모 모두 작은 성공을 향한 계획을 짜도록 돕는다. 좌절과 분노로 문제 행동을 하는 아이에게도 작은 성공이 변화를 향한 힘이 되어줄 수 있다. 예를 들어 거창한 목표보다는 '늦지 않게 시간 맞춰 버스 타기, 하교 후 바로 학원가기' 등을 첫 번째 승리의 목표로 잡을 수 있다. 그리고 작은 목표에 따른 작은 성공에 주목해야 한다. 교사가 작은 변화에도 성공했다고 축하해주며 함께 기뻐해주면 학부모나 아이도 작은 성공에 주목하는 방향으로 관심이 바뀔 수 있다.

"어머니 일단 하루 이틀만 해보면 어떨까요? 그리고 결과를 좀 알려주시겠어요? … 이틀 동안 아이에게 소리를 안 지르셨다고요? 성공하셨네요. 축하드려요. 저는 작은 성공도 귀하다고 생각합니다. 그게 모여서 큰 변화를 이룰 거니까요. 아이도 엄마가 부드러워졌다고 좋아했어요."

지치고 포기한 학부모도 좋은 부모가 되고 싶다. 잘하고 싶은 마음이 있기에 함께 작은 변화를 향해 나아간다면 성공 하나하나가 쌓여 아이를 돕기 위한 협력자로 설 수 있을 것이다.

꾸준한 노력으로 방임하는 학부모와 소통하기

이런 유형의 학부모는 상담이 단번에 성사되지 않는 경우가 많다. 여러 가지 이유를 들어 미루거나 응하지 않는 경우가 많기 때문이다. 또 응하더라도 교사가 희망하는 변화가 빠르게 나타나지 않는 경우가 많다. 만남이 성사될 때까지 꾸준한 노력이 필요한 유형의 학부모이므로 급하게 서둘러 마음에 서운함과 화를 쌓으면 안 된다.

초청의 단계를 밟기

먼저 문자 등 일방적 초청을 한 후에 반응이 없으면 전화를 통한 직접 요청을 하도록 한다. 시간과 직장 등의 이유로 상담을 회피하려고 하면 교사가 맞춰드리겠다고 친절히 응한다. 실제 바쁜 때도 있지만 회피용 답변일 수도 있기 때문이다.

만남이 성사되었을 때 학부모의 태도에 실망하기 쉬우나 그럴 필요가 없다. 마지못해 왔다는 반응을 보일 수도 있으나 그 반응 안에는 학부모의 깊은 무력감과 고통이 있을 수도 있음을 헤아려 전문가 입장에서 맞이해주면 좋다. 무관심한 학부모의 좌절을 헤아려 보자. 삶의 좌절, 거듭되는 문제와 실패, 자녀교육에 대한 막연한 두려움으로 지쳐 있는 학부모일 수 있기 때문이다.

인정과 격려해주기

상담에 응해 준 학부모에게는 인정과 격려를 표시해주면 좋다. 바쁜 시간을 내어 와 준 것에 대해, 힘든데도 아이를 학교에 잘 보내주는 것에 대해서 등 사소한 것이라도 감사를 표시해주는 것도 좋다. 자녀의 학교생활에 관하여 객관적인 자료를 종종 제시해줌으로써 자녀의 학교생활에 관심을 갖도록 유도한다. 부정적인 정보보다는 긍정적 변화 및 성장에 관한 정보를 공유함으로써 학교와의 소통이 즐거운 경험이 되도록 한다. 예전에 비해 나아진 점, 인정받는 점, 노력하고 있는 점 등을 들려주면 좋다.

방법을 알려주기

방법을 몰라서 방관하는 학부모의 경우에는 자녀의 성장과 발달을 돕기 위해 학부모가 자녀에게 관심을 기울이고, 그들을 도울 방법을 알려준다.

교사가 '도대체 아이를 왜 저렇게 길렀을까? 늦게 등교하는 거 부모가 알고나 있는 거야? 숙제는 신경도 안 쓰시나 봐…'라고 생각하면 학부모는 '지친다. 내가 아무리 말해도 우리 아이는 한 마디도 지지 않고 대들기만 하고 말을 들어주지 않는다. 직장 생활하랴, 집에 오면 집안일 하랴. 어린 동생 돌보랴… 나도 한다고 하는데 우리 아이는 늘 학교에서 문제 행동을 한다. 담임선생님이 또 보자고 하신다. 아… 너무 어렵다'라는 마음이 절로 든다.

"그동안 얼마나 힘드셨어요. 우리 같이 이렇게 해봐요. 버릇은 제가 고칠 테니 어머님 신경 쓰지 마시고요, 숙제만 하도록 한 가지만 도와주세요. 학교 안에 돌봄 서비스가 있는데 연결해 드릴게요."

라는 교사의 한 마디는 '어디서부터 시작해야 할지 막막했는데… 선생님 고맙습니다.'라는 마음으로 교사에게 다시 되돌아올 것이다.

지치거나 포기한 학부모와의 소통 사례[45]

· 학부모의 선택을 환영하고 감사하기

"어서 오세요. 오시느라 힘들지는 않으셨어요? 제가 상담하고 싶다고 전화했을 때 어떠셨어요? 당황스럽지는 않으셨어요? … 아, 그러셨군요. 잘 오셨습니다. 와 주셔서 제가 참 좋아요. 감사합니다. ○○에 관해 이야기 나누고 우리가 마음을 모을 수 있어 너무 좋아요."

---

45) 김혜숙, 최동옥(2015), "교사를 위한 학부모상담 길잡이", 학지사

· 학부모의 삶과 생각에 대한 이해의 폭 넓히기

"요즘 어떻게 지내셔요. 많이 바쁘시지요? … 아, 그러시군요. 요즘 ○○이가 학교생
활에 관해 이야기 않던가요? ○○의 학교생활이 어떨 거라고 느껴지세요?"

· 객관적 사실에 근거한 아이에 대한 정보 공유

"○○의 학교생활과 관련해서 어머님과 저는 성장의 정보를 공유하고 같이 협력해
야 하는 팀이니까 한번 모시고 대화를 나누고 싶었어요. 우리 ○○의 학교생활에
대해 그간 제가 모은 자료들인데 한번 보시겠어요?"

· 부모의 느낌 묻고 경청하기

"○○이의 학교생활에 관해 들으셨는데 어떠셔요?"

· 부모 스스로 평가할 수 있는 질문하기

"원인을 알면 제가 도울 일을 찾는 데 도움이 될 것 같아요. 왜 이런 습관이 생겼을
까요?"

· 그동안 시도한 노력 확인하기

"혹시 이런 삶의 모습 관련해서 가정에서는 어떻게 지도하고 계시나요? 아… 그러
셨구나. 노력을 많이 하셨네요. 그런데 그 방법이 어떤 효과가 있었어요? 아이는
어떤 생각을 할까요?"

· 협력할 사안 합의하기

"이제 우리가 마음을 모아서 가정과 학교에서 일관되게 이런 방법으로 도와볼까요?
저는 학교에서 수업시간에 ○○에게 질문을 하나씩 해서 집중을 유도해볼게요. 가
정에서는 11시 전에 잠을 잘 수 있도록 도움 주시겠어요?"

· 추후 과정 약속과 격려와 관심 보이기

"집중력이 얼마나 향상되었는지 제가 관찰하면서 연락드릴게요. 아~이렇게 가정
에서도 적극적으로 나서주시니 우리 ○○이가 정말 얼마나 좋아질지 벌써 기대가
됩니다. 힘내요. 우리. 파이팅!!"

20장.
선생님, 저도 교사예요

같이 가르치는 입장인데… 오히려 편하지 않을까요?

"중학교 1학년 담임입니다. 학부모 상담 신청이 들어와서 아이에 대한 자료를 정리해두고 학부모님을 기다렸어요. 약속한 시각, 문을 열고 들어오시는 학부모님 얼굴을 보는 순간 너무 놀랐어요. 인근 중학교에서 근무하시는 선생님이었거든요. 저와 과목이 같아서 종종 지역 연구회에서 만난 적이 있는 분이었어요. 순간 '○○이 학부모님'이라고 불러야 할지 '○○○ 선생님'이라고 불러야 할지도 혼란스러웠고 심장이 마구 쿵쾅거렸어요. 선생님인 그 학부모님은 아이의 학습과 관련된 질문을 많이 하셨고 염려되는 부분과 기대하는 부분에 관해 이야기하고 가셨는데 저의 수업과 학급경영에 대해 평가를 받은 듯한 기분이 들었어요. 일부러 그러실 분이 아니라고 생각하려고 애쓰지만, 자꾸 신경이 쓰이네요."

2월이 되면 교사들은 수업, 생활지도, 교실 환경, 동아리 활동 등에 대한 계획을 세우고 준비하며 기분 좋은 설렘으로 새 학년을 맞이한다. 동시에 어떤 학생들을 만나게 될지 또 학생들의 부모는 어떤 분들인지 궁금해하며 기대와 걱정으로 복잡한 마음을 표현하기도 한다. 교육과정을 아무리 알차게 준비했다 하더라도 학생이나 학부모와의 관계가 편하지 않다면 아무 소용이 없기 때문이다.

그래서 담임을 맡는 학급의 명렬표가 공개되는 날이면 교무실은 아이들에 관한 이야기로 시끌벅적해지곤 한다. 이전 학년에 담임을 맡았던 교사들은 돌봄이 더 필요한 아이, 학습에 신경 써야 하는 아이, 생활지도가 중요한 아이, 건강에 유의해야 하는 아이들에 대한 정보를 새 담임에게 전달하느라 이리저리 뛰어다니고 새 담임들 역시 자신이 미리 알고 준비해야 할 것들을 정리하느라 관련 업무 담당자를 쫓아다니느라 분주해진다. 아이들에 대한 정보를 많이 알수록 새 학년 준비가 수월해지지만 모든 정보가 다 반가운 것만은 아니다.

A : "선생님, ○○이의 학부모님이 ○○학교에 근무하세요." "○○이 학부모님은 ○○학원을 운영하신다고 들었어요."

B : "정말요? 아, 올해 큰일 났네요…. 학부모님들과 만남을 지양해야겠어요."

A : "왜요? 같이 가르치는 입장인데… 오히려 편하지 않을까요?"

B : "모르는 소리 마세요, 교감 선생님을 두 분 더 모시는 거랑 똑같아요.

교육계에 종사하는 학부모[46]

교사들이 어려워하는 학부모 중에 대표적인 유형이 바로 '교육 관련 직종에 종사하는 학부모'이다. '교육=학교'로 인식되었던 때에는 교육 관련 직종이라

---

46) 김혜숙 외(2017), "교사를 위한 학부모상담 길잡이", 학지사 / 박미향 외(2018), "별별 학부모 대응 레시피" 학지사

고 하면 '교사'나 '장학사' 등 공교육과 관련된 직업들이 대표적이었다. 그만큼 교육 분야에 대한 전문성 역시 공교육에 중심을 두고 있었다. 하지만 교육에 대한 무게가 학교 밖으로 분산된 요즘은 학원, 학습지, 컨설팅, e-learning 등 다양한 분야에서 교육을 전공한 이들이 일하고 있으며 그들이 학부모로 교사와 만나고 있다. 학부모로 만날 수 있는 대표적인 교육 관련 직종에 대해 알아보자.

교사 학부모

교원 상피제(2019.03.) 도입 후 같은 학교에 근무하는 동료 교사의 자녀를 가르치는 경우는 거의 없어졌으나 같은 지역에 있는 다른 학교에 근무하는 교사의 자녀를 가르치는 경우가 있다. 같은 학교급, 동교과 교사가 아닐지라도 학교의 상황(교육과정, 학사 일정, 평가와 진학에 관한 내용 등)에 대해 잘 알고 있고 다른 학부모에 비해 학교에 대한 세세한 정보를 얻을 수 있다. 누구보다 교사를 잘 이해해줄 수 있으면서도 교사의 실수에 대해 빨리 알아차릴 수 있다는 점에서 교사를 긴장하게 하는 학부모라 할 수 있다.

교육 전문직 학부모

교육청에 근무하는 장학직과 교육연구직 공무원들도 교사들에게는 대하기 어려운 학부모이다. 업무상 만나는 일도 있고 장차 교장이나 교감으로 전직할 경우 학교에서 관리자로 만날 수도 있기 때문이다. 교육 전문직 학부모의 경우 교육청 담당 지역의 학교들에 대한 정보를 두루 알고 있으므로 교육과정 등에 대한 학교 간 비교가 가능하다. 그들은 학교를 지원·지도·평가하는 입장이므로 교사는 자신의 학생지도 방식이 곧 학교를 대표할 수 있다는 부담감을 가지고 학생과 학부모를 대한다.

교육 관련 종사 조부모

학생의 조부모가 전·현직 교사이거나 교육 전문직에 종사하는 경우도 있다. 학부모가 교사일 때처럼 직접적인 부담감이 크지는 않지만, 학부모가 조부모로부터 어떠한 조언을 듣고 따르고 있는가에 따라 또 다른 어려움을 만나기도 한다. 아이를 직접 관찰하고 지도하고 있는 교사와 학부모가 아닌 또 다른 시각으로 아이를 바라보고 코치하는 이가 존재하고 있는 것이기 때문에 교사는 학부모의 뜻과 학부모를 코치하고 있는 조부모의 뜻을 구분해야 하는 어려움이 있다.

공공기관 교육사업 담당 학부모

지자체마다 교육과 관련된 부서가 운영되고 있는데 교육예산 규모에 따라 하나의 부서로 운영되기도 하고 독립된 단체(재단)의 형태로 운영되기도 한다. 공공기관에서 근무하는 학부모의 경우 지역사회에서 화제가 되는 교육사업이나 정책, 근무처의 업무와 관련된 내용에 관심을 가지고 학교를 바라보기 때문에 교사 개인이 갖는 부담감은 적은 편이다. 공공기관과 학교가 함께 교육사업을 운영하는 사례(지역사회와 함께하는 교육, 마을교육공동체 등)가 늘어감에 따라 협력과 협조의 관계로 소통을 이어나가기도 한다.

사교육 종사 학부모

사교육 시장의 다양화·거대화에 따라 학부모들이 사교육에 종사하는 형태도 다양해지고 있다. 학원이나 공부방 운영자, 강사, 학습지 교사, 인터넷 강의 강사나 콘텐츠 개발자·수강 관리교사, 교과서와 문제집을 제작하는 출판 담당자, 과외교사, 입시 컨설턴트 등을 학부모로 만날 수도 있다. 사교육에 종사하는 학부모는 교육에 대한 지식과 관심, 열정이 모두 높으며 여러 학교와 학생을 비교 평가한 자료를 가지고 있으므로 자신의 자녀에게 필요한 것이 무엇인지 파악하고 자신만의 교육철학·방법을 주장할 수 있다.

교수 학부모

대학, 전문대학 등 고등교육기관에서 교편을 잡는 학부모의 경우 초·중등학교와 전혀 다른 환경에서 근무하고 있어 크게 연계되는 점은 없다. 다만 자녀의 학업성취나 진학에 대한 기대가 있으므로 학교 교육과정에 관해 관심을 가지고 지켜본다. 교수 학부모의 전공과목이 초·중등학교 교과목과 일치하는 경우 수업은 물론 평가 장면에서도 교사가 부담을 느낄 수 있다.

기타

교육부, 교육개발원, 교육과정평가원 등 국가교육 기관에 근무하는 학부모나 교육행정직으로 일하고 있는 학부모를 만나는 때도 있다. 이럴 때 교사는 교육 정책 이해나 행정처리에 대한 부분에서 미숙함이 드러날까 염려한다. 교육이나 학습 분야에서 유명한 저자를 학부모로 만나 곤란했다는 경우와 은사의 자녀를 지도하게 되었다는 경우도 있다. 이 밖에도 방과후학교 강사나 실기·체험학습 강사, 교육봉사자(재능기부 강사, 심성 수련 강사, 상담봉사자) 등을 학부모로 만나는 경우도 교사들이 특별히 신경을 쓰게 되는 경우라 말할 수 있다.

교사인 학부모 이해하기

교사들이 교육 관련 직종에 종사하는 학부모(이하 '교사인 학부모')를 부담스러워하기 이전에 학부모의 상황을 먼저 생각해 보아야 한다. 개인정보 보호로 학부모나 학생이 자발적으로 공개하기 전까지는 학부모의 직업을 알 수 없으므로 때로는 학부모가 교육 관련 직종에 종사하는지 알지 못하고 학기를 마칠 수도 있다. 교사인 학부모를 만나지 않는 경우도 있다. 하지만 학부모는 자신의 직업이 바뀌지 않는 이상 늘 '교사 학부모'로 살기 때문에 교사보다 더 큰 마음의 짐을 지고 있을 수도 있다.

교사인 학부모의 외적 갈등 - 기대와 시선

· 학교에서

입시철이 되면 중3, 고3 자녀를 둔 교사 중 동료들과의 교류를 자제하고 조용히 업무에만 충실히 하는 이들이 있다. 진학업무를 담당하고 있는 교사들의 경우 자신의 자녀가 수험생인 것을 알리지 않는 경우도 많다. 학교에서 학생들을 지도하는 것만큼 자녀도 지도하고 있는지가 동료 교사들 사이에서 회자되는 것을 원하지 않기 때문이다. 교사들의 경우 학습과 진로·진학 지도 등에 많은 정보와 기술을 가지고 있지만, 가정에서 이를 실천하기란 쉽지 않은데, 이를 잘 알고 있으면서도 궁금해하고 기대하는 동료들의 시선을 부담스러워하는 교사들이 적지 않은 것이 현실이다.

· 지역사회에서

학부모 모임에서 교사인 학부모는 든든한 동지이거나 경계할 상대로 인식된다. 각종 교육 정보를 잘 알고 있으므로 친하게 지내면 많은 도움이 되리라 생각하는 또래 학부모들이 있다. 정보를 얻을 수 있을 뿐 아니라 학교폭력이나 기타 해결해야 할 문제가 발생했을 때 실제적인 조언을 구할 수 있다는 점에서도 교사인 학부모를 알아두는 것은 도움이 되는 것이다. 반면에 학교에 대한 불만이나 교사에 대해 속상한 이야기를 나눌 때는 교사인 학부모가 배제된다. 교사인 학부모도 이러한 상황에서 학부모들과 목소리를 같이해야 할지 학교 편에서 해명을 해야 할지 난감한 입장이 된다.

· 가정에서

20대 젊은이들이 명절에 취업과 결혼에 관한 이야기로 스트레스를 받는다면 교사인 학부모는 "엄마가 선생님인데 잘 가르치겠지", "아빠가 선생님인데 대학은 잘 가겠지"라는 말 때문에 힘들다고 한다. 교사는 자녀교육도 잘할 것이라는 가족들의 기대가 있기 때문이다. 그러한 분위기에서 자녀들이 받는 스트레스도 만만치 않기에, 교사들은 일가친척들에게도 자녀에게도 미안하고 섭섭한 마음이 있다. 퇴근해도 열성적인 교사 역할을 해야 하는지, 자녀교육은 자녀가 다니는 학교에 맡겨도 되는지에 대한 교사 학부모의 내적 갈등은 교육이 온 국민의 관심인 이상 계속될 것이다.

교사의 자녀들은 부모가 교직에 종사하고 있을 뿐 또래와 다를 바가 없는 평범한 아이들이다. 모범적이고 적응적인 학생이 있는가 하면 그렇지 않은 예도 있다. 학습에 두각을 나타내는 예도 있고 예술이나 기술 분야에 재능을 보이는 아이도 있다. 그런데 주변에서는 이 아이들을 '교사의 자녀'로 먼저 규정짓고 바라보기 때문에 교사인 학부모는 부담을 느끼는 것이다. 그러다 보니 자녀의 문제를 감추거나 부정하려는 행동을 할 때도 있고 자녀의 성장을 위해 학교에 지시하는 듯한 태도로 요구를 하는 모습을 보이기도 한다.

교사인 학부모의 내적 갈등- 완벽주의[47]와 죄책감

교사인 학부모 스스로 인지하고 있는 교육에 대한 전문성, 철학, 소명 의식과 주변의 기대가 복합적으로 작용하여 교사 학부모로서의 다양한 고민과 갈등이 만들어지는데 대표적으로 '완벽주의'와 '죄책감'으로 정리해볼 수 있다.

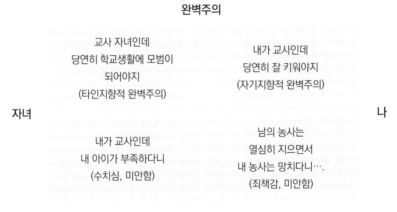

완벽주의

교사 자녀인데
당연히 학교생활에 모범이
되어야지
(타인지향적 완벽주의)

내가 교사인데
당연히 잘 키워야지
(자기지향적 완벽주의)

자녀　　　　　　　　　　　　　　　　　　　　　　**나**

내가 교사인데
내 아이가 부족하다니
(수치심, 미안함)

남의 농사는
열심히 지으면서
내 농사는 망치다니….
(죄책감, 미안함)

죄책감, 수치심

'완벽주의'란 학자마다 기준과 정의가 다양하지만, 일반적으로 '한 사람이 자신이나 타인의 성과에 대해 상당히 높은 기준을 가지게 되는 것(곽상경, 2015)[48]'이라고 할 수 있다. 기준이 높은 만큼 성취와 평가에 대해 민감하므로 기준에 미치지 못한다고 판단했을 때 미안함과 죄책감을 쉽게 느낀다.

교육전문가로서의 위치를 의식할수록 학교에서만큼 가정에서도 교육자로서의 실력을 발휘하고 싶은 마음이 들 수 있다. "제가 교육전문가인데 당연히 우리 아이를 잘 키워야 하지 않겠어요?"라고 말하는 경우는 스스로에게 완벽주의

---

47) 박현주 외 공역(2013), "완벽주의 : 이론, 연구 및 치료", 학지사.
48) 곽상경(2015), "완벽주의 성향을 가진 중학교 영재 학생의 생활에 대한 내러티브 탐구",
　　박사학위 논문, 백석대학교

를 추구하는 '자기지향적 완벽주의'에 해당한다. 완벽주의를 추구하는 방향이 자녀에게 향할 수도 있다. "너는 교사 자녀로서 그렇게 행동하면 되겠니? 더 모범이 되어야지!"라고 자녀를 질책한다면 '타인지향적 완벽주의'로 자녀를 대하고 있는 것이다.

일정한 기준을 달성하지 못해 실패감을 맛보았을 때, 부정적 감정이 자신을 향한다면 죄책감과 수치심으로 작용한다. '학교에서 남의 자식들은 잘 가르치면서 내 자식은 그렇게 키우지 못하다니⋯.'라는 생각이 대표적이다. 부모로서 역할을 잘하지 못했다는 자신에 대한 부정적인 평가가 죄책감으로 나타나는 것이다. 실패감이 자녀를 향한다면 자녀를 잘 돌보지 못한 미안함과 동시에 자녀의 수행 결과(학교생활, 진학 등)가 '부끄러운 것'이 되어버린다. "너는 부모가 교사인데 이게 뭐니? 창피해서 어디에 말을 할 수도 없잖아!"라고 말하고 있다면 수치심으로 인해 자녀에게 상처를 주고 있음을 깨달아야 한다.

실제로 많은 기혼 여교사가 다중역할에 대한 스트레스를 받고 있으며 특히 자녀 양육에 대한 완벽주의나 죄책감을 경험하고 있는 것으로[49] 밝혀지고 있는 만큼 교사인 학부모들 역시 교사들 못지않게 마음고생을 하고 있다는 것을 알아야 한다. 이러한 복잡한 감정들의 바탕에는 '다른 사람들이 자신을 완벽주의 잣대로 바라본다고 생각하고 그런 요구에 부응하려 애쓰는 사회부과적 완벽주의'가 작용하고 있다. 교사인 학부모 역시 보통 학부모일 뿐이라는 것을 인정하고 위로할 필요가 있다.

---

49) 전승희(2014), "가사와 양육부담이 여교사의 직무스트레스와 교사효능감에 미치는 영향", 석사학위 논문, 강원대학교
이태영(2015), "초등 기혼 여교사의 심리적 소진에 영향을 미치는 변인들 간의 구조적 관계 분석", 박사학위 논문, 부산대학교
구하영(2017), "자녀 양육을 경험한 초등학교 교사의 교사발달에 관한 연구", 석사학위 논문, 서울교육대학교

교사인 학부모와 소통하기[50]

만나기 전에 준비하기

교사인 학부모를 만나기 전에는 구체적인 관찰기록과 자료들을 준비해두는 것이 중요하다. 학교급이나 근무지역이 다르다 하더라도 기본적으로 학교에서 작성해야 하는 학생에 대한 기록이나 교육과정의 흐름에 대해서 알고 있으므로 '교사인 학부모가 생각하고 있을 만한' 자료들을 미리 준비해두자. 학생의 생활에 대한 기록, 주고받은 메시지나 편지, 표준화검사 결과, 사진이나 동영상, 평가 자료, 포트폴리오 등을 함께 살펴보면 이야기를 풀어나가기에도 좋고 교사인 학부모가 자녀에 대해 객관적인 평가를 할 수 있으므로 학교나 교사에 대해 무리한 요구나 오해를 하지 않는다.

또한, 교사인 학부모가 관심이 있는(상담을 요청한) 내용과 관련된 제도나 정책, 교육과정에 대한 자료를 확인하고 학교의 교육 방향과 교칙 등도 숙지하여 학부모가 설명을 요청하거나 잘못 이해하고 있을 때 자세히 제시할 수 있도록 한다.

인정과 존중으로 소통하기

교사인 학부모를 만났을 때 가장 중요한 것은 '인정'과 '존중'의 태도이다. 학부모가 교사보다 교육경력이 길고 짧음을 떠나 '교사'라는 동등한 직업적 배경을 가지고 있기 때문에 나름의 교육철학과 전문성을 가지고 있다는 것을 기억하자. 교사 학부모가 먼저 학생에 대한 평가와 의견을 제시할 수 있도록 한다면, 학부모의 연륜을 인정해주면서 교사의 의견을 어떻게 전달하면 좋을지 파악할 수 있다.

---

50) 김혜숙 외(2017), "교사를 위한 학부모상담 길잡이", 학지사
    박미향 외(2018), "별별 학부모 대응 레시피", 학지사

"○○이를 저도 잘 관찰하고 이야기도 많이 나누고 있답니다. 학부모님이 보시는 ○○이는 어떤 아이인가요? 아이와 더 많은 시간을 보내셨으니 학부모님 말씀을 먼저 들어보고 싶습니다."

먼저 아이에 대한 이야기를 풀어놓는다면, 교사인 학부모는 사회부과적인 완벽주의의 잣대로 자신이 평가받는다는 느낌보다 자신이 자녀교육의 주체이고 인정을 받고 있다는 편안함을 느낄 수 있을 것이다.

교사인 학부모와 만났을 때도 소통의 초점은 '학생'에 있음을 잊지 말아야 한다. 교사의 자녀로 살아가야 하는 학생의 어려움도 학부모의 어려움과 비교했을 때 결코 적지 않을 것이다. 학생에 대한 긍정적인 평가와 지지는 교사인 학부모의 불안을 낮추고 학생을 향한 수치심으로 범벅된 호통을 줄여줄 것이다. 학생의 노력하는 태도, 작은 변화, 가정에서 발견하기 어려운 강점, 발전 가능성 등에 대해 반드시 이야기해야 한다.

"○○이는 정말 학교생활을 열심히 하고 있습니다. 아직 부족한 점이 있다고 생각하실 수도 있지만, 본인이 노력하는 모습을 볼 때 얼마만큼 성장할 수 있을지 기대가 됩니다. 너무 걱정하지 마시고 ○○이의 가능성을 믿어 주세요."

학생의 학습이나 생활지도에 대해 학부모와 함께 지도해야 하는 경우가 있다. 일반 학부모의 경우 교사가 조금 더 주도적으로 방법을 제시할 수 있지만, 학부모가 교사인 경우에는 균형을 맞추는 것이 중요하다. 교사가 학생지도에 대해 제시할 방법들을 학부모도 대체로 알고 있는 데다가 제시하는 방법에 대한 긍정적·부정적 결과도 경험으로 알고 있기 때문이다. 교사가 일방적으로 학생에 대한 개입 방법을 제시하기보다는 교사인 학부모의 경험과 학생의 입장을 고려한 지도 방향 설정이 필요하며 교사인 학부모가 '협조'하는 것이 아니라 '협력'하는 방법으로 합의가 이루어져야 한다.

"○○이의 학습을 도와주고 싶은데 저는 ~한 방법들을 생각하고 있습니다. 학부모님
이 생각하시는 좋은 방법이 있다면 말씀해주세요. 학부모님과 제가 함께 실천할 만
한 것들이 있다면 ○○이에게 정말 좋을 거예요."

학부모와 학생에 대한 개입 방법을 정할 때 주의할 것은 학생이 두 명의 선생
님(교사와 학부모) 사이에서 힘들면 안 된다는 것이다. 학생의 관점에서 학교
가 공부하는 곳이라면 가정은 자신이 휴식을 취하는 곳인데 학교에서 교사가
지도하는 내용과 방식 그대로를 부모가 강요한다면 엄청난 부담과 함께 교사
와 학부모를 신뢰하지 못하고 방어적인 태도를 보일 수 있다. 학생에 대한 개
입 방법을 정할 때 학부모와 합의를 하되 학교에서와 가정에서의 지도 방법이
상호보완적으로 이루어질 수 있도록 하는 것이 중요하다.

교사,

제5부

학부모와
함께 길을 걷다

21장.
학부모의 권리를 다시 생각하다

학부모 학교 출입금지?

"저는 초등학교 3학년 자녀를 둔 학부모입니다. 어떤 초등학교는 9시가 딱 되면 교문을 걸어 잠그고 학부모가 못 들어오게 하는데요. 좀 불쾌합니다. 그리고 또 어떤 초등학교는 '학부모 출입금지'라고 써놓기도 하고요. 사실 이런 상황이 기분 나쁘기도 하지만, 한편으론 '오죽하면 이렇게 했을까?' 하는 생각도 들어요."

"저는 학부모지원전문가 일을 하고 있습니다. 학부모들이 교육과정에 굉장히 관심이 많은 거 아시죠? 교육청에서 학운위 연수를 듣고 난 후, 학부모들이 학교에 가서 '우리 학교는 뭐하나요? 교육과정 재구성은 어떻게 하고 배움 중심수업은 어떻게 하는지 궁금합니다.'라고 질문을 했는데 질문하는 태도가 약간 날 선 태도였나 봐요. 그걸 듣고 교감 선생님이 불평을 하셨고 교육장님한테 전화하셨더라고요. 그후 교육청에서 '학부모들이 너무 많이 알아서 학교를 피곤하게 한다. 그래서 앞으로 연수는 교양 연수 위주로 잡는다'고 그러더라고요. 인문학 위주로 연수를 하고 학교 교육과 관련된 연수는 하지 않는다고요."

위의 사례는 학교를 방문한 경험이 있는 학부모의 인터뷰 내용이다. 학부모가 학교로부터 주욱 선을 긋고 넘어오지 말라는 경고의 메시지를 들은 경험인 듯하다. 학교에 방문하는 학부모들은 학교가 학부모에 대해주는 일반적인 느낌을 다음과 같이 이야기한다. 우리도 그러하고 있지는 않은지 한번쯤 귀담아 들어 볼 만한 내용이라 소개하고자 한다.[1)]

학교가 모든 기획의 주체고 학부모는 동원되는 대상이라는 느낌을 줘요.

"학부모가 주체라는 생각을 하지 않죠. 교사와 학생이 주인이고, 거기에 학부모가 들어오려고 한다고 생각해요. 학부모들이 학교에 들어가서 뭔가 같이 하려고 할 때, 우리가 주인으로서 뭔가 하려는데 학부모들이 와서 불편한 상황이 될 것 같기 때문에 사전에 차단한다는 느낌이 들어요. 학부모들이 학교에 가서 뭔가를 하려고 하면 학교는 이미 모든 일정이 정해져 있고, 우리는 어떻게 어떻게 진행하기 때문에 굳이 할 거 없다는 말을 굉장히 많이 해요. 지금 학교는 학부모들을 동반자로 인정 안 하는 거예요."

(권○○, 학부모지원전문가)

---

1) 오재길 외(2016), "학부모 교육주체화 방안연구", 경기도교육연구원

문제 있는 학부모만 학교에 불려가는 느낌이 들어요.

"저학년인 경우에는 적응을 잘하나 궁금하기도 해서 학교에 가봐야겠다는 생각이 드는데, 고학년인 경우에는 계속 다니고 했으니깐 맨날 똑같겠지! 하게 돼요. 그러다가도 그래도 가봐야 하나?라는 생각이 불쑥 들기도 하죠. 근데 막상 가면 '궁금한 거 없으세요?' 선생님도 그게 다이고. '별 사고 없는데 왜 오세요?', '잘하고 있는데 왜 오셨어요?'하는 선생님도 있어요. 그럼 문제가 있는 학생들의 학부모만 학교에 방문해야 하는 건가요? 사실 선생님들은 문제 있는 학생의 학부모가 오는 건 당연한거고 평범한 아이의 학부모는 학교에 오면 왜 왔지?라는 생각들을 하는 것 같아요. 그러니까 학교에서 전화가 오거나 선생님이 잠깐 만나자고 하면 '무슨 문제가 있나'라는 생각이 가장 먼저 떠올라요."

(최○○. 초등 학부모)

학부모의 의견은 제안이라기보다 민원이라는 인식이 있는 것 같아요.

"간담회 때 의견을 제시하라고 해서 손을 들고 의견을 말했어요. 그런데 선배 엄마들이 저를 용감하다는 듯이 쳐다보더라고요. 그다음에 학교에 아이를 데리러 갔다가 선생님을 만났는데 '어머니, 간담회 때 대단하셨다면서요?' 하시는데 뭔가 내가 잘못한 건가 하는 싸한 느낌이 들었어요."

(정○○. 학부모)

교육의 주체라고는 하는데 막상 학부모가 주체로서 무엇을 해야 하는지 모르겠어요.

"학부모들에겐 교육 주체라는 이미지가 떠오르지 않는 것이 문제예요. '학부모가 학교 운영에 주체로 참여하고 있는가?'라는 맥락으로 봤을 때 학부모는 일단 교육 주체가 아니잖아요. 학교 운영에 주체로서 참여하지도 못하고 여러 가지 시스템으로 봤을 때 주체적으로 참여하기 힘드니까요. 그럼 왜 이렇게 된 걸까요? 학부모들이 학교 운영시스템을 잘 모르니까 학교 운영에 어떤 방식으로 참여해야 할지도 모르는 거예요. 잘 모르니 주체가 되기도 힘들죠.

(김○○. 학부모지원전문가)

학부모의 권리와 의무

이와 같은 학부모의 마음을 헤아려 학부모와의 약속을 만드는 등의 노력으로 학부모를 학교와 교육의 주체로 세우려는 노력을 하고 있는 곳도 있다.

C도 교육청에서 제정한 교육공동체 헌장을 보면 학부모의 권리 및 의무에 관하여 다음과 같이 정하고 있다. 학부모를 교육공동체로 세워주고 그 역할을 분명히 알려주는 느낌이 든다.

· 학부모는 학생 교육에 적극적으로 참여할 권리를 가진다.
· 학부모는 자녀교육에 관한 정보를 제공받을 권리를 가진다.
· 학부모는 교권을 존중하고 자녀교육에 힘써야 한다.

[학부모의 권리]
· 15조 학교 운영 및 학생의 교육 활동에 참여할 권리
· 16조 학교 운영 및 교육 활동과 관련하여 자유롭게 의견을 제시할 권리
· 17조 학생의 안전한 교육 활동을 요구할 권리
· 18조 신상에 대한 기록 등 개인정보를 보호받을 권리
· 19조 교육 활동과 관련하여 상담을 요청할 권리
· 20조 학교 운영 및 자녀의 교육 활동이 관련 정보를 제공받을 권리

[학부모의 책임]
· 21조 학부모는 교육 활동에 대해 다음 각호의 책임을 준수해야 한다.
· 자녀교육에 동참해야 한다.
· 학교 교육에 적극적으로 협조해야 한다.
· 교권과 학습권의 보호에 힘써야 한다.

· 교원에게 자녀에 대한 유무형의 특별대우를 요구하거나 금품·향응을 제공
해서는 아니 된다.

또 어떤 초등학교는 다음과 같이 학부모의 약속²⁾을 정하기도 했다. 학부모들
이 읽으면서 어떻게 학교생활을 해야 할지에 대해 가이드라인을 제공받는 느
낌을 받을 수 있다.

[○○초등학교 학부모의 약속]

· 서로 존중하고 고운 말을 사용하겠습니다.
· 웃는 얼굴로 등교시키고 10분 이상 대화하겠습니다.
· 알림장 확인, 가정 학습 등 공부하는 데 어려움이 없도록 챙겨주겠습니다.
· 선생님을 존경하고, 학교를 신뢰하겠습니다.
· 자녀에게 모범을 보이고 학교 일에 적극적으로 봉사하겠습니다.
· 학교와 지역사회와의 소통에 적극적으로 참여하겠습니다.

[○○학교 학부모의 약속]

· '나 하나쯤이야' 하지 말고 적극적으로 참여한다.
· 아이에게 바라는 생활방식을 나부터 실천한다.
· 학교와 자녀를 믿고 사교육을 시키지 않는다.
· 잔소리보다는 따스한 말을 한마디 더한다.
· 모든 아이를 함께 키운다는 마음가짐으로 대한다.
· 교사의 자율성, 전문성을 최대한 존중한다.
· 건강한 시민, 따뜻한 이웃이 된다. 등

---

2) 최연이(2016.7.21.), "○○초등학교 학부모와 학생, 교사의 약속 제정", 경기도교육청 블로그

위와 같은 학부모와의 약속을 학교가 일방적으로 정하지 않고 학부모와 함께 만든다면 더욱 효력이 있을 것이다. 우리 학급에서도 실천해보고 싶은 사안이다.

I시 한 초등학교 사례도 소개하고자 한다. 이 초등학교는 학부모와 적극적으로 협력하기를 희망하는 학교로 다음과 같은 노력을 실천해 오고 있다.

· 학년별 총회

학년별 총회에는 해당 학년의 모든 교사가 참여하며 교육과정운영과 학생지도와 관련된 다양한 의견이 수렴되고 제안된다. 학부모님과 원형으로 앉아 마이크를 돌리며 인디언 말하기 구조를 사용하여 원하는 학부모는 누구나 의견을 제시할 수 있고 원치 않으면 마이크를 옆 사람에게 편안하게 넘기도록 한다.

· 반별 모임

월 1회 정도 반별 모임을 하여 해당 반의 전반적인 운영에 대해 학부모와 담임교사 간 의견을 나눌 수 있다.

· 교사와 학부모 1대1 상담

한 학기에 한 번 상담 주간을 갖고 교사와 학부모가 1대1 상담을 한다.

22장.
학부모와 함께 교육과정 운영하기

학부모의 참여가 이루어진다면?

학교 행사를 운영하다가 또는 학생들과 체험학습을 갔다가, 특별한 수업을 진행하다가 '아, 이런 것은 학부모와 함께하면 좋겠다'고 생각해 본 적이 있을 것이다. 실제로 학부모와 교육과정에 함께할 수 있도록 하려면 어떻게 해야 할까?

"중학교에서 15년째 근무하면서 담임을 한번도 안 한 적이 없어요. 담임을 하는 것이 행복합니다. 한동안은 저도 '담임을 안 한다고 해야 하나' 고민을 했었어요. 안전사고가 나거나 학교폭력이 발생하면 몸도 마음도 너무 힘들었거든요.

한 해는 학급별 체험학습을 가야 하는데 아이들이 너무 말을 안 들어서 아이들과 어디에 갈 엄두가 나지 않더라고요. 그래서 할 수 없이 학부모회 반대표께 전화를 드렸고 저희 반 학부모 세 분이 동행해주셨어요. 그런데 그날 저는 너무 행복했어요. 든든한 제 편 세 명이 함께하니 아이들 인솔도 어렵지 않았고 저는 체험지를 소개하고 안내하는 일에 충실할 수 있었어요. 시간이 날 때마다 학부모님들과 아이들에 대한 이야기를 나누며 저도 학생들에 대해 많이 배우는 시간이죠.

그 이후로 허락되는 한 자주 학부모들을 초대해서 함께 하고 있어요. 수업 공개 주간이 아닐 때도 저의 수업을 보러 오시라고도 하고 같이 비빔밥을 비벼 먹기도 하고…. 부모님들이 집에 가서 학교에서 있었던 일을 함께 이야기하며 가족들의 대화도 늘었다고 하고요. 남학생들의 경우에는 집에서 맨날 혼났는데 엄마가 학교에서 와서 다른 친구들을 보더니 '다 그렇더라' 하면서 혼내지 않으셨다고 자랑을 하기도 했어요. 학교에서 이렇게도 교육할 수 있구나, 가정과 함께 교육하니 효과가 정말 좋다는 것을 확신했죠."

학부모의 참여에 대한 교사의 시선 VS 학부모의 시선

학부모가 학교에 자주 찾아오는 것을 부담스러워하는 교사들이 있다. 수업하는 모습, 근무하는 모습을 보여주는 것이 불편하기도 하고 지켜보고 있는 사람이 있다는 생각에 아무래도 학부모가 있을 때는 말과 행동을 조심하게 된다.

학부모의 참여에 대한 교사의 시선

학교에서 자주 만날 수 있는 학부모들을 바라보는 교사들의 일반적인 시선은 어떠한가를 조사한 연구가 있었는데 결과가 다소 흥미롭다. 연구에 따르면,

교사들이 바라보는 '학부모의 학교 참여 이유'는 다음과 같다.[3]

· **선생님께 잘 보이기 위해서 참여한다.**

"아이들은 선생님께 칭찬받으려고 잘하는 거야. 엄마도 마찬가지거든. 엄마가 학부
모회를 하고, 어머니회를 하고, 하는 거는 선생님께 잘 보이기 위한 것도 있어요.
물론 즐거워서 하는 것도 있지만."

(J교사)

· **사회, 경제적 지위를 과시하려고 참여한다.**

"좋게 보면 엄청나게 적극적이죠. 적극적이고 뭔가 이렇게 좀… 근데 그걸 뭐 '순순
히 내가 봉사를 하겠다, 우리 반을 위해서' 이렇다기보다는 '나는 이 정도. 이 정도
다.' 약간 이런 것도 있는 것 같아요. '내가 이 정도 할 수 있다. 내가 이만큼까지 했
다.' 엄마들끼리 사회, 경제적 지위를 과시하기 위한 것이요."

(Y교사)

· **학부모들끼리 세력 형성과 그룹을 짓기 위해서 참여한다.**

"이 엄마들은 다른 엄마들에 대해서 '너네들은 어차피 참여하지도, 참여해주지도
못하는데 우리가 그걸 대신하고 있다'라는 그런 인식을 가지고 있어요. 근데 그 속
에서 또 자기들끼리 싸워요. 안 좋은 감정적 싸움이요. 그게 이제 보이더라고요.
그러면 이게 무슨 학교를 도와주는 봉사가 아니라, 결국은 세력을 키우는 모습들
이 보이더라고요."

(P교사)

물론 자녀의 학교생활을 지원하기 위한 것이라는 생각도 배제할 수 없다.

"직업체험의 날에 ○○이 어머니께서 와 주셔서 생소한 직업에 대해서 설명해주시
면 반 아이들한테도 좋고 ○○이도 뿌듯해 할 것 같았어요. 그래서 어머니께 부탁

---

3) 곽호인(2016), "학부모의 학교 참여에 대한 초등학교 교사의 대응 사례 연구", 서울교육대학교 교육전문 대
학원

드렸고 어머니도 흔쾌히 와주셨어요. 그날 ○○이가 평소보다 활달하고 되게 적극적인 거예요. '우리 엄마야~' 이런 느낌으로 애들한테. 표정도 그렇고, 말할 때도 자신감 있더라고요."

(L교사)

대체로 교사들이 보는 학부모의 학교 참여에 대한 시선은 치맛바람의 연장 또는 자녀 중심주의라고 해석되는 경향이 남아 있는 듯하다.

학부모의 참여에 대한 학부모의 시선

하지만 학교에 참여하는 실제 학부모들의 이야기도 들어보자. 정말 위와 같은 이유일까?

· 학급 대표나 임원으로서 가지는 의무감 때문에 참여한다.

"저는 개인적으로 학부모가 학교 일에 너무 많은 관여는 하지 않아야 한다고 생각하는 1인이에요. 그런데 아이가 6학년 때 반 회장이 되면서 저도 학교 일을 시작하게 되었어요. 그것이 일단 계기고요. 목표는 딱히 없었어요. 학부모 반 대표를 맡아서 서포터즈해야 할 일들이 있었고. 그 일을 업무처럼 받아들이고 열심히 했죠."

(학부모 A)

· 물론 내 아이에 대한 관심이 동기가 되어서 참여한다.

"큰 애가 저학년 때 되게 내성적이었어요. 친구 관계가 원만하지 않아 걱정이 되어서 반을 들여다보게 되는데 그냥 보기가 멋쩍잖아요. 그러니까 같이 도와주면서 내 아이도 보고, 애가 어떻게 하는지, 애가 누구랑 친한지, 교우관계가 어떤지 볼 수 있고. 그러다 보니까, 결국 내 애 때문에 하게 됐네요."

(학부모 B)

· 친한 학부모나 주위의 권유로 학교 활동에 참여한다.

"전에 학교에서는 이런 거 안 해 봤는데, 중학교 올라오고 나서 다른 엄마들과의 친분 때문에 참여하게 됐어요. 중학교에서 하는 학부모 활동을 보니까, 중학교라는 특성 때문인지 엄마들 친분에 많이 엮이더라고요."

(학부모 C)

· 물리적 환경이나 거주 환경의 영향으로 인해서 참여한다.

"애들이 다둥이가 많아요. 그래서 위 학년에 있던 엄마들이 아래 학년에서도 또 있으니까, 그대로 또 그 분위기 따라가더라고요, 자연스럽게…. 여기 학교는 워킹맘 엄마들이 많이 없어서 다들 분위기가 비슷할 거라 생각해요."

(학부모 D)

처음에는 소극적인 태도로 학교에 참여하던 학부모도 학교 일에 참여하다 보면 내 아이뿐만 아니라 다른 아이도 내 아이 같은 마음이 생기기도 하고, 선생님들의 바쁜 삶이 보이니까 나라도 도와야겠다는 마음이 들어 진심으로 돕게 되기도 한다. 나의 활동이 아이들에게 도움이 되리라는 확신이나 믿음이 생겨 점차 적극적인 참여자의 모습으로 변한다.

이러한 이유로 학교에 참여하는 학부모들에게 앞서 나누었던 교사의 시선이 노출되면 그 마음이 어떨까 생각하게 된다. 교사가 불편함을 느낀다고 할지라도 학부모가 학교에 나타나는 일은 아마 더 많아질 것이다. 교육과정을 구성하고 운영하는 데 있어 학부모의 참여가 장려되고 있기 때문이다. 어차피 더 자주 만나게 될 학부모라면 교사의 시각을 바꾸는 것이 낫지 않을까?

학부모와 함께 교육해야 하는 이유

중요한 가정의 역할

　중고등학생이 학교에 머무르는 시간은 일 평균 6시~7시간이다. 초등학생은 4~6시간 정도 학교에서 시간을 보낸다. 잠자는 시간을 제외하면 학교에서 보내는 시간과 집에서 보내는 시간이 비슷한데, 자세히 계산해보면 집에서 보내는 시간이 더 많다. 학교에서 교사의 영향을 받는 시간보다 가족들의 영향을 받는 시간이 더 많다는 것이다.

　2학기가 시작되면 교사들은 서로 마주 보며 "다시 3월이 시작되었어"라면서 웃곤 한다. 1학기에 연습하고 훈련했던 습관들이 여름 방학이 지나면서 다 흐트러져 다시 새 학년을 맞이한 것처럼 가르쳐야 한다는 말이다. 학교에서 아무리 애를 써도 가정에서 함께하지 못한다면 학교 교육이 효과를 지속하기 어렵다는 의미로 해석할 수 있다. 가정의 역할이 중요하기에 학부모가 학교 교육과정에 함께해야 할 필요가 있는 것이다.

가족체계이론(Family System Theory)[4] 입장

　'가족체계이론'은 일반체계이론을 가족에게 응용하여 '가족을 체계로 보는' 이론이다. 각 개인의 이상행동은 가족 체계의 평형이 유지되고 있지 못하다는 것이며, 인간 문제의 근원은 개인이 아닌 가족 상호관계에 있으므로 단위로서의 가족이 치료대상이 되어야 한다는 이론이다. 다시 말하면, 모든 문제는 혼자만의 개별적인 것이 아니고 가족 전체가 그 문제의 원인이며, 가족 구성원인 개인에게 나타난 증상은 그 가족 전체의 결과라는 것이다.

　이를 학교 교육에 적용해 보면 학생들에게 나타나는 문제는 학생 개인의 것

---

4) 남순현 외 공역(2005), "보웬의 가족치료이론", 학지사

이 아니며 그 가족의 문제라고 볼 수 있다. 문제 행동을 보이는 학생의 경우 학교나 외부 기관에서 치료와 상담을 받더라도 문제의 원인이 되는 가정이 바뀌지 않으면 치료와 상담의 효과가 없다. 교육 역시 마찬가지이므로 학교 교육의 내용이 가족 내에서도 공유되고 실천되어야 한다.

왜 학부모의 학교 참여가 필요한 것인가?

· 교육 주체로서의 학부모 역할 확대

· 학부모의 역량 강화 필요

· 시대 변화에 따른 교육공동체 구현 필요 등

학부모 학교 참여의 목적

· 학생·학부모 수요자 중심의 학교 교육 실현

· 가정과 학교 간 소통 활성화 및 협력 관계 구축

· 학부모 역할 정립 모색 및 역량 강화

· 학부모교육 및 교육 기부 기회 확대

· 학부모 정책 수립·추진 기반 마련 등

학부모와 함께 만들어가는 학교 교육과정[5]

학급 담임으로서 학부모와 함께 걸어가기

---

5) 곽상경(2015), "학부모와 함께하는 인성교육 : 가정이 달라져야 아이가 달라진다", 한국교육개발원 중학생 인성교육을 위한 교원 연수자료집

· 어머니 동창회

학부모총회 등 학급 학부모들과의 공식적 첫 모임에서 구성하는 것으로 '아이들이 동창인 어머니들의 모임' 어머니 동창회이다. 동질감을 느끼고 공감대를 형성하며 1년간 아이들을 함께 양육하는 공동체임을 강조한다. 어머니 동창회 입학식(첫 모임), 어머니 동창회 졸업식(마지막 모임 또는 종업/졸업 시기)을 기념하는 순서 등을 운영할 수 있다. 예컨대, 단체 사진 촬영, 함께 읽을 책 구입하기, 함께 쓰는 양육 일기 공유 등의 활동이 있다.

· 아버지 캠프

사전 조사를 통해 아버지들이 함께할 수 있는 시기를 조사(주말 혹은 금요일 오후, 근로자의 날 등)하여 아버지들을 위한 홈 커밍데이 형식의 1일 캠프를 운영한다. 관계 세우기(Team-Building), 성격유형검사 등을 통해 아버지로서의 마음과 태도를 공유하고 자녀들과 함께하는 순서(2인 3각, 짝 게임, 캘리포니아 롤, 세족식 등)를 마련한다.

· 월별 학급 테마 운영

월별로 집중할 교육 방향 키워드를 정하고(3월-배려, 4월-정직⋯), 키워드와 관련하여 함께 나눌 책, 방송, 글 등을 공유한다.

· 부모 아카데미

부모교육, 자녀교육 역량강화, 성인 평생교육을 위한 다양한 아카데미를 직접 운영 또는 전문 기관과 연계하여 부모 독서 모임, 부모 자기이해모임, 부모 수다모임 등 다양하게 구성한다. 온라인은 자료 제공 위주로 운영하고 오프라인으로는 나눔 위주로 운영한다.

· 가족 봉사단

가족이 함께 봉사활동을 할 수 있는 기회를 제공하여 인성교육을 가정과 함께 진행하는 것으로 국경일, 명절에 가족과 함께 인증사진이나 동영상 찍어 공유하기 등 다양한 활동과 병행한다.

· 학부모 누리방 운영

모임형 SNS를 활용하여 학생들이 알고 있는 정보, 학교에서 학부모를 위해 제공하는 정보를 공유한다. 학급 행사, 아이들의 활동 모습, 산출물, 일상 속에서 칭찬할 일들을 수시로 공유하여 유대감을 높인다.

· 학교·학년·학급 활동에 초대하기

체험학습, 발표회, 체육대회, 단합대회 등에 학부모들을 초대하여 가정에서 볼 수 없는 자녀들의 모습을 볼 수 있는 기회를 제공한다.

· 함께 축하하고 함께 고민하기

공개할 수 있는 범위 내에서 학급의 기쁜 일과 위로할 일 등을 공유하여 학부모들이 서로 의지하고 도움을 줄 수 있도록 한다.

· 학부모의 학교 활동 참여에 함께하기

보람 교사, 학부모회, 시험감독, 수업 공개, 학부모 연수 등으로 학부모가 학교를 방문할 때 먼저 찾아가 반겨주고 인사를 나누도록 한다.

교과·동아리 담임으로서 학부모와 함께하기

· **교육과정 공유하기**

　학기 초에 학교 홈페이지에 교과 진도표, 수행평가, 지필평가 범위, 동아리 운영계획 등을 미리 탑재하고 학과 공부에 도움이 되는 자료나 책, 체험활동 또한 소개한다. 교과·동아리 활동 내용, 우수 산출물 전시 및 게시하여 자녀들의 교육 활동에 대해 알 수 있도록 돕는다.

· **함께 공부할 수 있는 자료 준비하기**

　가정에서 함께 공부할 수 있는 학습지(수학, 영어 등)를 제공하거나 과목별 공부 방법 안내하고 플립 러닝 영상을 통해 학습 도울 수 있다.

· **규칙적으로 관찰하고 기록하기**

　수업, 동아리 활동 중 특기사항을 기록하여 학부모나 담임교사와 공유하고 성장 가능성, 강점, 공동체 안에서 바람직한 태도 등 긍정적인 면을 발견하는 것이 중요하다.

학부모 관련 업무 담당자로서 학부모와 함께하기

· **학부모 담당 업무를 맡았다면**

　학부모총회, 대토론회, 학부모회, 학교운영위원회, 자유학년제 학부모 지원단, 학교급식소위원회 등을 통해 학부모와 함께 할 수 있다.

· **학부모 연수 업무를 맡았다면**

　학부모 아카데미, 학부모 코치, 학부모 봉사단 운영 등을 통해 학부모의 학교 참여를 도울 수 있고 학부모 대상 필수교육(심폐소생술, 청렴 교육, 성교육, 학교폭력예방교육 등)을 통해 학부모와 함께할 수 있다.

· **학년 업무를 맡았다면**

학년별 교육과정 설명회, 진로진학 설명회, 각종 체험학습, 스포츠클럽대회 등 학사행사에 학부모를 초대하고 참여시킬 수 있다.

유의 사항

· 학부모가 부담을 느끼지 않는 내용과 활동이어야 참여도를 높일 수 있다.
· 학부모와 함께하는 프로그램을 위해 교육과정을 일부러 변경할 필요는 없으며 이미 하고 있는 활동에 학부모를 초대한다고 생각하면 쉽게 접근할 수 있다.
· 학부모와 함께할 때 학부모 사이에서 문제가 될 수 있는 내용과 상황(개인정보, 아이들의 약점, 학부모의 자존심을 건드릴 수 있는 내용, 과거 학교폭력 관련 등)에 대해 충분히 고려해야 한다.
· 반드시 내부기안을 통해 학교장의 허락을 받고 사전에 관련된 부서나 담당자에게 내용을 전달해야 혹시 모를 문제의 발생(안전사고, 시설 사용 등)을 예방할 수 있다.

해외의 학부모 학교 참여 사례[6]

미국 사례

해외의 학부모 학교 참여 모습은 어떠할까? 미국은 학부모의 적극적인 학교 참여를 이끌기 위한 정책을 시행하고 있다.

미국 연방정부의 Family and Medical Leave Act(FMLA) 법에 따라 자녀

---

6) 곽호인(2016), "학부모의 학교 참여에 대한 초등학교 교사의 대응 사례 연구", 서울교육대학교 교육전문 대학원

출산 및 입양, 가족원 돌봄, 당사자의 건강 회복 등의 사유가 있을 때 90일의 무급휴가를 보장해준다. 각 주정부 차원에서는 동법에 학부모의 학교 참여에 대한 규정을 포함하거나 별도의 법으로 학부모 학교 참여 휴가를 보장하고 있다. 근로자는 사용주에게 미리 정해진 일자 전에 휴가 사용을 요청하여야 하며, 학교 참여 후에는 정해진 양식에 따라 학교의 교사나 행정담당자의 확인을 받아 학교 참여 휴가 사용을 보고한다.

미국의 학부모회인 사친회는 100여 년의 긴 역사를 가지고 있으며 전국적으로는 400만 명이 넘는 회원을 확보하고 있다. 미국에서 아동 옹호를 위한 자발적 조직으로는 최대 규모이며, 아동과 청소년의 권익 향상을 위한 학부모의 목소리가 정책에 반영되도록 하기 위해 실질적인 영향력을 행사하고 있다. 미국의 사친회는 아동 및 청소년을 위한 법률 개정과 이를 위한 컨퍼런스 개최, 로비 활동, 지역 학부모회 지원을 위한 자료 구축 및 공유(학부모 참여 독려를 위한 툴킷 제공, 학부모회 활동을 위한 계획 세우기 등), 아동 옹호 활동에 이바지한 사람들에 대한 수상, 학교 예체능 프로그램 지원 등 다양한 활동을 전개하고 있다(National PTA, n.d.a).

미국에서는 주(states)수준에서도 사친회 활동이 이루어지는데, 노스캐롤라이나주 사친회는 가정-학교 파트너십, 건강한 학교 환경 만들기, 예체능 프로그램, 친목 대회 등의 프로그램을 운영한다. 남성(주로 아버지) 참여, 학교 주간에 가족과 함께 학교 방문하기, 건강 증진 등의 운동을 벌이고 있다(North Carolina Parent Teacher Association,2012b; 2012c). 개별 학교에서 위의 프로그램에 참여할 경우 주 단위 사친회에 문의하거나 자문을 구하여, 전반적인 가이드라인을 제공받을 수 있다.

미국에서 학부모교육의 주된 대상은 저소득층이나 이주민이며, 그 목적은 주로 학생들의 학업성취도 향상과 상급 학교로의 진학에 초점이 맞추어져 있다. 미국 교육부 홈페이지의 학부모 섹션은 학부모가 자녀의 숙제를 어떻게 도울 수 있는지, 자녀의 문해력과 산술 능력을 향상시키기 위해 어떻게 도울 수 있는지, 대학 학자금 마련을 위해 부모가 어떤 준비를 해야 하며 대출을 어떻게 받을 수 있는지에 대한 정보가 주류를 이루고 있다(U.S. Department of Education, n. d.a).

주 정부 차원에서의 학부모교육을 살펴보면 이주민을 위해 영어와 스페인어로 된 학부모 툴킷이 제공된다(Public Schools of North Carolina, n. d.). 학부모 툴킷은 자녀의 학년에 따라서 자녀의 학업, 건강, 사회 정서적 개발 측면에 있어 학부모가 어떤 기대를 하고 지원을 해주어야 하는지에 대한 상세한 정보를 담고 있다.

하지만 이러한 중앙 정부와 주 정부 차원의 학부모교육을 위한 자료 제공과 노력이 일선 학교의 학부모들에게 얼마나 실효성 있게 전달되고 효과를 거두고 있는지는 분명하지 않은 듯하다.

영국 사례

영국의 사친회(Parent Teacher Association: PTA, 이하 PTA)는 가정과 학교 사이를 밀접하게 연계시키기 위한 교사와 학부모 조직이지만 실질적으로는 학부모들이 교사와 협의하여 학교 기금을 마련하기 위한 활동을 주로 한다(BBC, 2015). 예를 들어 사친회는 크리스마스 축제, 댄스파티, 영화의 밤 등 행사를 열어 학교에 필요한 기금을 모금하는 활동을 주관한다. 사친회는 교직원과 학부모 자원자를 포함하여 총 7~8명으로 구성된다(Ashton St. Peter's Church of England VA Primary School, 2015). 학교에서는 학부모회가 행사를 통해 모은 기금을 사용하여 교실의 새로운 ICT 시설을 확보하거나 학교 시설을 개선한다.

영국은 전국 규모의 사친회(PTA UK)가 조직되어 있으나 회원 수가 많지 않아(약 14,000명 정도), 미국의 사친회처럼 정책 및 법률 제정에 있어 영향력 있는 목소리를 내지는 못하고 있다(PTA UK, n. d.). 그러나 최근 인터넷과 정보통신 수단을 이용하여 학부모들과 소통하고, 온라인 소식지를 발간하여 학부모들의 목소리를 대변하고 있으며, 단위학교의 사친회 활성화를 위해 노력하고 있다.

영국에서 학교 및 지방교육청 차원에서 제공하는 학부모교육은 그다지 활성화되어 있지 않다. 학교 단위로 공식적이고 형식적인 학부모교육을 하기보다 학교에 가족을 초대하여 가족이 함께 배움에 참여(family learning)하는 방식을 독려하고 있으나 일선 학교에서 그다지 활성화되어 있지는 않다.

자녀교육의 조기 개입의 중요성에 주목하고 있는 영국에서는 학령기 학생의 학부모보다는 학령기 이전의 자녀를 둔 학부모교육에 치중하고 있다. 학령기 이전의 자녀를 둔 학부모를 대상으로 하는 교육은 주로 자녀의 읽기, 쓰기 능력을 향상시키고 부모로서의 양육 기술을 함양하기 위한 내용이 주를 이룬다.

그렇다면 앞으로 우리는 어떻게?

이처럼 모습과 이름은 조금씩 달라도 학부모의 학교 참여의 중요성은 점차 확대되고 제도로 뒷받침되고 있다. 우리나라도 공무원의 자녀 돌봄 휴가제도가 2017년부터 시행되고 있는데 자녀가 있는 공무원은 어린이집, 유치원 및 초등, 중등, 고등학교에서 공식적으로 주최하는 행사 또는 교사와의 상담에 참여하는 경우, 자녀의 병원 진료(건강검진 또는 예방접종 포함) 시 사용할 수 있는 특별휴가이다. 자녀 돌봄 휴가 일수는 국가공무원의 경우 연간 2일의 범위에서, 지방공무원의 경우에도 연간 2일의 범위에서 사용할 수 있다.

이렇듯 학부모를 교육의 주체로 초대하고 학교 참여를 활발하게 하기 위한 여러 노력이 이루어지고 있는데 밴드나 톡 등의 온라인 모임뿐만 아니라 오프라인 모임도 가능하다.

학기별 1~2회, 또는 학급 담임선생님의 열정에 따라 월 1회씩 학부모 간담회를 하는 학교가 있다. 1년에 1번 학부모총회만으로는 소통이 부족하다는 것이 이 모임 시작의 출발점이었다. 자주 모이고 자주 만나고 자주 이야기하면서 행복한 학급을 함께 만들어가고 있다. 교사와 학부모가 말이다.

아버지를 교육의 방관자가 아닌 적극적인 교육자로 모시기 위해 아버지 캠프를 운영하는 학교도 있다. 아버지 캠프를 운영하거나 어머니와 주고받던 대화방에 아버지도 초청하여 자녀의 학교생활 상담을 함께 하는 방법도 있다. 아버지 캠프는 아버지와 함께 축구하기, 텐트 설치해 보기 등 아빠와의 교감이 가능한 프로그램을 운영해주고 편지쓰기, 안아보기 등 교감할 수 있는 프로그램을 운영하고 있다.

학부모와 함께 책을 읽고 독후 나눔을 하는 모임을 운영하는 선생님들도 계신다. 아이와 함께 학부모도 자랄 수 있도록 도움을 준다. 이때 함께 모인 학부모들과 교육에 집중하여 이야기를 나눔으로써 자녀 양육을 하는 어려움, 기쁨 등을 공유함으로써 양육자로서의 짐을 덜어내는 효과도 누릴 수 있다. 독서 자체가 부담이 될 수도 있으므로 책을 읽지 못한 학부모도 마음에 어려움 없이 참여할 수 있도록 운영하면 좋다.

보통 교육의 3주체를 교사, 학생, 학부모라고들 한다. 그런데 일어나고 있는 현상을 보면 때로 교사와 학생, 혹은 학부모와 학생의 구도로 보일 때가 있다. 학생과 삶을 함께하고 싶어 하는 선생님, 그 선생님께 잘 배우고 싶어 하는 학생들, 그런 학생들 곁에서 역할을 다 해 주시는 학부모. 이 셋의 바퀴 축이 조화를 이룰 때 교육의 수레바퀴는 덜그럭거리지 않고, 명쾌한 휘리릭 소리를 내며 우리가 꿈꾸는 교육의 현장을 향하여 잘 굴러갈 것이다. 같은 아이들을 바라보고 있는 선생님과 학부모는 이미 교육 동반자이다.

소통왕, 학부모를 부탁해!

visano 티스쿨 원격교육연수원 | www.tschool.net

과정안내

Module 1	**교사-학부모를 이해하다**	학부모에게도 발단 단계가 있다?! 학부모를 이해하고, 교사 스스로를 이해하여 **소통의 길을 찾는 시간!**
Module 2	**교사-학부모와 관계 맺다**	학기 초, 공개수업, 학부모 총회 등 학부모와 소통해야 할 대표 행사의 소통 노하우!
Module 3	**교사-학부모 마음을 맞추다**	교우관계, 학업, 학생-교사 관계, 진로지도, 생활 태도 등 **학부모가 교사에게 상담하는 대표 케이스를 사례로 살펴보고 학부모 유형별 소통 노하우 소개!**
Module 4	**교사-학부모 벽을 허물다**	아이를 잘 양육하기 위해 **교사와 학부모가 함께 할 수 있는 프로그램, 제도 등을 소개!**

수업디자인연구소
INSTRUCTION DESIGN INSTITUE

수업디자인연구소(www.sooupjump.org)는
수업 혁신과 교사들의 수업 성장을 돕기 위해 수업 관련 콘텐츠를
지속적으로 연구 개발하고, 연수와 출판을 통해 콘텐츠를 확산하고,
수업 전문가를 지속적으로 양성하고
수업공동체 운동을 지원하고자 합니다.

활동 방향

1. 수업 혁신을 위한 다양한 콘텐츠 개발 및 보급

2. 지속적인 수업 성장을 위한 수업 코칭 활동

3. 수업 전문가 양성

4. 수업공동체 지원 및 좋은 학교 만들기 활동

5. 교육디자인네트워크 활동 및 교육관련 단체들과의 연대 활동

활동 내용

1. 수업 혁신 콘텐츠 개발 연구
(질문이 살아있는 수업, 수업공동체 만들기, 철학이 살아있는 수업 등)

2. 수업 혁신 콘텐츠 보급 (출판 및 학습도구 제작 등)

3. 외부 연구 프로젝트 추진
(교육부 주관 인성교육 및 자유학기제 자료 개발, 비상교육 주관 질문이
살아있는 교과수업 자료집 시리즈 등)

4. 교원 대상 연수 활동
(서울 강남, 경기 광명, 구리남양주, 군포교육지원청 등 주관 연수,
각종 교사학습공동체 및 일선 학교 대상 연수,
온라인 원격 연수(티스쿨원격연수원, 티쳐빌원격연수원 등))

5. 수업 혁신 콘텐츠 온라인 홍보
(홈페이지, 블로그 및 각종 SNS 활동 등)

6. 수업 전문가 양성 프로그램
(수석 교사 및 일반 교사 대상 수업 디자이너 아카데미 운영)

7. 수업콘서트 (교사들을 위한 수업 이벤트)

8. 수업 코칭 활동
(개별 및 단위학교, 교육청 주관 수업코칭 프로그램 수업코치 및 해드코
치)

9. 교사 힐링 캠프 (교사 회복 프로그램)

10. 학교 내 교사학습공동체 지원 및 외부 교육 단체 및 기관 연대

김현섭 소장
(연락처) 010-7590-1359 / eduhope88@hanmail.net